ChatGPT와 생성형 AI 2024

김태연 · 김진희 · 문혜진 공저

신화

Contents

Chapter 03 실전! 생성형 AI 활용법 / 049

Prologue

ChatGPT는 2018년, GPT-1으로 출시되었지만 국내에서는 2023년 3월경 일반 대중에게 알려지기 시작했습니다. 사람처럼 대답하는 능력을 갖춰 많은 사람들을 매료시킨 ChatGPT는 입소문을 타고 빠르게 확산되었습니다. 하지만, 생성형 AI의 특성 때문에 'ChatGPT가 거짓말을 한다.'며 부정적인 시각이 등장하기도 했습니다. 이후 OpenAI는 사용자들의 피드백을 반영하여 빠르게 업데이트 해왔고, GPT-4의 출시, 개발자용 API의 배포, 외부 서비스를 연동할 수 있는 Plugin과 Plugin Store의 공개, 그리고 최근에 발표한 My GPTs와 같은 기능을 제공하며 문제점을 개선하고 새로운 비즈니스 기회를 만들어 가고 있습니다.

우리가 주목해야 할 점은 생성형 AI의 발전과 확산 속도가 매우 빠르고, 이런 변화와 기회가 기업뿐만 아니라 개인에게도 상당한 영향을 미치고 있다는 점입니다. 과거 디지털 전환에 대비하지 않은 기업들은 성장에 어려움을 겪기도 했으며, 초기 유튜브나 인스타그램과 같은 SNS 시장에 진입한 개인들은 인플루언서라는 새로운 시장을 형성함으로써 기업에 버금가는 가치를 창출하기도 했습니다. 이미 많은 기업과 개인들이 생성형 AI를 활용해 기회의 시장에 도전하고 있습니다. 누구나 생성형 AI 시대의 변화와 기회에 대한 인식과 적응이 필요합니다.

이 책은 ChatGPT를 사용해 보지 않으신 분들도 이해하실 수 있도록 ChatGPT가 등장한 후, 1년 동안의 발전과 2024년의 생성형 AI의 전망 및 트렌드를 살펴봅니다. 다양한 생성형 AI의 소개부터 효과적으로 활용하기 위한 기초적인 프롬프트 엔지니어링에 대해 다루고 있습니다. 사용자가 AI 모델에 입력하는 '프롬프트(Prompt)'는 생성되는 결과에 많은 영향을 미치기 때문에 생성형 AI의 기본 원리를 이해하고, 프롬프트를 어떻게 구성하는지가 매우 중요합니다.

책에서 제시하는 프롬프트 엔지니어링은 기술적인 부분이 아닌 일반 사용자들이 쉽게 사용할 수 있도록 대화로 생성형 AI를 제어하는 방법을 예시로 설명하고 있습니다. 인공지능 모델이 업데이트되거나 사용자의 질문에 따라서 적용이 되지 않을 수도 있기 때문에 책의 내용을 가이드로 참고삼아 나만의 프롬프트로 작성하는 연습을 해보는 것이 도움이 될 수 있습니다. 프롬프트로 ChatGPT를 제어하는 방법을 알고 나면 문서 작성, 엑셀 자동화 등 업무에 활용할 수 있습니다. 이외에도 2024년에 급성장할 것으로 예상되는 이미지, 영상 등 미디어 콘텐츠를 생성하는 AI 활용 내용을 담고 있습니다.

수많은 생성형 AI가 쏟아지고 있지만 개인정보 유출, 윤리적 이슈 등 안전성을 확인하고 사용해야 합니다. AI를 잘 활용하면 유익한 도구이지만, 악용 시 매우 위험한 무기가 되기 때문에 책에 언급된 윤리적인 이슈에도 관심을 갖고 안전한 AI 시대를 만들어 가는데 우리 모두가 노력했으면 좋겠습니다.

생성형 AI를 배우고 싶지만 너무 빠르게 변해서 따라가기가 힘들다는 많은 분들의 요청으로 이번 책을 쓰게 되었습니다. 모든 것을 책에 담을 수는 없지만 처음 ChatGPT를 사용하시는 분들에게 도움이 되기를 바랍니다. 공동 저자이자 항상 함께 지지해 주시고 애써주시는 선생님들과 인연을 맺게 된 출판사 대표님께 감사의 말씀을 전합니다.

저자 김태연 드림

ChatGPT를 처음 접했을 때에는 마법같이 쏟아내는 대답이 너무 신기하고 재미있어서 사용하기 시작했습니다. 호기심이 생겼고 ChatGPT가 어떻게 동작되는지 열심히 공부하면서 생성형 인공지능의 특징과 한계, 잘 활용하는 방법을 조금씩 알게 되었습니다. 그러면서 내가 잘 모르는 분야나 예술 창작 영역 등에도 도전하여 도메인을 넓혀갈 수 있었습니다. 개발자 출신인 저에게도 어려운 알고리즘들과 암호 같은 행렬, 미적분 공식이 난무한 인공지능이 더 이상 전문가 분야가 아닌 일반인들에게 문이 열린 것입니다.

새로운 제품을 먼저 사용해 보는 얼리어답터가 아니더라도 이제는 다양한 분야와 연령대 분들이 사용하기 시작했습니다. 2024년에는 일상생활 속으로 들어오고 있는 생성형 AI를 하나씩 사용해 보고 평소 해보고 싶은 영역에도 도전해 보세요.

하지만 생성형 AI 기술이 일자리 뿐만 아니라, 뉴스의 한 부분을 차지할 만큼 생활에 많이 들어오고 있기에 이제는 관심을 가지고 비판적인 사고로 데이터와 인공지능을 다뤄야 합니다. 특히, 스펀지처럼 흡수하는 어린 학생들에게는 연령에 맞는 플랫폼 선택과 인공지능에 대한 올바른 사용방법 등의 교육이 함께 이뤄져야 하는 것도 간과해서는 안 됩니다.

많은 기회를 제공하는 인공지능이지만 유의사항도 있기에 그런 부분도 담으려고 노력했습니다. AI 기술에 대해 통찰력을 얻어 미래의 방향성을 함께 결정하는데 관심을 가지는 계기가 되시길 바랍니다.

이 책은 공저하신 선생님들과 출판사 대표님이 있었기에 시작할 수 있습니다. 그분들을 만난 것이 저에게 행운입니다. 새로운 도전을 하도록 배려해 준 우리 가족에게 감사드립니다.

저자 김진희 드림

인생 여정에서 인공지능과의 조우는 예상치 못한 변곡점이었습니다. 2022년, 챗GPT의 등장은 마치 어린 시절 읽었던 공상과학 소설을 현실로 만난 듯한 경험이었습니다.

처음엔 인공지능에 대한 두려움과 낯섦이 있었지만, 시간이 지나면서 그동안 많은 기술의 발전 속에서 성장해온 나 자신을 발견했습니다. 버스 토큰에서 삐삐, 그리고 애니콜을 거쳐 스마트폰과 다양한 결제 시스템에 이르기까지, 저는 변화하는 기술 속에서 적응하고 성장해왔습니다. 인공지능도 그러한 기술의 연속선상에서 이해하고 활용할 수 있는 자신감이 생겼습니다.

책을 준비하면서 석사와 박사 중 배웠던 학문적인 내용과 회사개발실에서의 실무 경험, 해외의 유학과 취업 생활 그리고 학교 수업 활동에서 얻은 다양한 경험은 책을 집필하는 데 있어 소중한 자산이 되었습니다.

다른 분야와 마찬가지로 외식산업 분야의 인공지능 활용에 대한 기대는 높아지고 있습니다. 음식의 맛과 질 향상, 식사공간 연출의 품질 개선과 고객 서비스의 개선을 위해 인공지능을 어떻게 활용할 것인가 하는 것은 외식산업 미래 발전에 중요한 일이 될 것입니다.

이 책이 외식산업에 종사하는 많은 분에게 인공지능의 잠재력을 발견하고, 그 가능성을 탐색하는 데 도움이 되기를 바랍니다.

책을 쓰는 과정에 많은 도움을 주신 분들께 진심으로 감사드립니다.

공저해주신 선생님들과 밤늦게까지 함께 공부했던 메타버스 공부 모임 선생님들, 책 출간을 위해 힘써주신 출판사 대표님 그리고 언제나 제 옆에서 지지해 주신 부모님과 가족들, 친구들에게 감사의 마음을 전합니다.

인공지능이란 분야가 처음에는 멀게만 느껴질 수 있는 분들에게도 친숙하고 접근하기 쉬운 주제가 되기를 바라며 모두 인공지능 시대를 함께 걸어가 새로운 가능성을 발견하고, 새로운 도전에 맞서 나아가길 희망합니다.

저자 문혜진 드림

Chapter 01

ChatGPT의 등장, 1년 후...

ChatGPT의 등장으로 전 세계에서 생성형 AI 열풍이 시작된 지 1년이 지났습니다. 지난 1년 동안 생성형 AI는 많은 주목을 받으며 빠르게 발전해 왔습니다. 2024년에도 생성형 AI 기술은 지속적으로 발전하고 혁신을 주도하며 다양한 산업과 분야에서 활용될 것으로 전망됩니다.

2023년은 ChatGPT 뿐만 아니라 ChatGPT와 같은 다양한 생성형 AI의 등장으로 새로운 인공지능 시대를 열었습니다. 의료, 금융, 교육, 엔터테인먼트 등 다양한 산업과 분야에서 인간과 인공지능의 상호작용을 혁신적으로 개선하면서 인공지능의 잠재 가능성을 경험할 수 있었던 한 해였습니다. 2024년에는 인공지능 모델의 자연어 이해 및 생성 능력이 더욱 향상되면서 이전보다 더 자연스러운 의사소통과 서비스 제공이 가능해질 것으로 기대되고 있습니다.

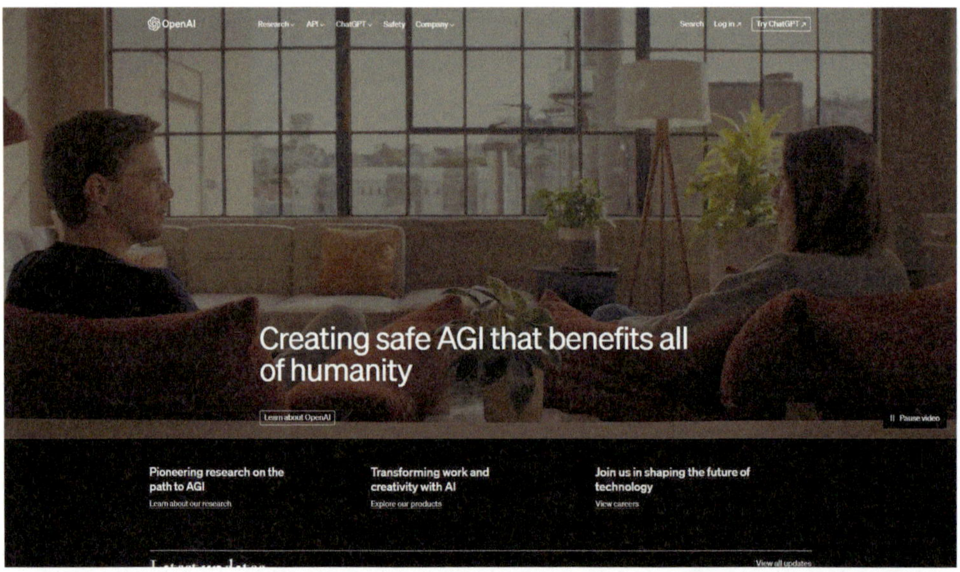

OpenAI 홈페이지 / 출처 : OpenAI

성능이 향상된 인공지능 모델은 사용자의 의도를 더 정확하게 이해하고, 사용자의 선호도와 요구사항을 더 잘 분석하며, 보다 자연스러운 상호작용으로 고객 서비스, 가상 비서, 교육 등 다양한 분야에서 효과적으로 사용될 수 있습니다. 의료, 금융, 법률 등 전문 지식에 특화된 모델도 등장하고 있습니다. 각 분야에 특화된 모델은 해당 분야의 전문 지식과 도메인 특성을 고려하여 더욱 정확하고 효율적인 의사 결정을 내리고, 데이터 분석과 예측을 통해 문제 해결과 업무 프로세스 개선에 기여하게 될 것입니다.

포브스(Forbes)는 구글, 마이크로소프트, 메타를 포함한 거대 기술 기업들이 지속적으로 엄청난 자금과 기술 개발에 투자하고 있어, 2024년에도 판도를 바꿀만한 혁신적인 변화를 기대할 수 있다고 전망하기도 했습니다. 거대한 이 변화에 함께하기 위해 지금부터 ChatGPT의 등장과 발전 과정부터 하나씩 살펴보도록 하겠습니다.

아이폰(iPhone) 이후의 혁신으로 불리는 ChatGPT의 등장

ChatGPT의 등장으로 생성형 AI(Generative AI)의 시대가 시작되었습니다. 생성형 AI는 자연어 처리 및 생성 능력을 기반으로 텍스트, 이미지, 음성 등을 이해하고 처리하는 인공지능 기술을 말합니다.

2022년 11월 30일, OpenAI에서 개발한 ChatGPT가 사람과 유사한 대화 능력을 선보인 순간, 개발자 커뮤니티와 SNS를 통해 빠르게 확산되었습니다. ChatGPT의 능력은 이전의 인공지능과 비교했을 때 많은 발전이 있었습니다. 특히, 복잡한 문맥을 이해하고, 자연스러운 답변을 생성할 수 있다는 점이 두드러진 특징입니다. 사용자들은 ChatGPT에게 다양한 주제에 대한 질문을 하고 의견을 나누며, 새로운 정보를 얻으면서 인공지능과 대화를 즐기기 시작했습니다.

ChatGPT의 인기와 사용자 수는 급증하였고, 출시 5일 만에 100만 명의 사용자를 달성하면서 전 세계 언론의 주목을 받았습니다. 두 달 만에 월간 활성 사용자 수(MAU)가 1억 명을 넘어서면서 'AI의 아이폰 모멘트(iPhone moment)'로 비유되며, 인공지능 기술의 새로운 가능성과 기회를 시사했습니다.

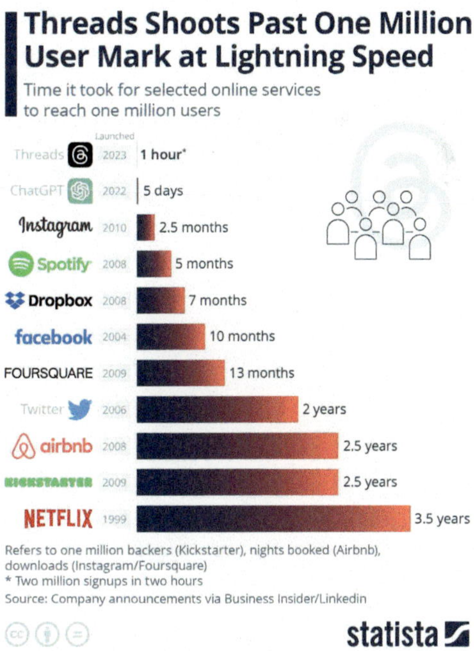

플랫폼별 사용자 100만 명 도달에 걸린 시간

과거 아이폰(iPhone)의 등장은 단순히 제품 자체의 성공을 넘어서, 전 세계의 산업과 소비자의 행동에 혁신적인 변화를 가져왔습니다. 생성형 AI 역시 앞으로 많은 산업에 영향을 미치고, 시장과 소비자의 기존 행동에 변화를 일으킬 가능성이 높을 것으로 전망하고 있습니다.

ChatGPT와 같은 생성형 AI는 사용자와 대화 방식의 상호작용을 통해 개인화된 경험을 제공하고, 정보 접근을 용이하게 하며, 의사소통 방식에 혁신을 가져오고 있습니다. 이런 변화는 단순한 기술 발전을 넘어서, 생성형 AI가 산업 전체는 물론 일반 사용자들의 일상생활에도 많은 변화를 가져올 수 있음을 보여줍니다. 이런 가능성을 주목하고 활용하여 미래를 준비하는 것이 필요합니다.

그동안 ChatGPT는 일상 대화뿐만 아니라 교육, 콘텐츠 창작, 업무 자동화, CS, 마케팅, 데이터 분석, 프로그래밍, 법률 및 의료 자문 등 광범위한 분야에 적용을 시도하면서 빠르게 확장해 왔습니다. 다양한 분야에서의 활용은 인공지능 기술이 산업과 사회에 미치는 영향력이 확대되고 있음을 의미합니다. 새로운 비즈니스 모델과 서비스를 만들어 내며, 효율성을 향상시키고, 앞으로 더 많은 분야에서 생성형 AI는 활용 될 것입니다. 이를 통해 다양한 문제를 해결하고 새로운 기회를 창출할 수 있습니다.

ChatGPT가 사람처럼 답변할 수 있는 이유

ChatGPT가 이슈였던 이유 중 하나는 사람처럼 자연스러운 대화가 가능했기 때문입니다. ChatGPT의 'GPT'는 'Generative Pre-trained Transformer'의 약자입니다. 이는 '생성형, 사전학습 된, 트랜스포머'라는 인공지능 모델을 말하는 것으로, 이름에서 주요 특징을 파악할 수 있습니다. 각 단어들이 무엇을 의미하는지 조금 더 자세히 살펴보겠습니다.

Chat(대화형)

'Chat'은 대화형 인터페이스를 의미합니다. ChatGPT는 사용자와 대화 형식으로 질문에 대답하고, 정보를 제공하며, 자연스러운 상호작용이 가능하다는 것을 의미합니다. ChatGPT는 사람과의 자연스러운 대화를 통해 일상적인 대화뿐만 아니라 고객 서비스, 교육 등 다양한 분야에서 유용하게 활용될 수 있습니다.

Generative(생성형)

'Generative'는 정보를 검색하거나 기존의 데이터를 그대로 제공하는 것이 아니라 사전 학습한 데이터를 기반으로 텍스트, 대화, 아이디어 등을 스스로 생성하는 것을 의미합니다. 이 생성형 AI 모델의 특징으로 인해 ChatGPT는 사용자의 질문이나 주제에 대해 다양한 상황과 문맥에 맞는 답변을 생성하거나 텍스트, 이미지, 영상, 음성 같은 콘텐츠를 생성하는 데 핵심적인 역할을 하고 있습니다.

Pre-trained(사전 학습된)

'Pre-trained'는 인공지능 모델이 방대한 데이터를 미리 학습했다는 것을 의미합니다. ChatGPT는 웹페이지, 뉴스 기사, 책, 논문, SNS 게시물 등에서 대규모 데이터셋을 학습했습니다. 학습한 데이터를 기반으로 답변을 생성하는 ChatGPT는 실시간 인터넷 연결을 통해 정보를 수집하지 않기 때문에 학습 기간 이후의 질문이나 정보에 대해서는 답변을 제공할 수 없습니다. 이는 GPT-3.5 모델의 특징이며, GPT-4에서는 검색 기능을 지원하고 있습니다.

Transformer(트랜스포머)

'Transformer'는 인공지능 모델의 설계 구조를 의미하는 것으로, 입력받은 문장을 이해하고 처리하는 '인코더'와 출력할 문장을 생성하는 '디코더'로 구성되어 있습니다.

이 과정에서 입력된 문장의 단어 간 관계를 이해하고, 처리하기 위해서 '어텐션(Attention)' 메커니즘을 사용합니다. 어텐션 메커니즘은 각 단어 사이의 연관성을 고려하여 문장의 전체적인 맥락을 파악하고, 이를 바탕으로 자연스러운 문장을 생성합니다. 따라서 입력되는 단어나 문장의 선택은 중요한 역할을 합니다.

한계점에 부딪힌 ChatGPT, 이대로 괜찮을까?

ChatGPT의 이런 특징들은 번역, 텍스트 요약, 질의응답 등 다양한 자연어 처리 작업에서 뛰어난 성능을 보여주고 있지만 한계점도 존재합니다. ChatGPT의 무료 모델은

GPT-3.5를 기반으로 하며, 유료 모델인 GPT-4는 GPT-3.5 모델의 일부 한계점을 개선하여 출시되었습니다. 여기에서는 GPT-3.5 모델을 기준으로 주요 한계점을 살펴보겠습니다.

최신 정보를 반영하지 못한다.

앞서 언급한 것처럼 GPT-3.5는 사전 학습한 데이터를 기반으로 답변을 생성하기 때문에 학습한 기간 이후의 사건이나 최신 정보에 대한 질문에는 정확하게 답변하기 어려울 수 있습니다.

많은 분들이 ChatGPT가 인터넷 검색 정보를 기반으로 정보를 제공한다고 이해하고 있지만 GPT-3.5는 실시간 인터넷 접근을 통한 정보 검색이 불가능합니다. 인터넷 검색이 아닌 사전 학습한 데이터를 기반으로 답변을 생성하기 때문에 최신 뉴스, 최근 시장 조사, 연구 결과, 트렌드 분석과 같은 정보를 제공하는데 한계가 있습니다.

ChatGPT는 초기에는 2021년 9월까지의 데이터를 학습했으며, 이후 2022년 1월까지의 데이터를 추가 학습하여 업데이트되었으나, 단기간 내에 지속적인 업데이트가 어려운 점으로 인해 정보의 최신성에 대한 한계가 여전히 존재합니다.

TIP 유료 버전인 GPT-4는 검색 기능을 지원하지만, 무료 버전인 GPT-3.5는 검색을 지원하지 않아요. 검색 기능 및 최신 정보를 활용하려면 '바드', '빙챗', '클로바X'를 활용해 보세요!

잘못된 정보를 제공할 수 있다.

생성형 AI 모델은 학습한 데이터에 기반하여 답변을 생성하기 때문에 학습 데이터에 오류 또는 편향적인 내용이 포함되어 있거나 ChatGPT 자체의 해석 오류로 인해 잘못된 정보를 제공할 수 있습니다. 또한 GPT-3.5는 주로 영어 데이터를 학습했기 때문에 국내 문화나 정서를 이해하고 반영하여 답변을 처리하는데 한계가 있습니다.

GPT-3.5뿐만 아니라 생성형 AI를 사용할 때에는 생성된 답변을 비판적으로 평가하고, 필요한 경우 검색 및 자료를 참고하여 정보를 검증하는 습관을 갖는 것이 중요합니다.

TIP 검증을 위해 답변 출처를 작성하게 할 수도 있어요. 단, 출처도 정확한지 확인이 필요해요!

GPT-3.5의 한계점을 개선한 GPT-4의 등장

2023년 3월 14일, OpenAI는 이런 한계점들을 보완하여 GPT-3.5 대비 40%의 답변 정확성 향상 및 82%의 윤리성을 개선한 모델인 GPT-4를 발표했습니다.

검색 기능 지원으로 최신 정보 반영

GPT-3.5의 주요 한계점 중에 하나인 실시간 인터넷 접근 제한이 GPT-4에서 해결되었습니다. 마이크로소프트의 검색 엔진인 '빙(Bing)'과 연동하여 최신 정보를 검색하고 제공할 수 있는 기능이 추가되었습니다. GPT-4는 사용자와의 대화중 검색이 필요한 순간에 스스로 '빙'을 실행하고 검색을 시도하여 그 결과를 제공합니다. 이를 통해 최신 뉴스, 시장 조사, 트렌드 조사 등과 같은 다양한 정보를 활용할 수 있게 되었습니다.

다양한 데이터를 처리하는 멀티모달 지원

GPT-4의 가장 주목할 만한 특징 중 하나는 멀티모달(Multimodal) 기능 입니다. 멀티모달이란 텍스트, 이미지, 영상, 오디오 등 다양한 유형의 데이터를 종합적으로 이해하고 처리하는 능력을 의미합니다.

기존의 자연어 처리 모델이 주로 텍스트 데이터에 중점을 두었다면, 멀티모달 기능을 갖춘 GPT-4는 사람이 인지하는 다양한 데이터 형태를 인식하고 처리할 수 있습니다. 이는 시각, 청각, 촉각 등의 정보를 통합하여 이해하고 해석할 수 있는 능력을 갖춘 인공지능 모델을 말합니다.

멀티모달 기능을 갖춘 인공지능 모델은 이미지와 텍스트를 동시에 분석하여 높은 정확도로 정보를 제공할 수 있으며, 영상 자료를 텍스트로 설명하거나, 오디오 데이터를 분석하여 음성 콘텐츠를 텍스트로 변환하는 등 다양한 응용 분야에서 다차원적인 데이터를 처리하는데 활용될 수 있습니다. 이런 능력은 인공지능의 정보 처리와 이해 측면에서 인간 수준의 개선을 의미하며, 인공지능의 새로운 가능성을 열어주고 있습니다.

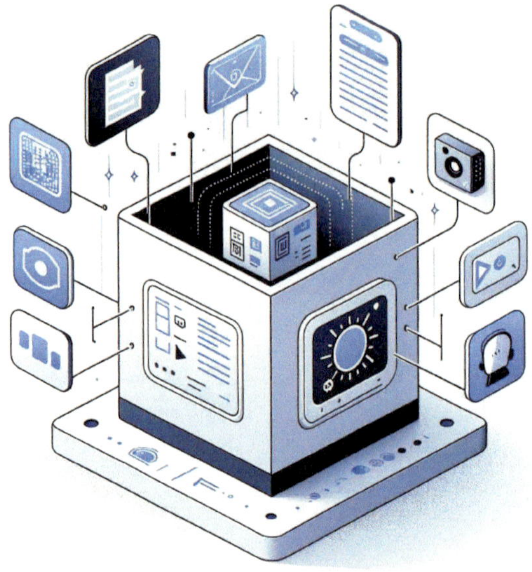

ChatGPT DALL-E에서 멀티모달 설명 프롬프트로 생성된 이미지

파일 첨부 및 고급 데이터 분석

GPT-4는 파일 첨부 기능을 지원합니다. 인공지능 모델과의 대화중에 파일을 첨부하고, 해당 내용을 요약하거나 분석하는 등 다양한 상황에서 대화를 진행할 수 있습니다. 또한 고급 데이터 분석 기능을 제공하여 첨부된 데이터를 자동으로 분석하고 내용을 요약하거나 필요한 경우 표, 그래프와 같은 시각적인 형태로도 표현할 수 있습니다.

이런 기능의 지원은 다양한 업무 환경에서 유용하게 활용될 수 있습니다. 보고서나 데이터 파일을 신속하게 요약하여 이해하거나, 데이터 분석 업무 및 연구 과정의 프로세스를 단축시켜 업무 생산성을 높일 수 있습니다. 고급 데이터 분석은 데이터 오류를 자동으로 감지하고 개선하는 데 매우 유용한 도구입니다. 이를 통해 정확성을 향상시키고 효율성을 증가시킬 수 있습니다.

DALL-E3를 연동한 이미지 생성

GPT-4에 통합된 OpenAI에서 개발한 이미지 생성형 AI인 '달리3(DALL-E3)'는 사용자와의 대화를 통해 특정 이미지를 생성하는 데 활용됩니다. 사용자가 GPT-4와 대화를 나누면서 특정 이미지를 요청하면, GPT-4는 이 요청을 달리3에게 전달하고, 달리3는 그에 맞는 이미지를 생성합니다.

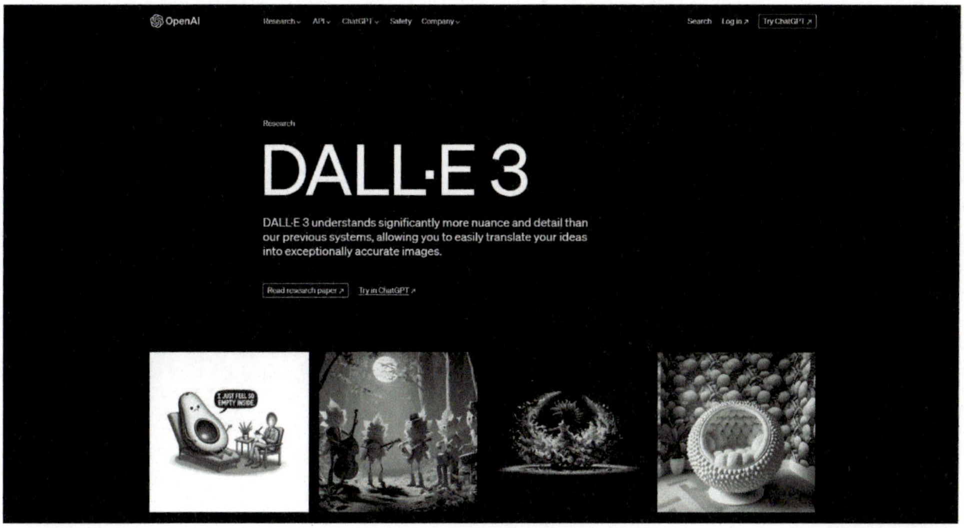

DALL-E 3 / 출처 : OpenAI

이미지 생성형 AI를 사용할 때, 프롬프트는 생성되는 이미지의 품질에 많은 영향을 미칩니다. GPT-4는 사용자와의 대화를 기반으로 이미지 생성에 필요한 프롬프트를 스스로 생성할 수 있기 때문에 어떤 프롬프트를 사용해야 하는지에 대한 고민을 덜어주는 편의성을 제공합니다. 이는 이미지 생성의 진입 장벽을 낮추고, 창의적인 작업을 지원하는 데 많은 도움이 됩니다.

또한 생성된 이미지에 대해 사용자가 피드백을 제공하면 그 내용을 바탕으로 적절한 지침과 프롬프트를 생성하고 달리3에게 제공하여 이미지를 수정하거나 보완합니다. 사용자는 원하는 이미지의 세부 사항을 설명하거나 요구사항을 제시하여 원하는 결과물을 얻을 수 있습니다.

생성형 인공지능 생태계를 확장한 API와 Plugin

OpenAI가 2022년 11월 30일에 ChatGPT를 출시한 뒤, 그로부터 얼마 지나지 않은 2023년 3월에 ChatGPT API를 선보였습니다. 이는 생성형 인공지능 생태계를 확장하는 데 영향을 미쳤습니다. 이후 많은 개인과 기업들이 GPT API를 활용해 다양한 서비스를 개발하기 시작했습니다. OpenAI는 API를 이용하여 ChatGPT의 기능을 외부로 제공하는 한편, 플러그인(Plugin)을 이용하여 외부의 서비스를 ChatGPT 내부로 통합하기도 했습니다. 이로써 ChatGPT는 더욱 다양한 분야에서 활용이 가능해졌습니다.

플러그인이란 일반적으로 기존 프로그램 또는 서비스에 기능을 추가하여 확장할 때 사용되는 기술을 말합니다. 플러그인을 사용하면 특정 웹사이트나 앱을 사용하기 위해 직접 서비스를 실행하거나 조작하지 않아도 ChatGPT와 상호작용을 시도합니다. ChatGPT에 프롬프트 문장만 입력하면 화면을 이동하지 않고도 필요한 프로그램이나 서비스가 자동으로 실행되어 답을 얻는 세상이 된 것입니다.

플러그인은 플러그인 스토어에서 인스톨 후, GPT-4 내에서 사용할 수 있습니다. 아이폰이 발표되고 앱스토어를 기반으로 수많은 앱 서비스와 기업이 등장하고, 그 위에 많은 비즈니스 생태계가 형성되었던 것처럼, 하나의 거대한 플랫폼 시장이 형성될 수 있습니다.

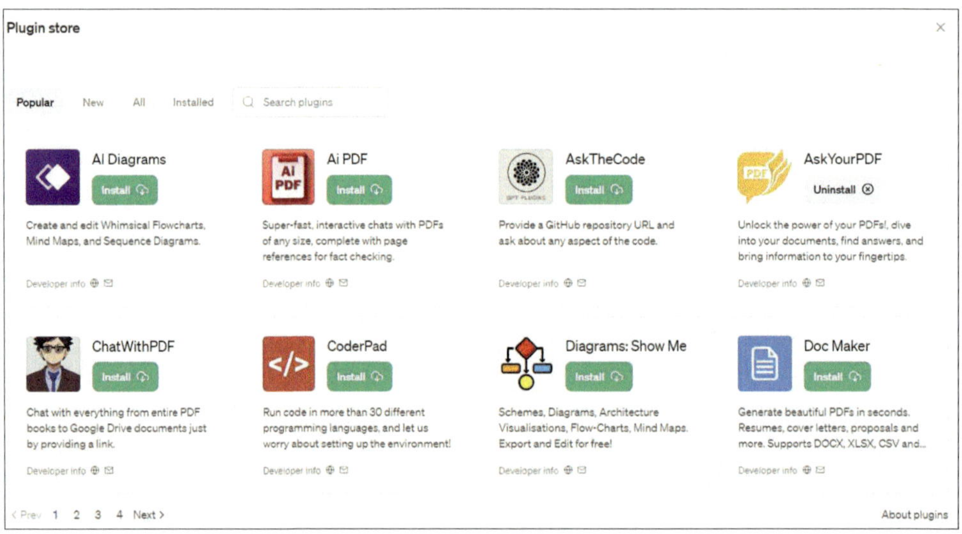

플러그인 스토어 화면 / 출처 : ChatGPT

아이폰과 앱스토어의 등장은 모바일 산업을 확산시키면서 사용자들에게 편의성과 선택의 기회를 제공했습니다. 플러그인 스토어도 비슷한 역할을 합니다. 더 많은 사람들이 인공지능 기술을 사용할 수 있는 환경을 제공하고, 거대한 생태계를 형성하여 다양한 서비스의 발전을 가져올 수 있습니다.

맞춤형 제작이 가능한 커스텀 GPT, 'My GPTs'

My GPTs는 ChatGPT를 특정 목적에 맞게 커스터마이징한 챗봇, '커스텀 GPT(Custom GPT)'를 말합니다.

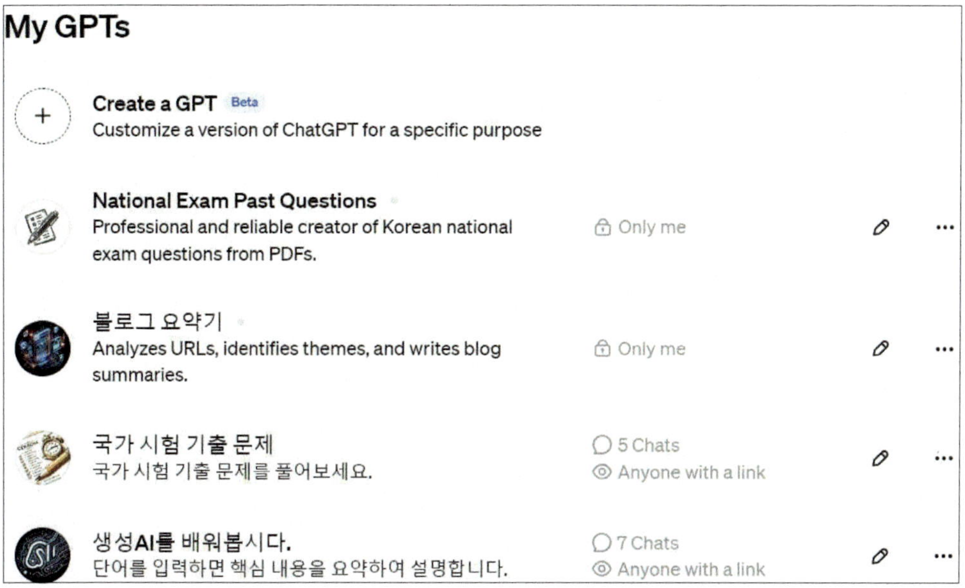

My GPTs 화면 / 출처 : ChatGPT

My GPTs에서는 개발자가 아니어도 GPT 빌더 대화창에서 간단한 채팅 명령을 통해 별도의 코딩 없이 누구나 쉽게 커스텀 GPT를 만들 수 있습니다. 예를 들어 프롬프트로 '면접 실습 챗봇 만들어줘.'라고 입력하면, GPT 빌더가 실행되면서 면접 관련 질문에 대답하거나 실제 면접 상황을 구현하는 챗봇을 스스로 만들어 줍니다. 또는 '디자인 생성 조언을 해주는 GPT를 만들고 싶어.'라고 요청하면 디자인 조언을 해주는 디자인 챗봇을 만들 수도 있습니다. 이렇게 커스텀 GPT는 특화된 나만의 주제로 GPT 빌더와의 대화를 통해 다양한 분야에서 새로운 서비스를 만드는데 도움을 받을 수 있습니다.

2024년 기대할 만한 생성형 AI 전망

GPT Store

맞춤형으로 개발한 커스텀 GPT를 판매할 수 있는 GPT 스토어가 2023년 11월 서비스될 예정이었으나 OpenAI의 CEO '샘 알트먼'의 해임 사건으로 연기되어, 2024년 1월 10일 출시되었습니다. GPT 스토어는 구글 플레이스토어나 애플 앱스토어 같이 사용자가 다양한 커스텀 GPT를 검색하고, 설치할 수 있는 플랫폼입니다. 이제 누구나 본인만의 커스텀 GPT를 만들고, GPT 스토어를 통해 수익 창출하는 시대가 다가오고 있습니다.

GPT-5

2024년에는 보다 더 진보된 형태의 생성형 AI가 등장할 가능성이 높습니다. OpenAI는 GPT-5 개발을 시도했으나 성능 문제로 프로젝트를 중단한 바 있습니다. GPT-5의 개발은 일반 인공지능(AGI) 즉, 사람의 수준에 더 가까운 인공지능의 발전을 시도하는 것을 의미 합니다. 지금까지의 인공지능은 대부분은 특정 영역이나 범위에서 뛰어난 성과를 보였습니다. 알파고가 바둑을 잘 두고, 왓슨이 의료에서 성과를 보인 것을 예로 들 수 있습니다.

AGI가 개발되면 특정 분야에 국한되지 않고, 일반적인 지능이나 다양한 분야를 학습하고 응용하며, 새로운 상황과 문제에 대처하는 인간의 수준에 가까운 인공지능을 활용할 수 있게 됩니다. 하지만 현재 기술 수준에서는 AGI를 구현하는 것은 아직은 어렵다고 전문가들은 말하고 있습니다.

월스트리트저널(WSJ)과 블룸버그 등은 2023년 10월에 열린 'WSJ 테크 라이브 컨퍼런스'에서 OpenAI CEO '샘 알트먼'과 CTO '미라 무라티'가 GPT-5와 이미지를 감지하는 생성 AI 도구 등을 언급했지만 출시 일정이나 기능 등 구체적인 내용은 언급하지 않았다고 보도하기도 했습니다.

Auto GPT

자율 에이전트(Autonomous Agents)인 Auto GPT는 지속적으로 프롬프트를 생성하고 이에 응답함으로써 스스로 효과적으로 작동하는 생성형 AI 애플리케이션을 설명하는 데 사용되는 용어입니다. 단순히 프롬프트에 응답한 다음 사용자가 다음에 수행할 작업을 지시할 때까지 기다리는 챗봇 스타일의 일반 에이전트(Generative Agents)보다 더 정교한 작업을 수행할 수 있습니다. 2023년에 등장한 자율 에이전트로 잘 알려진 예로는 '시그니피컨트 그래비타스(Significant Gravitas)'라는 개발자가 GPT-4를 기반으로 만든 AutoGPT가 있습니다. AutoGPT는 목표 값만 설정하면 따로 사용자의 개입 없이도 AI가 스스로 문제를 해결해 결과물을 내놓습니다. 2024년에는 사용자가 요구하는 거의 모든 작업을 수행할 수 있는 '일반화된' AI에 대한 탐구를 계속하면서 이 분야에서 더 많은 진전이 있을 것으로 예상됩니다.

AI App & Service

2024년에는 다양한 AI 앱과 서비스들이 등장할 것입니다. 'AIM 리서치'에 따르면 기업용 서비스인 엔터프라이즈 애플리케이션에 대화형 AI 기능을 내장하는 사례가 2024년까지 40% 이상 증가할 것으로 예측했습니다. 또한 대기업의 60%가 인사 관리에 AI를 활용하고, 새로운 제품의 40%는 생성형 AI가 디자인할 것이라고 전망했습니다.

AI가 생성한 이미지와 동영상이 실제와 거의 구분이 안 될 정도의 수준으로 발전하면서 Microsoft와 Adobe 같은 기업들은 이미 자사 플랫폼에 생성형 AI를 적용하여 사용자 인터페이스를 개선하기 시작했습니다.

인기 소셜 메시징 앱 서비스인 '스냅챗(Snapchat)'은 사용자의 연락처 목록에 대화형 AI를 적용하여, 사용자가 질문에 대한 답변을 얻거나 가상 친구로 상호작용을 할 수도 있습니다. 이렇듯 2024년에는 앱을 개발하고 판매하는 모든 기업 및 개인들은 사용자 참여와 고객 경험을 개선하기 위해 대화형 AI 인터페이스를 적용하는 추세가 더욱 확대될 것입니다.

교육에서의 생성형 AI

과거 새로운 기술인 '전자계산기'가 학교에 도입되었을 때, 일부 전통적인 교육학자들은 이를 반대했습니다. 학생들이 지나치게 의존하게 되고, 전자계산기 없이 기본적인 계산도 할 수 없게 될 것이라고 예측했습니다. 하지만 계산기를 활용하게 된 학생들은 더 어린 나이에 더 빠르고, 효율적으로 계산을 할 수 있게 되었습니다. 이후 계산기는 보편화되어 계산기 없이도 기본 계산을 빠르게 하고, 문제를 해결할 수 있는가에 대한 의문이 제기되기도 했습니다.

2024년에는 교육 분야에서 GPT와 같은 인공지능 기술의 보급이 있을 것입니다. 학생들의 생성형 AI 사용에 대한 논쟁은 필요하지만, 무조건 반대하기보다는 안전하게 활용할 수 있는 방법을 고민해야 하며, 교사와 강사 역시 노트, 요약, 보고서 작성, 수업 계획 수립 등에 생성형 AI를 사용하는 것이 익숙해질 것입니다.

Chapter 02

2024 생성형 AI 트렌드 살펴보기

생성형 AI가 다양한 기능과 역할에 있어서 혁신적인 잠재 가능성을 보여주면서, 여러 분야의 직업을 대체할 가능성이 높아지고 있는 가운데, 전문가들은 AI 자체가 아니라 AI를 활용하는 사람이 당신을 대체할 수 있다고 경고했습니다. 따라서 미래를 대비하기 위해서는 일상과 업무에서 AI를 적극적으로 활용하고, 생산성과 효율성을 향상시키는 노력이 필수적입니다. 2024년에는 어떻게 발전할지 생성형AI 트렌드와 분야별 플랫폼을 살펴보겠습니다.

2024년에도 계속되는 초거대 언어 모델의 발전

2024년에도 자연어 처리와 이해에 중점을 둔 초거대 언어 모델의 발전과 확산은 계속될 것으로 예상됩니다. 주요 기업들의 언어 모델 개발 및 성능 향상이 계속되고 있는 추세로, 언어 모델은 다양한 응용 분야에서 혁신을 이끌고 있습니다.

특히 구글과 마이크로소프트의 경쟁 구도가 주목을 받고 있습니다. 구글은 수십 년간 1,200억 달러(약 157조 원)에 달하는 검색 시장에서 80%가 넘는 점유율을 보여왔습니다. ChatGPT 등장 이후 마이크로소프트는 빙 검색 브라우저에 GPT-4를 적용하여, 2023년 2월 7일 새로운 버전의 '뉴빙(New Bing)'을 공개했습니다.

GPT-4가 적용된 새로운 모델이 발표되면서 페이지 방문자 수가 2%에서 15.8%로 늘어난 것으로 확인되었습니다. 이는 언어 모델의 효율성과 사용자 편의성이 검색 서비스에도 영향을 미치고 있다는 것을 보여줍니다. 이후 마이크로소프트는 검색뿐만 아니라 마이크로소프트의 다양한 서비스에 생성형 AI를 적용하며 혁신을 주도하고 있습니다.

생성형 AI의 주도권을 빼앗긴 구글은 2023년 12월 6일, GPT-4의 성능을 뛰어넘는 최신 언어 모델이라며, '제미나이(Gemini)'를 공개하기도 했습니다. 공개된 데모 영상에서는 이미지를 인식하고, 음성으로 듣고 말하는 등 다양한 데이터를 인식하고 처리하는 사람 수준의 뛰어난 멀티모달 능력을 선보이며 관심을 받았습니다.

하지만 공개된 영상이 실제 구현이 불가능한 과장된 영상이라는 점이 지적되면서 논란이 되기도 했습니다. 이렇듯 언어 모델 및 인공지능 분야의 연구와 개발에 대한 이슈는 지속되고 있으며, 주요 기업들의 언어 모델 경쟁이 계속되면서 초거대 언어 모델에 대한 기대감은 높아지고 있습니다.

구글 제미나이 / 출처 : Google

초기 OpenAI가 개발한 ChatGPT는 연구 목적으로 시작되어 정보를 모두 공개했습니다. 이후 마이크로소프트의 투자와 함께 상업화를 목적으로 전환되면서 폐쇄적 형태로 변환 되었습니다. 반면, 후발 주자인 메타(Meta)는 OpenAI의 독주에 대한 견제 차원에서 다른 전략을 선택했습니다. 메타는 LLM(Large Language Model) 모델의 기술을 공개하는 오픈소스 방식을 채택하여 빠르게 기술을 확산하는 방향으로 접근하고 있습니다.

메타뿐만 아니라 IBM, 인텔 등 50개 이상의 다른 기업들과 예일대, 코넬대 등 대학 및 미 항공우주국(NASA), 국립과학재단(NSF) 등 미국의 정부기관과의 AI 동맹을 통해 기술을 공개하면서, 더 많은 사람들이 활용할 수 있도록 기술의 민주화를 만들어 가고 있습니다. 그러나 동시에 인공지능의 민주화는 인류에 심각한 위험을 초래할 수도 있습니다. 그렇기 때문에 데이터 프라이버시, 보안 및 윤리 문제에 대한 지속적인 관심과 규제도 필요합니다.

대화형 검색의 시대

구글과 마이크로소프트의 검색 브라우저에 언어 모델이 적용되면서 검색 패러다임의 변화를 일으키고 있습니다. 언어 모델이 적용된 검색 브라우저는 사용자의 의도를 더 잘 이해하고 관련성 높은 결과를 빠르게 제공할 수 있습니다. 원하는 정보에 더 빠르게 접근하여 결과를 제공함으로써 검색 시간을 단축시키고, 더 나은 사용자 경험을 즐길 수 있도록 도와줍니다.

검색 서비스에 텍스트는 물론, 이미지, 음성 등 다양한 데이터를 처리하고 이해할 수 있는 멀티모달 능력을 갖춘 언어 모델이 적용되면서, 영화에서나 볼 수 있었던 '자비스(Jarvis)' 같은 인공지능 비서와 대화하는 듯한 경험을 할 수 있습니다.

멀티모달 기능의 지원은 다양한 미디어를 통한 상호작용을 가능하게 하기 때문에 음성으로 말하듯이 검색하거나 이미지를 보여 주고 질문을 하고, 영상 속 정보를 바탕으로 대화를 나눌 수도 있습니다.

국내 검색 서비스를 제공하는 네이버도 초거대 언어 모델이 적용된 '클로바X'를 출시했습니다. 또한 기존 네이버 검색 및 서비스에 인공지능 모델이 적용된 '네이버 큐(Cue:)'를 공개하기도 했는데요. 네이버 큐는 인공지능 모델을 활용한 콘텐츠 추천 및 개인화된 서비스 제공이 가능합니다. 이제 네이버 검색창에 키워드 검색은 물론, '최신 인공지능 뉴스 5개 추천해 줘.'와 같은 대화형으로도 질문이 가능합니다.

네이버 큐 검색결과 / 출처 : 네이버

'캠핑 안전 장비 추천해 줘. 구매할래.'와 같은 질문을 입력하면, 추천 목록과 함께 구매 사이트 정보를 제공해 주기도 합니다.

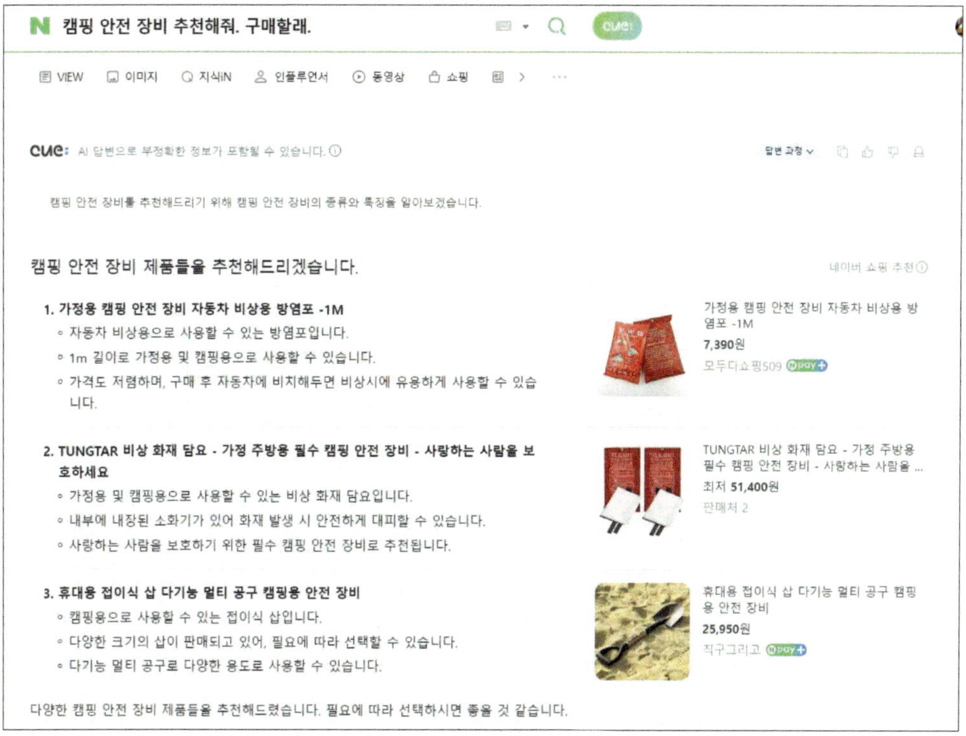

네이버 큐 검색결과 / 출처 : 네이버

네이버 큐는 현재는 사전 신청을 한 사용자에게 서비스가 제공되고 있습니다. 사전 신청 후 대화형으로 검색이 가능하며, 검색 결과와 언어 모델이 생성한 답변을 함께 제공받을 수 있습니다.

ChatGPT는 해외 모델이기 때문에 국내 데이터에 대한 학습이 부족합니다. 네이버 언어 모델은 ChatGPT 보다 6,500배 많은 한국어 데이터를 학습했기 때문에 국내 관련 정보 및 데이터에 관한 결과는 더 잘 생성할 수 있습니다.

검색 브라우저를 사용할 때, 목적에 맞게 네이버, 다음, 구글 등을 선택해서 사용을 하듯이 언어 모델도 ChatGPT만 사용할 것이 아니라 상황과 목적에 맞게 선택적으로 활용하시는 것이 좋습니다. 그러려면 다양한 인공지능 모델을 활용해 보는 경험이 필요합니다.

기업 맞춤형 스마트워크와 업무 자동화

현재 많은 기업들이 업무 생산성 향상을 위해 초거대 언어 모델을 도입하는 것을 적극적으로 고려하고 있습니다. LLM 도입은 텍스트 기반의 다양한 업무를 지원하고, 데이터 분석, 의사결정 지원, 문서 작성 등에서 유용하게 활용될 수 있습니다.

초기의 LLM은 데이터 유출과 같은 보안 문제로 기업 환경에서의 활용에 다소 우려가 있었습니다. 그러나 2024년에는 보완성을 갖춘 엔터프라이즈 서비스의 등장으로 기업 특성에 맞춰 LLM을 커스터마이징한 맞춤형 스마트워크 구축으로 업무 프로세스를 개선하고, 자동화하여 생산성을 높임으로써 기업 경쟁력을 강화하는데 기여할 것입니다.

ChatGPT https://chat.openai.com

현재 가장 많이 활용되고 있는 ChatGPT는 대화형 AI의 원리를 잘 이해하고 사용한다면, 다양한 업무에 도움을 받을 수 있습니다. 복잡한 주제에 대해 쉽게 설명하고, 연구 활동의 보조적 역할을 지원하며, 이미지, 표, 엑셀 파일 등 다양한 유형의 콘텐츠를 생성할 수 있습니다. 비전공자도 누구나 코드를 생성할 수도 있습니다.

일반적으로 ChatGPT를 활용해 문서 초안을 작성하거나 아이디어를 기획하고, 서비스를 개선하는 데 조언을 얻기도 합니다.

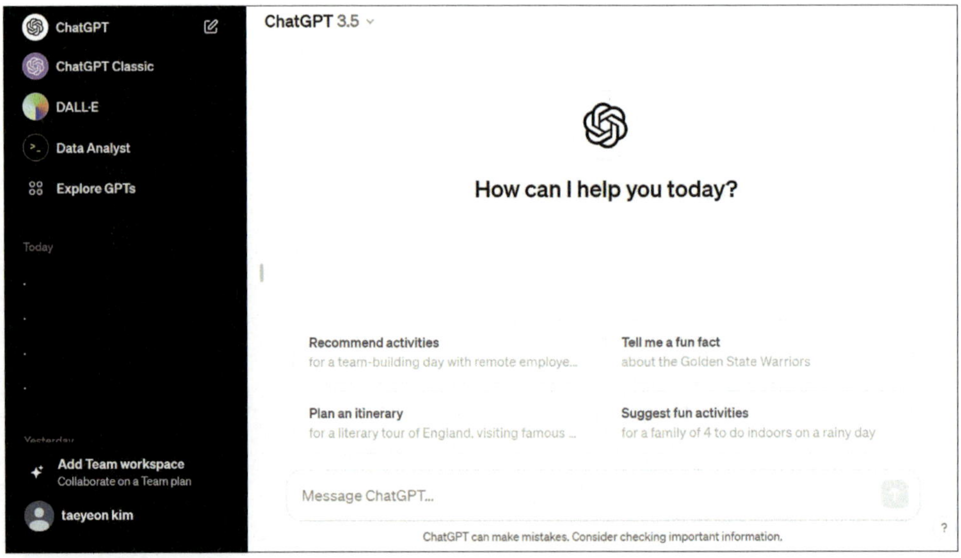

ChatGPT 접속 화면 / 출처 : ChatGPT

인공지능을 활용해 단순 반복되는 작업을 자동화하면, 생산성을 높이고 창의성을 발휘할 수 있는 더 많은 일을 할 수 있으며, 업무 프로세스를 개선하고 더 중요한 업무에 집중할 수 있도록 도와줍니다. 또한, 어려운 작업의 부담을 줄여주어 결과적으로 시간과 에너지를 절약하는데 도움이 됩니다.

초기 언어 모델은 몇 가지 주요 문제점이 드러나면서 일부 기업들은 사용을 금지하기도 했습니다. 가장 눈에 띄는 문제 중 하나는 환각(Hallucination)입니다. 생성형 언어 모델은 잘못된 정보를 생성하거나 현실과 동떨어진 엉뚱한 결과를 제시하기도 합니다.

세종대왕의 맥북 던짐 사건처럼 존재하지 않는 사실을 '진실' 처럼 제시하는 경우가 이에 해당합니다.

보안 이슈도 주요 문제점 중 하나입니다. ChatGPT와 대화 시 사용한 정보나 대화는 서버에 저장되어 기록되고, 인공지능 모델의 학습에 활용되기도 합니다. 특히 기업의 데이터에는 고객 정보, 기업 기밀 등 민감한 정보가 포함될 수 있기 때문에 데이터를 안전하게 관리하는 것이 중요합니다. 국내 기업에서도 코드 개선을 위한 데이터를 입력했다가 기업의 정보가 노출되는 일이 발생해 논란이 된 적이 있습니다.

이후 이런 문제점을 보완한 기업용 엔터프라이즈(Enterprise) 서비스들이 출시되었습니다. 마이크로소프트는 기업용 '빙 챗 엔터프라이즈'를 출시했고, OpenAI도 기업용 'ChatGPT 엔터프라이즈'를 발표했습니다. 구글 역시 워크스페이스용 '듀엣(Duet) AI'의 엔터프라이즈 서비스를 출시하면서 보안 이슈를 해결하고 있습니다. 기업을 위한 엔터프라이즈 서비스는 대부분 유료 플랜으로 제공되고 있으며, 일부 체험 버전을 무료로 제공하고 있습니다.

MS Copilot https://copilot.microsoft.com

마이크로소프트에서는 자사의 기존 검색 서비스와 오피스 문서에 초거대 언어 모델을 적용했습니다. 마이크로소프트의 검색 엔진인 '빙(Bing)'에 GPT-4를 적용하여 대화형 검색 서비스를 제공하고 있으며, 최근 '코파일럿(Copilot)'으로 명칭을 통합하였습니다. 결과에 대한 출처를 제공하기 때문에 데이터에 대한 검증이 가능한 장점이 있습니다. 또한 대화한 내용을 워드 문서로 생성할 수 있으며, 데이터를 표로 정리하여 엑셀 파일에 연동할 수도 있습니다. 오피스 문서에도 적용되면서 워드, 파워포인트, 엑셀 등 문서를 작성하고 데이터를 분석하여 시각화하는 등 다양한 업무에서 생성형 AI를 활용할 수 있습니다.

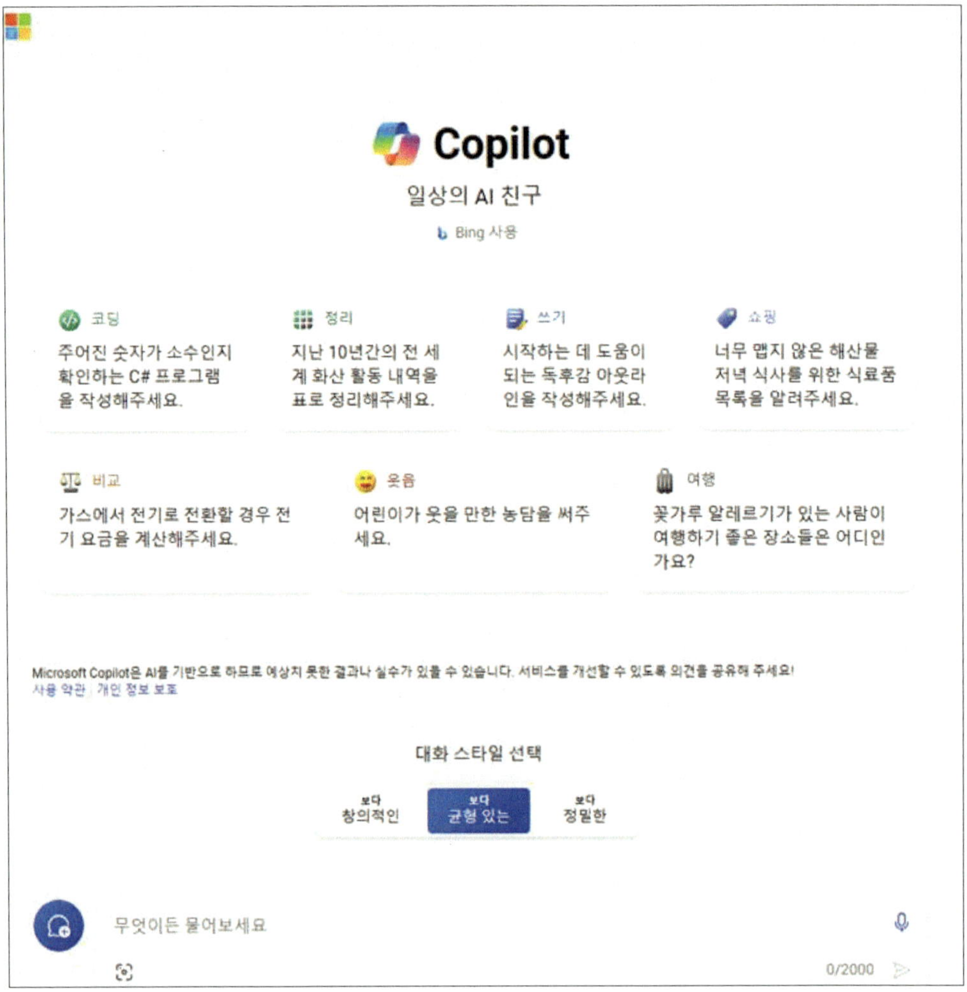

코파일럿 접속 화면 / 출처 : MS Copilot

Google Bard https://bard.google.com

구글에서 개발한 초거대 언어 모델인 바드(Bard)는 ChatGPT와 유사한 대화형 AI 입니다. 바드는 입력된 주제나 질문에 대해 다양한 답변을 제공하는 것이 특징입니다. 또한 구글 실시간 검색을 지원하기 때문에 답변에 대한 검색 결과를 확인할 수 있습니다. 생성된 답변은 구글 문서나 G-mail로도 내보낼 수 있습니다.

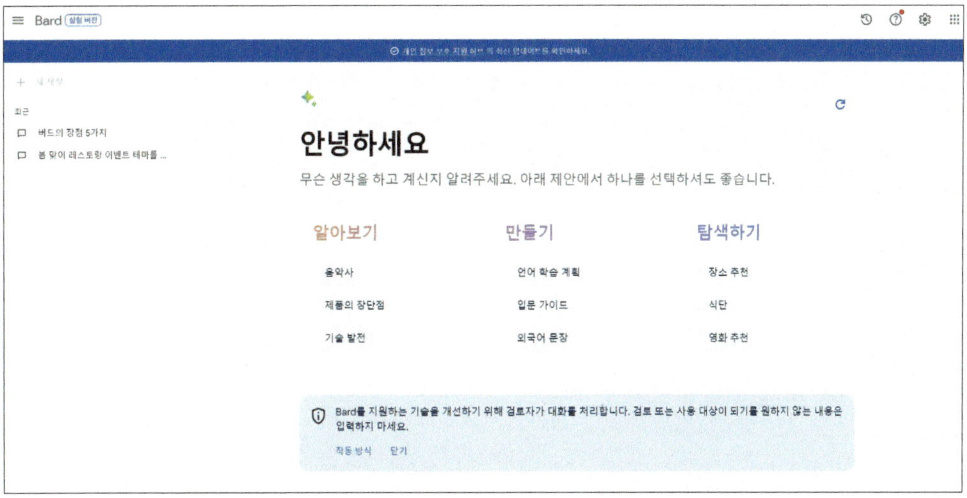

바드 접속 화면 / 출처 : Google

Duet AI https://workspace.google.com/solutions/ai

듀엣 AI는 구글 워크스페이스에 초거대 언어 모델이 적용되어 기존 문서를 자동으로 요약하고, 구글 슬라이드에서 프레젠테이션을 작성하거나 구글 시트의 분류 도구를 사용해 셀에 입력된 데이터의 맥락을 이해하여 쉽게 시각화하는 등 다양한 업무에 활용할 수 있습니다.

듀엣AI 접속 화면 / 출처 : Google

네이버 CLOVA X https://clova-x.naver.com

클로바X는 네이버 AI 윤리 준칙을 준수하여 개발된 대화형 AI로 크게 스킬, 디스커버리, 커넥터 기능을 제공하고 있습니다.

'스킬'은 네이버쇼핑, 네이버 여행, 쏘카 등의 서비스와 연결하여 사용자의 의도에 맞게 상품, 호텔, 렌터카를 추천받을 수 있습니다. 다시 보고 싶은 대화 내용을 모아 저장하는 기능인 '디스커버리'는 최대 50개까지 만들 수 있으며, '커넥터'는 사용자의 이미지 혹은 문서를 첨부할 수 있는 기능을 이용하여 이미지를 수정하거나 문서 요약 등 다양한 형태의 초안을 생성하는데 활용할 수 있습니다.

클로바X 접속 화면 / 출처 : Naver

wrtn https://www.wrtn.ai

뤼튼은 국내 모델로 이미지 생성, 문서 인식, 실시간 정보를 반영하며, 문서 생성은 물론 SNS 홍보에 최적화되어 있는 도구입니다. GPT-4를 기반으로 SNS, 유튜브, 광고, 제품설명서, 요리 레시피, 등 다양한 분야에서 사용할 수 있습니다. 또한 한국형 챗봇 제작 기능 지원으로 완성도 높은 한글 지원 챗봇 제작이 가능하며, GPT-4 외에도 다양한 모델을 무료로 사용할 수 매우 큰 장점이 있습니다.

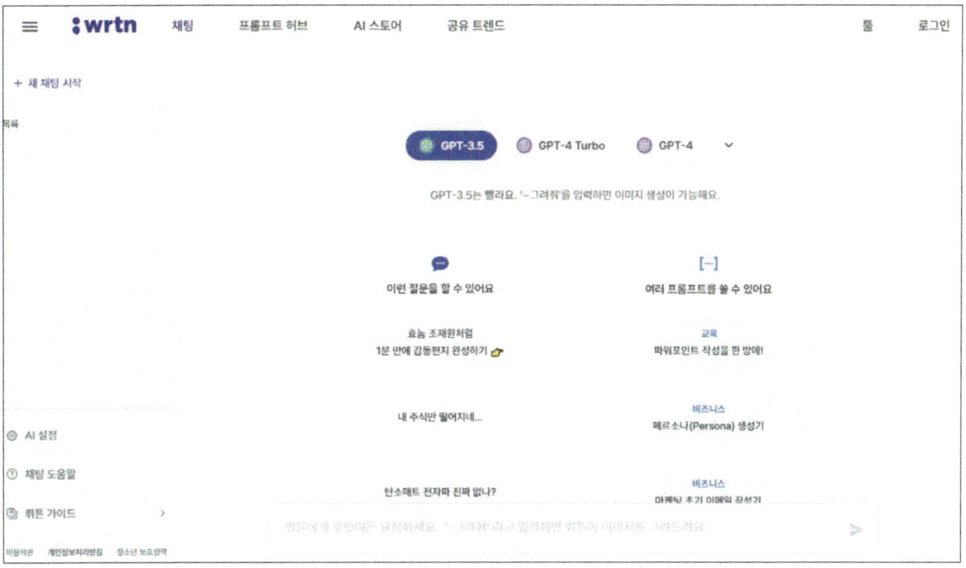

뤼튼 접속 화면 / 출처 : wrtn

Notion AI https://www.notion.so/ko-kr

노션은 협업 도구로 최근 AI가 적용되어 단순 메모뿐만 아니라 프로젝트 관리, 문서 작성 등에서 글을 작성할 때 생성형 AI를 활용할 수 있습니다. 노션 워크스페이스에서 스페이스바(Space bar) 또는 슬래시('/') 명령어를 입력하거나 편집하고 싶은 문장의 일부 범위를 선택하여 적용할 수 있습니다. 문서 초안 작성 시, 또는 작성된 문장의 일부를 요약 또는 교정할 수 있으며, 기존 문서의 내용을 일부 선택하여 표로 만들어 정리할 수도 있습니다.

노션 접속 화면 / 출처 : Notion

멀티모달 기반의 생성형 AI의 확산

생성형 인공지능은 한 가지 데이터를 처리하던 유니모달(Unimodal)에서 다양한 데이터를 처리할 수 있는 멀티모달(Multimodal) 방식으로 발전하고 있습니다. 멀티모달이 적용 된 인공지능의 등장은 인공지능 모델의 지능과 창의력을 확장하고 보완하는 새로운 길을 열어주고 있습니다. 모델의 향상된 정확성과 디테일, 더 높은 수준의 문맥의 이해, 다양한 형태의 창의적 표현이 가능해지면서, 예술, 엔터테인먼트, 교육, 과학 연구 등 다양한 범위에서의 활용 가능성을 높여주고 있습니다.

멀티모달 AI의 등장과 함께 이미지, 비디오, 음성 및 콘텐츠 제작 등과 같은 작업을 지원하는 수많은 AI 도구가 등장하고 있습니다. 각 전문 분야에서 다양하게 활용되고 있는 다양한 트렌드 도구 몇 가지를 소개합니다.

이미지 생성 AI 도구

이미지 생성 AI를 활용하면 사용자는 간편하고 빠르게 원하는 이미지를 제작할 수 있습니다. 이미지를 생성하기 위해서 사용자는 만들고자 하는 이미지의 특성을 설명하는 텍스트 프롬프트를 입력해야 합니다. AI는 이 프롬프트를 분석하여 입력된 설명과 일치하는 이미지를 생성합니다.

Midjourney https://discord.gg/midjourney

미드저니는 개인이 창의력을 발휘하고 다양한 예술적 스타일을 표현할 수 있도록 지원하는 AI 기반 이미지 생성 도구입니다. 미드저니의 디스코드 봇(Discord bot)이 텍스트 프롬프트를 그래픽으로 변환하는 기능을 통해 상세한 웹 디자인부터 소셜 미디어 캠페인에 이르기까지 모든 것을 만들 수 있습니다. 미드저니의 뛰어난 이미지 생성 기술은 예술가, 디자이너, 마케터 등 전문가뿐만 아니라 개인 창작자들에게 많은 인기를 얻으면서 창작 과정을 혁신적으로 변화시키고 있습니다.

TIP 디스코드(Discord)는 음성, 채팅, 화상 통화 등을 지원하는 메신저로 최근 소통 채널로 많이 사용되고 있어요!

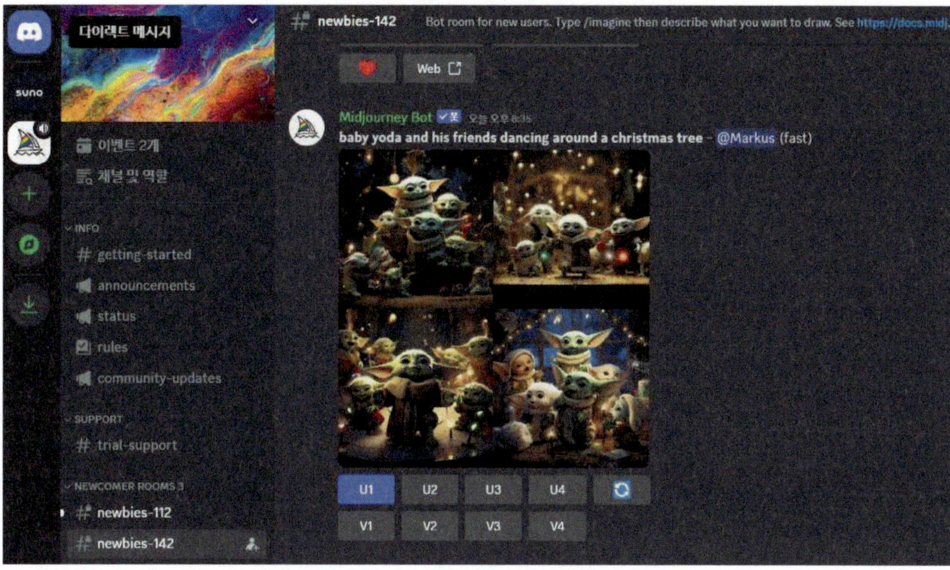

미드저니 디스코드 화면 / 출처 : Midjourney

Neural.love https://neural.love

뉴럴 러브는 사용자의 스타일과 선호도에 따라 개인화되고 독특한 아트워크를 제공합니다. 풍경, 인물 사진, 추상적 디자인 등으로 명령을 표현할 수 있습니다.

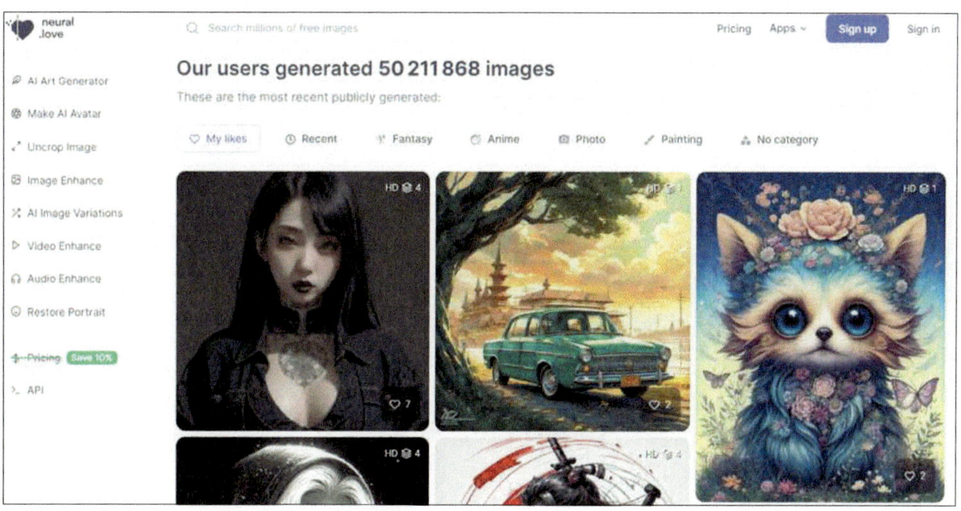

뉴럴 러브 접속 화면 / 출처 : neural.love

Stable Diffusion https://stablediffusionweb.com

스테이블 디퓨전은 텍스트 및 이미지 프롬프트에서 다양한 스타일의 아트워크, 스케치 이미지, 애니메이션, 비디오 등을 제작할 수 있는 생성형 AI 모델입니다. 허용적 라이선스에 따라 누구나 사용할 수 있고 노이즈 제거 단계 및 주요 하이퍼파라미터를 제어할 수 있습니다. 그래서 사용자가 모델을 직접 설치하여 사용할 수도 있지만 웹 기반 사용자 인터페이스(Web UI)를 제공하는 아래 사이트를 통해 쉽게 고 퀄러티의 이미지를 생성 해보세요.

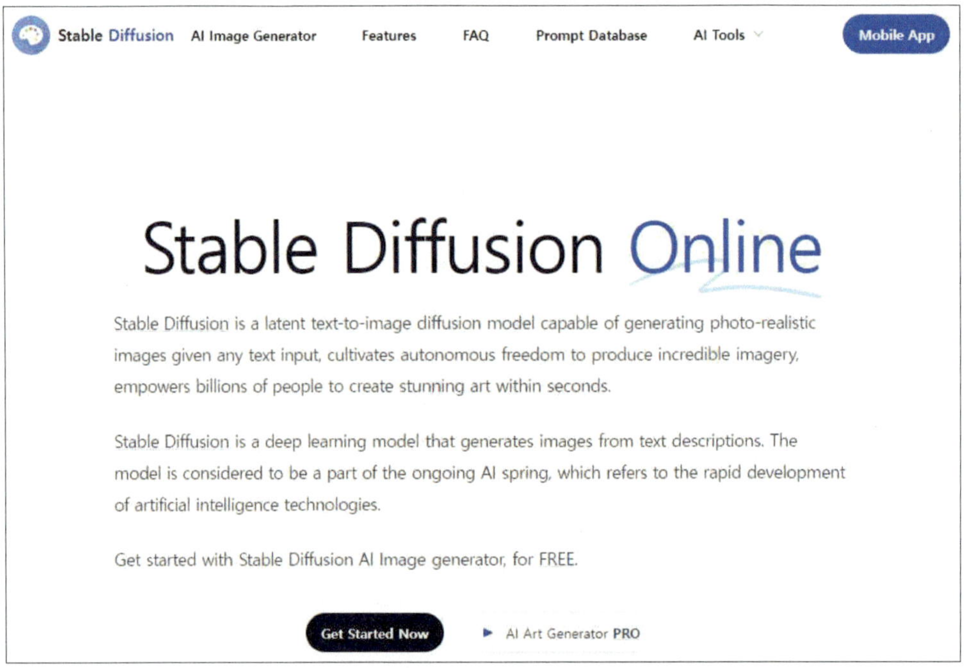

스테이블디퓨전 접속 화면 / 출처 : Stable Diffusion Online

Adobe Firefly https://firefly.adobe.com

어도비 파이어플라이는 디자이너들이 많이 사용하는 디자인 도구를 제공하는 어도비사에서 개발한 이미지 생성 AI로 간단한 프롬프트와 생성형 AI로 입력한 텍스트에서 이미지를 생성해 주고 텍스트에 효과를 주거나 벡터나 아트 재조합 등의 기능을 이용할 수 있습니다. 포토샵 정식 버전에 탑재되면서 생성형 AI를 활용한 상업적 작품 활동이 가능해졌습니다.

파이어 플라이어 접속 화면 / 출처 : Adobe

DALL-E 2 https://openai.com/dall-e-2

달리2는 텍스트 설명을 통한 이미지 생성의 고급 및 특수 버전입니다. 일관되고 사실적인 이미지를 생성하기 위해 텍스트 프롬프트를 해석하고 변환하기 위한 NLP 및 생성 모델링의 강력한 기능을 활용합니다. 참고로 DALL-E3는 ChatGPT에 포함되었습니다.

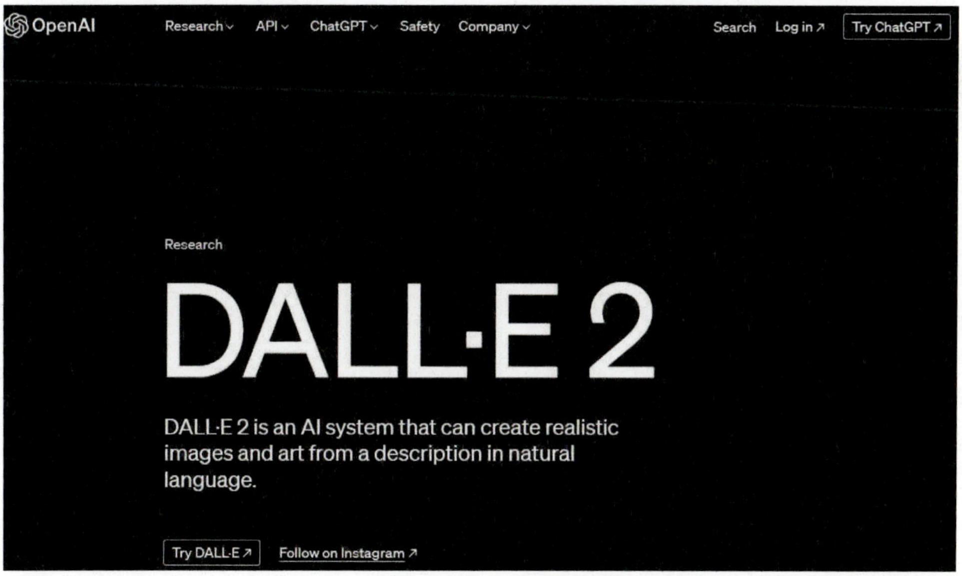

달리2 접속 화면 / 출처 : DALL-E2

비디오 생성 AI 도구

비디오 제작 옵션을 갖춘 AI 도구는 비디오 제작 프로세스를 향상시키고, 아름답게 만들고, 비디오 제작의 다양한 측면을 수정하는 데 적합합니다.

Fliki https://fliki.ai

AI 음성을 적용하여 텍스트를 비디오로 변환하거나, 짧은 시간에 블로그 게시물이나 스크립트를 작성하여 비디오를 생성할 수 있습니다. 75개 언어로 된 텍스트 음성과 많은 이미지, 배경 음악, 비디오 클립 등을 제공하는 올인원 플랫폼으로 교육용 영상, 소셜 영상 콘텐츠, 광고 영상 등을 쉽게 생성할 수 있습니다.

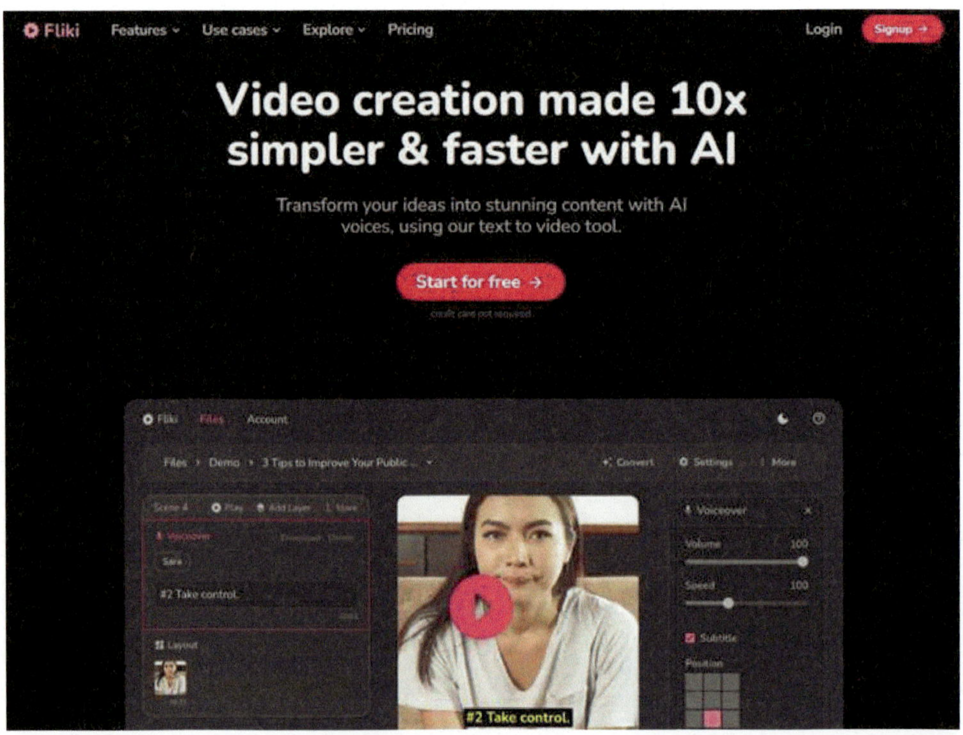

플리키 접속 화면 / 출처 : 플리키

Synthesia https://www.synthesia.io

복잡한 비디오 장비나 촬영을 하지 않아도 다양한 AI 아바타를 선택하거나 나만의 아바타를 만들어서 아바타의 표정이나 몸짓 제어를 통해 자연스러운 대화나 표현을 하는 아바타를 생성해 주는 비디오 제작 도구입니다. 톤이나 스타일에 대한 입력 텍스트 및 스크립트를 적용하거나 AI 음성 생성을 적용하여 편집할 수도 있습니다.

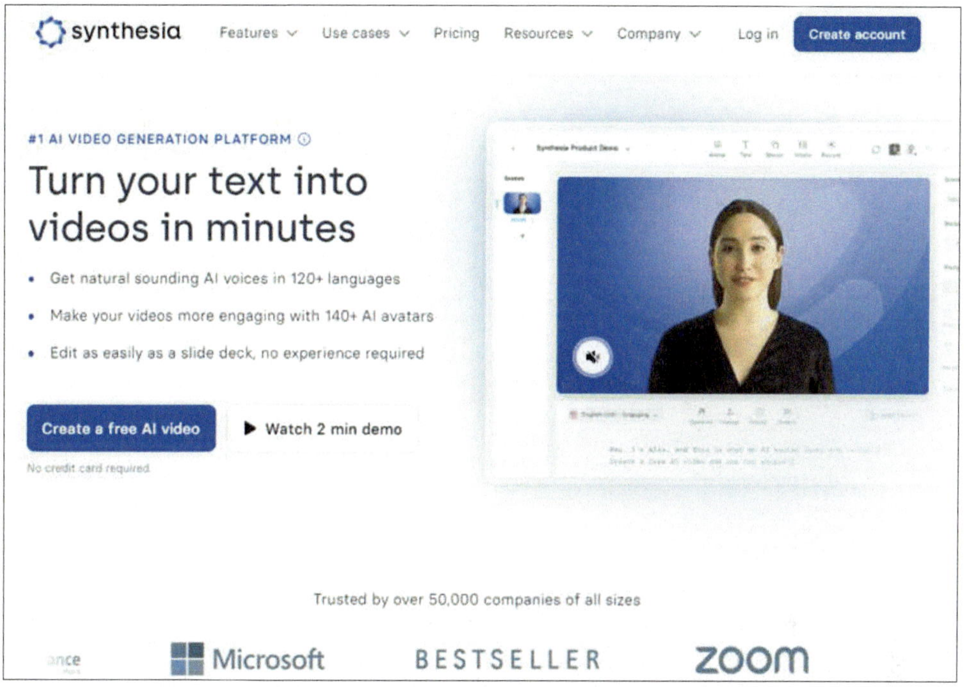

신디시아 접속 화면 / 출처 : 신디시아

Runway https://runwayml.com

런웨이(runway)는 미국 스타트업 런웨이 ML이라는 회사에서 만든 인공지능의 기술을 이용하여 동영상을 새로운 스타일로 변환 및 생성해주는 프로그램입니다. 아티스트가 머신러닝 모델에 접근할 수 있는 플랫폼을 만드는 것을 초기 프로젝트로 시작하면서 "모델을 위한 플랫폼"에서 아이디어를 얻어 '런웨이'가 되었다고 합니다. 인공지능을 사용하면 전문가 수준의 콘텐츠 제작에 대한 진입 장벽이 급속히 낮아질 것이라 생각했고 전문 VFX 스튜디오에서만 만들 수 있었던 다양한 고퀄리티 영상을 일반인들도 쉽게 만들 수 있습니다.

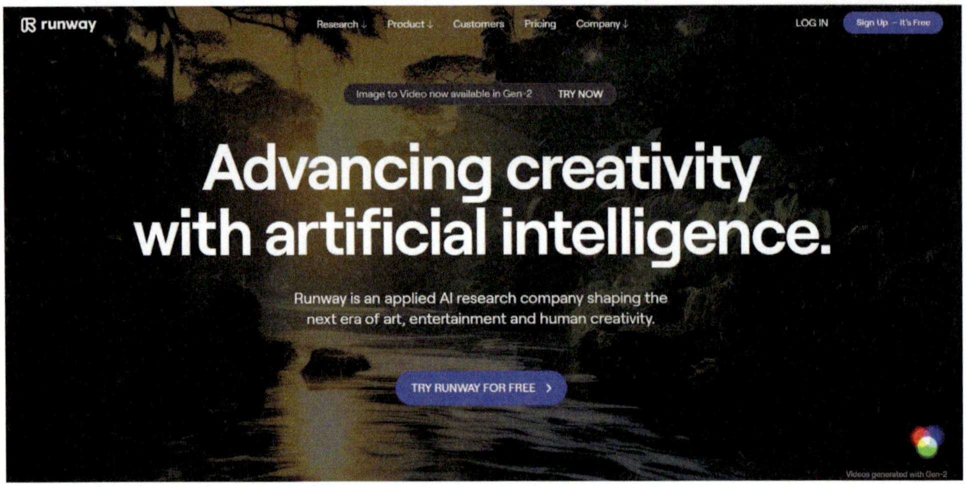

런웨이 접속 화면 / 출처 : runwayml

픽토리 https://pictory.ai

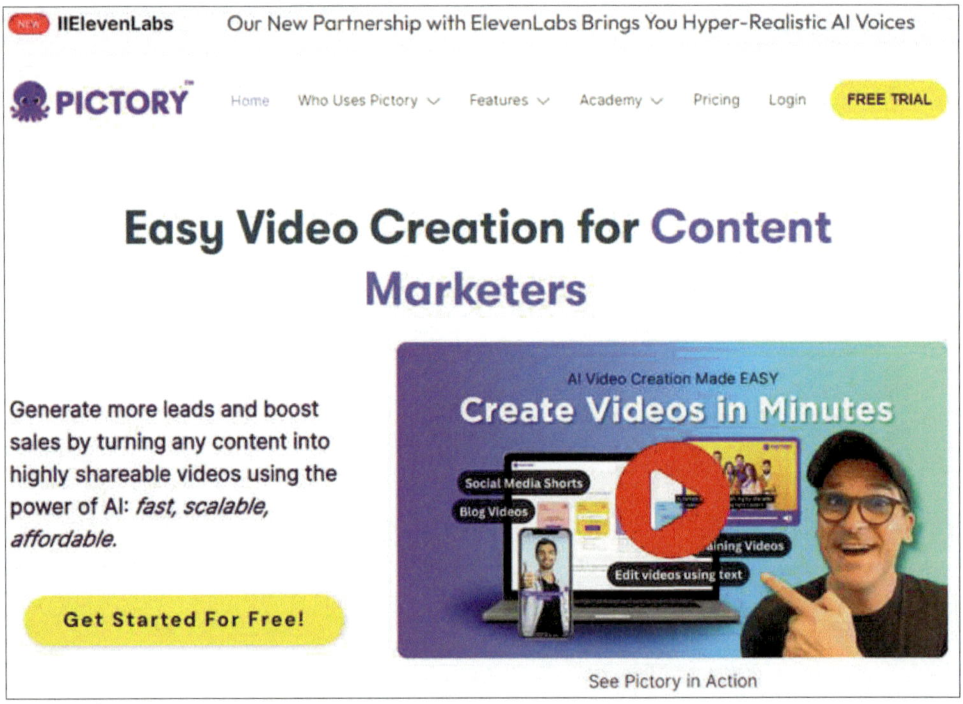

픽토리 접속 화면 / 출처 : 픽토리

동영상 장면을 편집하여 자동으로 자연스러운 동영상을 만들어 주는 영상 인공지능 플랫폼 입니다. 영상 클립을 병합하거나 다듬고, 장면을 전환하고 음악을 추가하여 전체 비디오 흐름을 최적화할 수 있습니다. 지능형 장면 감지 기능으로 파일을 정리하고, 비디오 분류 및 특정 장면에 대한 빠른 처리가 가능합니다.

오디오 및 음성 생성 AI 도구

목소리를 AI로 합성하거나 음악을 작곡하는 등의 기술은 이미 많은 관심을 받아왔습니다. 음성이나 음악뿐만 아니라 문 닫는 소리, 사람들의 대화 소리 등 우리를 둘러싼 여러 사운드 환경을 만들고 있습니다. 다양한 오디오, 음성 데이터를 생성하는 도구들을 소개합니다.

Splash https://www.splashmusic.com

간단한 텍스트를 입력하면 음악의 분위기, 장르, 주제 등을 파악하고 음악 데이터를 통해 학습하는 등 그에 맞는 음악을 생성합니다.

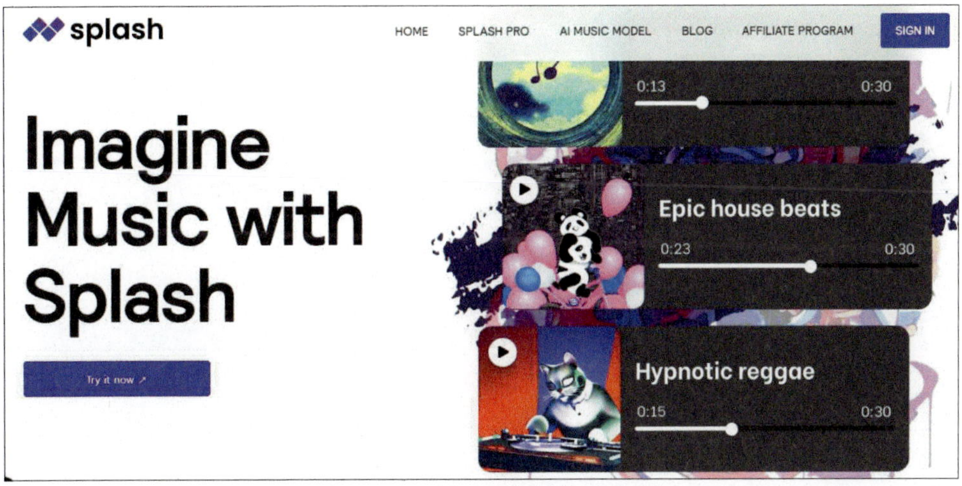

스플래쉬 접속 화면 / 출처 : splash

AIVA https://www.aiva.ai

작곡하는 인공지능입니다. 클래식 음악이 주 전공이고 프랑스의 음악저작권협회가 인정한 최초의 가상 창작 인공지능입니다.

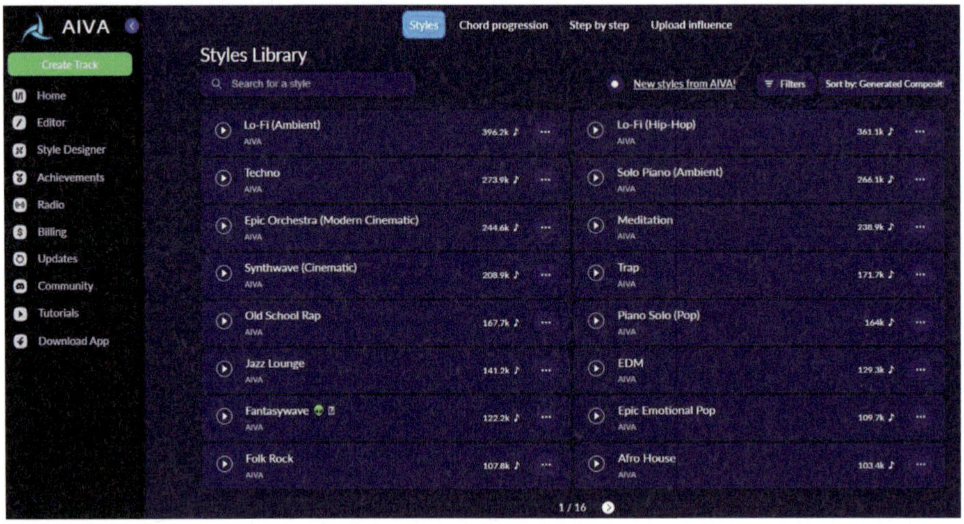

AIVA 접속 화면 / 출처 : aiva

Soundraw https://soundraw.io

작곡 지식이 없어도 몇 분 만에 자신이 원하는 음악을 만들 수 있는 획기적인 도구입니다. 버튼을 선택하여 조합되는 방식으로 프롬프트가 만들어지고 여러 음원과 비슷한 종류의 음원을 아주 쉽게 생성할 수 있습니다.

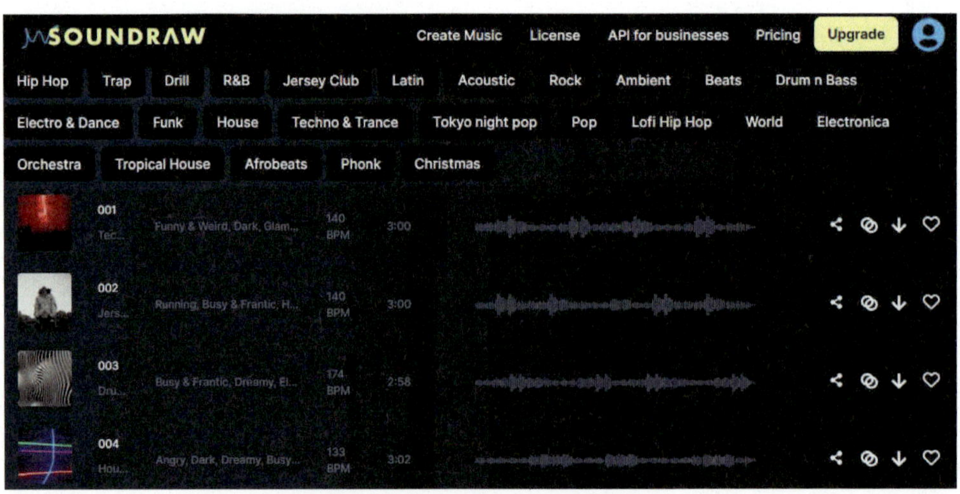

사운드로 접속 화면 / 출처 : 사운드로

클로바 더빙 https : //clovadubbing.naver.com

클로바 보이스의 음성합성 기술로 제작한 AI 보이스로 동영상에 쉽게 더빙할 수 있는 서비스입니다. 어른, 아이, 남녀, 외국인 등 다양한 보이스와 여러 종류의 언어와 감정 표현이 제공되어 목적에 맞는 자연스러운 콘텐츠를 제작할 수 있습니다.

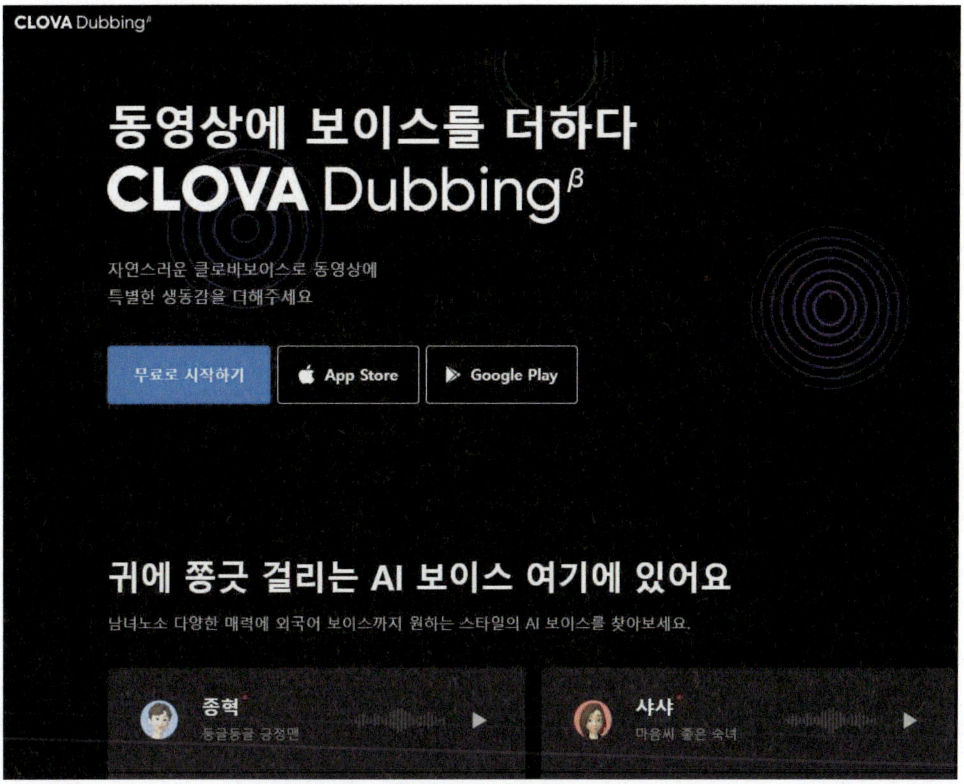

클로바 더빙 접속 화면 / 출처 : 클로바 더빙

코드 생성 AI 도구

GitHub 코파일럿 https : //github.com/features/copilot

깃허브는 소프트웨어 개발자라면 코드의 버전 관리나 협업을 위해 사용하는 웹 호스팅 플랫폼입니다. 2021년에 출시한 깃허브 코파일럿은 개발자가 작성한 주석이나 코드들을 인공지능이 이해하고 자동 완성해 제시해 주는 서비스입니다. 코드 작성 시간을 줄여주고 빠르게 힌트를 얻는 등 개발의 생산성을 높일 수가 있습니다.

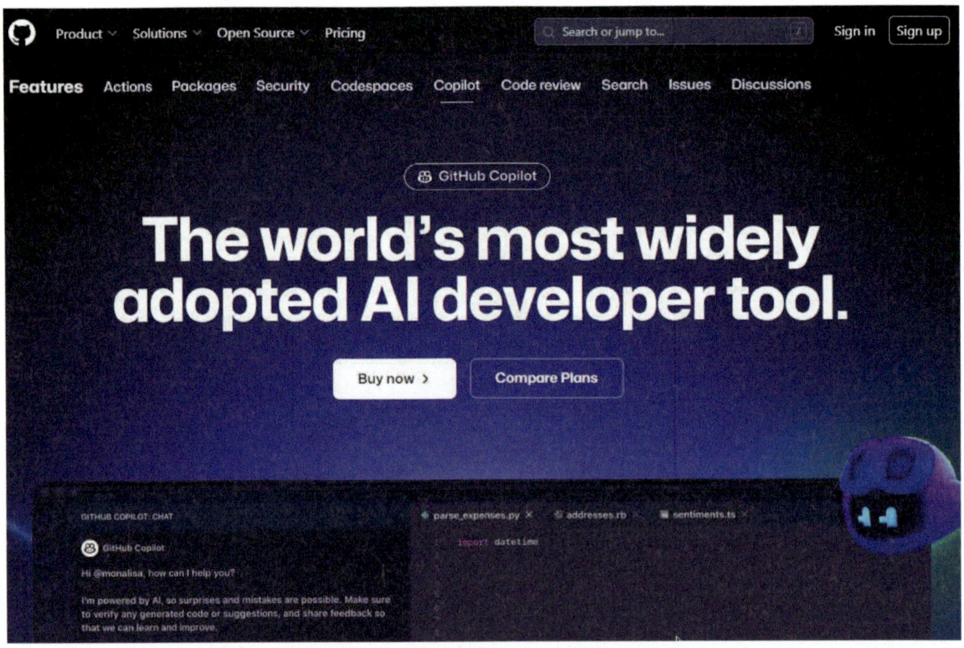

깃허브 코파일럿 접속 화면 / 출처 : 깃허브

Colaboratory 코랩 AI https://colab.research.google.com

구글 코랩은 구글이 제공하는 클라우드 기반의 주피터 노트북(Jupyter Notebook) 환경입니다. 즉, 파이썬 코딩을 할 때 복잡한 설치 및 비용 없이 구글 계정 로그인 후 기본 코딩부터 머신러닝 작업도 할 수 있습니다. 2023년 구글이 Codey 모델을 이용하여 코랩 내 AI로 코딩을 생성할 수 있는 기능을 추가했습니다. 프롬프트를 입력하면 자동으로 코드가 생성되고 바로 실행해볼 수 있습니다.

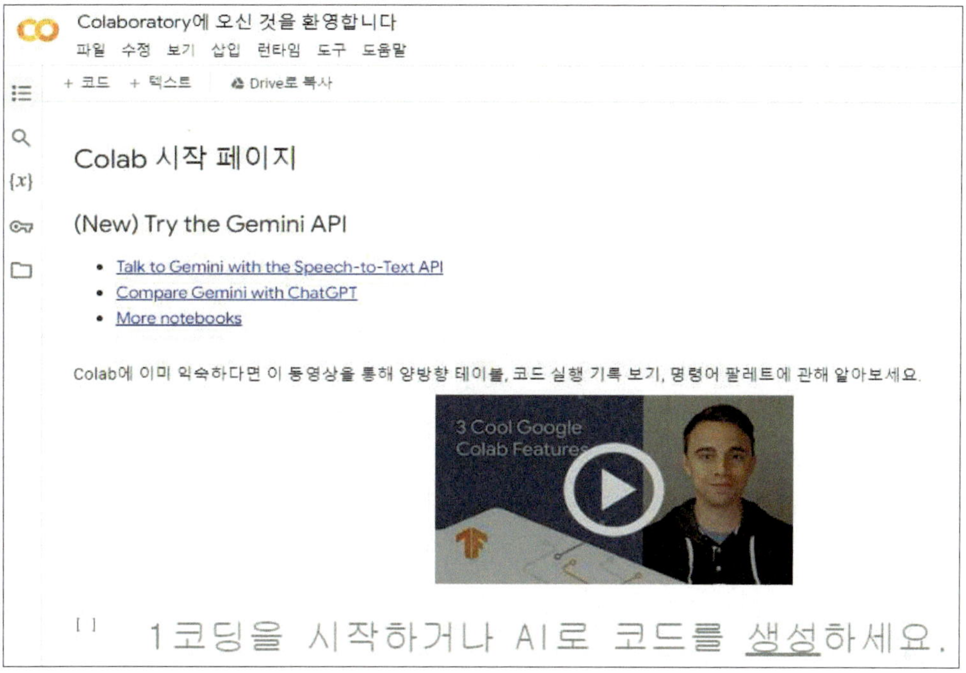

코랩 접속 화면 / 출처 : 구글 코랩

메타버스 생성 AI 도구

Blockade Labs https://skybox.blockadelabs.com

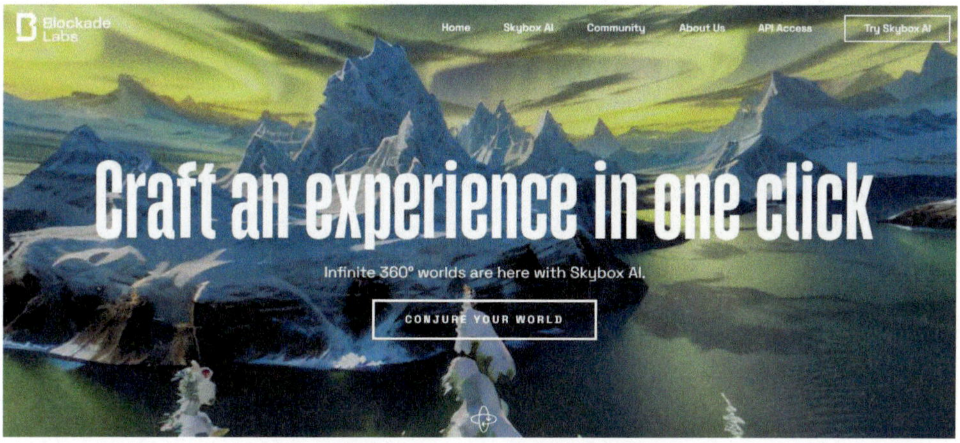

Blockade Labs 접속 화면 / 출처 : Blockade Labs

텍스트 프롬프트를 통해 가상현실(VR)에서 적용 가능한 360도 이미지를 쉽게 생성할 수 있도록 솔루션을 제공합니다.

AIGC로 여는 개인 창작의 시대

생성형 AI 기술의 발전은 기업과 예술인 및 개인 창작자 모두에게 많은 영향을 미치고 있습니다. AIGC(Artificial Intelligence Generated Content)는 인공지능이 생성하는 콘텐츠를 의미합니다. 텍스트, 이미지, 영상, 음성 등 다양한 형태의 콘텐츠를 제작하는데 생성형 AI가 활용되면서 기존 창작 방식에 변화를 가져오고 있고, 창작 문화에 새로운 가능성을 열어주고 있습니다. 작가는 스토리를 작성하고 아이디어를 얻어 시나리오를 창작하는 데 AI를 활용할 수 있으며, 전문적인 기술이나 경험이 부족한 사람들도 생성형 AI를 활용해 고품질의 콘텐츠를 생성할 수 있게 되면서, 예술과 창작 분야에 더 많은 사람들이 참여할 수 있는 기회를 제공하고 있습니다.

생성형 AI는 반복적이거나 시간이 소모되는 작업을 줄여주고, 창작자가 더 많은 시간을 창의적인 활동에 할애할 수 있도록 도울 수 있습니다. 창작자는 AI를 활용해 전통적인 콘텐츠를 넘어 새로운 방식을 시도해 볼 수 있으며, 개인의 취향에 맞는 맞춤형 콘텐츠를 제작할 수 있습니다. 특히 미디어 영상 콘텐츠를 창작하고 소비하는 시대의 트렌드에 맞게 유튜브와 같은 영상 콘텐츠를 생성할 수 있는 도구의 등장도 이어지고 있습니다. 영상 콘텐츠를 만들기 위해서는 영상 촬영 또는 편집에 숙련된 전문가가 필요했고, 제작 비용이 높았으나 생성형 AI의 등장으로 누구나 저렴한 비용으로 전문가 수준의 영상 콘텐츠를 제작할 수 있게 되었습니다.

생성형 AI를 활용하여 누구나 콘텐츠를 생성할 수 있게 되면서 저작권 및 윤리적 사용에 대한 정의와 규제가 계속해서 논의되고 있습니다. 최근 어도비(Adobe)와 같은 AICG 플랫폼을 제공하는 기업들은 저작권 이슈를 해결하여 창작자들이 안전하게 활용할 수 있는 제도와 장치를 마련하고 있습니다.

2023년에는 AI가 생성한 글이나 문서, 이미지 콘텐츠가 급증했다면, 2024년에는 AI가 생성한 영상, 오디오 및 음성 콘텐츠의 양이 증가함에 따라 인공지능이 만든 다양한 콘텐츠를 소비하는 시대가 올 것으로 예상됩니다.

Chapter 03

실전!
생성형 AI 활용법

ChatGPT 시작하기

이제 ChatGPT를 다양한 방법으로 활용해 보겠습니다. ChatGPT는 크롬 브라우저에 최적화되어 있습니다. 크롬이 설치되어 있지 않다면 크롬 브라우저를 설치 후 이용해 주세요.

ChatGPT 가입하기

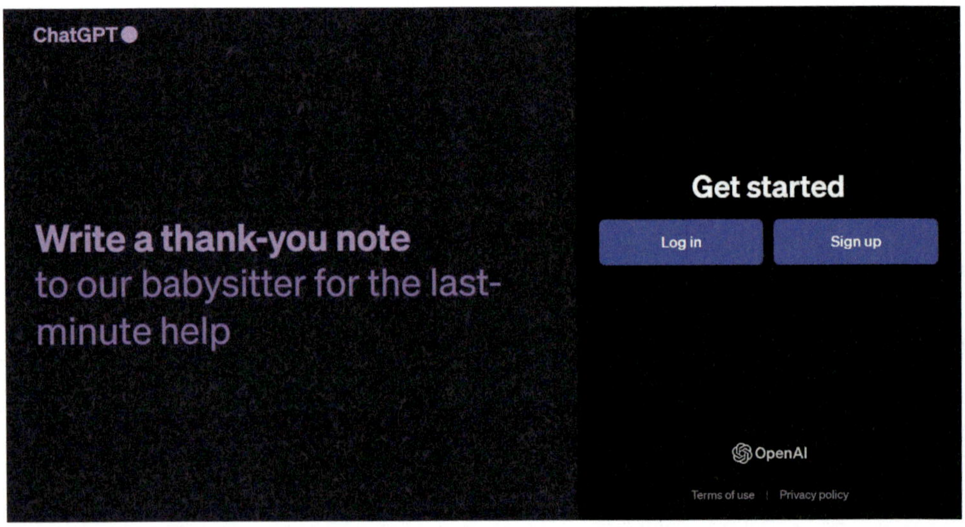

ChatGPT 가입 화면 / 출처 : OpenAI

크롬 브라우저를 실행해서 'ChatGPT'를 검색하거나, 웹사이트 주소를 직접 입력(https:// chat.openai.com)하여 접속합니다. 'Sign up' 버튼을 클릭해서 회원 가입을 진행해 주세요.

회원 가입 시 이메일 주소를 직접 입력하거나 기존에 사용하던 구글, 마이크로소프트, 애플 계정으로 선택하여 가입할 수 있습니다. 최근 대부분의 플랫폼은 구글 계정으로 로그인을 지원하기 때문에 구글 계정 하나로 다른 플랫폼도 이용이 가능합니다. 회원 가입 시 '구글 계정으로 가입(Continue with Google)'을 권장합니다.

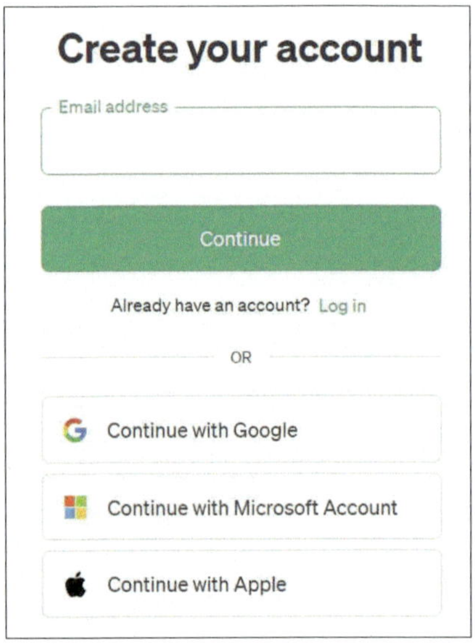

ChatGPT 가입 화면 / 출처 : OpenAI

ChatGPT 화면 구성

가입 후 로그인을 하면 ChatGPT와 대화가 가능한 페이지로 이동합니다. ChatGPT의 화면은 크게 두 개로 구분되어 있습니다. 우측 화면에서 ChatGPT와 대화가 가능하고, 좌측 화면에서 ChatGPT와 나눈 대화 기록을 보거나 설정이 가능합니다.

화면 구성은 다음과 같습니다.

① 새 대화창 열기 : 새 창을 열어 새로운 주제로 대화를 합니다.

② 설정 및 로그아웃 : 기능 설정, 유료 버전 업그레이드, 로그아웃이 가능합니다.

③ 모델 선택 : 대화하고 싶은 모델을 선택합니다. (무료 버전은 GPT-3.5만 가능)

④ 대화 입력창 : 프롬프트를 입력해 ChatGPT와 대화를 합니다.

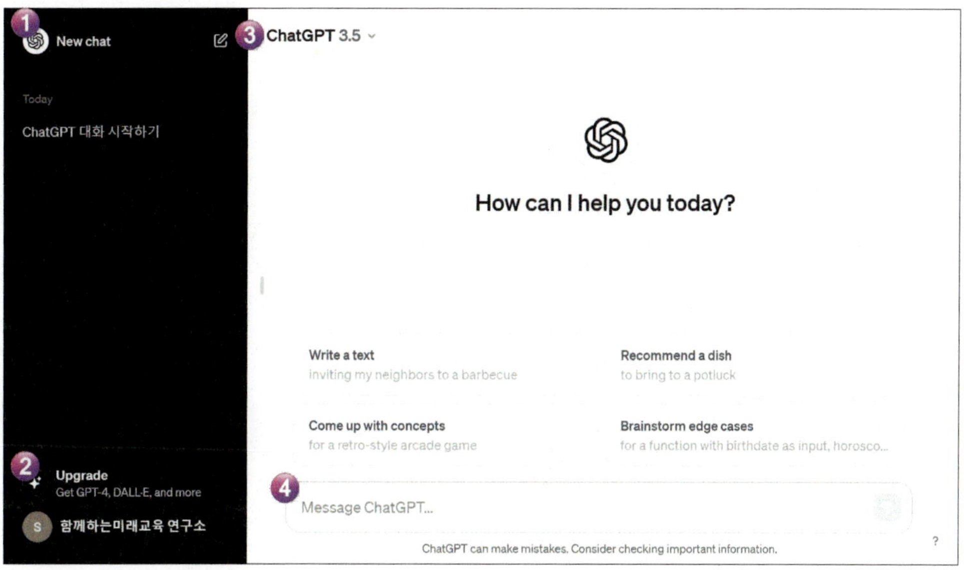

ChatGPT 접속 화면 / 출처 : ChatGPT

ChatGPT 사용 유의사항 3가지

ChatGPT를 사용하기 앞서 유의 사항 3가지를 다시 한번 살펴보겠습니다. 여기서 말하는 ChatGPT는 무료 플랜인 GPT-3.5 기반의 모델을 말합니다.

첫째, ChatGPT는 검색을 지원하지 않습니다.

학습한 데이터를 바탕으로 답변을 생성하기 때문에 학습한 기간 이후의 질문은 하는 경우 답변을 할 수 없습니다.

현재 정보를 포함하는 내용의 질문을 프롬프트로 입력해 보겠습니다.

Prompt | 현재 대한민국 대통령은 누구인가요?

> 저의 지식은 2022년 1월까지의 정보만을 포함하고 있으며, 그 이후의 정보는 알 수 없습니다. 2022년 1월까지의 정보로는 문재인 대통령이 대한민국 대통령이었습니다. 하지만 현재의 대통령은 저의 정보에는 포함되어 있지 않으므로, 최신 정보를 확인하려면 신뢰할 수 있는 뉴스 소스나 정부 공식 웹사이트 등을 참고하시기 바랍니다.

ChatGPT는 최근 학습한 기간을 설명하면서 최신 정보에 대한 답변은 공식 웹사이트를 참조하도록 안내합니다. 실시간 인터넷 검색을 지원하지 않기 때문입니다. 그렇기 때문에 ChatGPT를 최신 정보를 검색하는 용도로 이용하는 것은 적합하지 않습니다.

둘째, 잘 모르는 정보를 질문하는 경우 답변을 반드시 검증해야 합니다.

ChatGPT는 정답을 제공하는 기존의 인공지능하고는 그 특성이 다릅니다. ChatGPT와 같은 생성형 인공지능 모델의 답변은 사실이 아니거나 부정확할 수 있습니다. 그렇기 때문에 생성된 결과에 대해서 검증이 필요합니다. 특히, 사실을 기반으로 하거나 업무에 활용 시 주의해야 합니다.

잘 모르는 분야에 대한 질문을 프롬프트로 작성해 보겠습니다. ChatGPT 파라미터 수에 대해 잘 모른다고 가정하고 질문을 입력해 보겠습니다.

Prompt | 챗GPT 파라미터 수는 몇 개 인가요?

> GPT-3.5(저의 모델)의 파라미터 수는 17조 개 입니다. 이 모델은 매우 크고 강력한 언어 모델로, 다양한 자연어 처리 작업에서 뛰어난 성능을 발휘합니다.

참고로 파라미터는 인공지능 모델을 학습시킬 때 성능에 영향을 미치는 매개변수입니다. 파라미터 수가 많을수록 더 복잡한 문제를 해결할 수 있습니다.

ChatGPT의 파라미터 수는 17조 개라고 답변했습니다. 하지만 이 답변은 잘못된 답변입니다. ChatGPT의 파라미터 수는 1,750억 개입니다.

ChatGPT는 1,750억 개라고 사실을 말할 때도 있습니다. 하지만 17조 개, 1.7억 개, 6조 개 등 매번 다른 답변을 생성할 수도 있습니다. 그렇기 때문에 내가 잘 모르는 분야에 대해서 사실적 정보를 얻기 위한 질문을 하는 것에는 유의해서 사용해야 하며, 인터넷 검색이나 관련 자료 등을 통해 추가적인 검증이 필요합니다.

셋째, 개인 정보 및 민감 정보를 입력하지 마세요.

ChatGPT는 대화한 내용의 맥락을 연결하며 대화를 이어나갈 수 있는 대화형 언어 모델입니다. 대화한 내용은 좌측 대화 목록에 기록됩니다. 그렇기 때문에 입력하는 대화 내용에 개인 정보나 기밀 정보가 포함되지 않도록 유의해야 합니다. 대화 내용을 저장하고 싶지 않다면 화면 좌측 하단의 나의 프로필을 클릭하여 'Settings & Beta'에서 설정할 수 있습니다. 설정(Settings) 팝업 창이 열리면, 화면 〉 Data controls에서 'Chat history & training' 활성화 버튼을 클릭하여 대화 내용을 기록하거나 학습하지 않도록 비활성화를 할 수 있습니다.

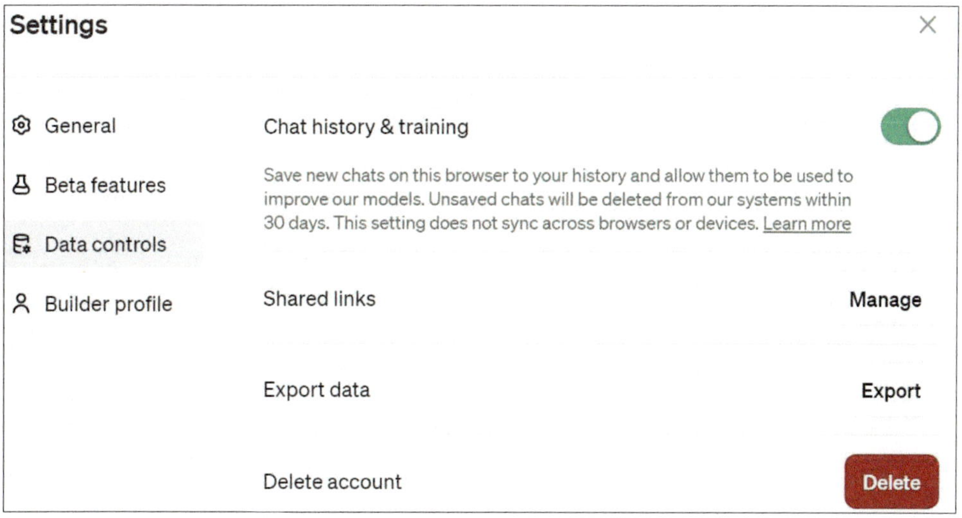

채팅 히스토리 & 트레이닝 설정 화면 / 출처 : ChatGPT

ChatGPT 기본 활용법 5가지

자, 그럼 ChatGPT와 기본 대화법을 알아보겠습니다.

ChatGPT는 일상적인 언어를 사용해 대화하는 대화형 인공지능입니다. ChatGPT와의 대화를 위해 사용자가 입력하는 텍스트를 '프롬프트(Prompt)'라고 합니다.

프롬프트는 컴퓨터 공학에서 명령을 실행할 준비가 된 '대기 상태'를 의미합니다. 또한 연극 무대에 관객에게 보이지 않는 공간에 숨어서 배우에게 다음 동작이나 대사를 알려주는 역할을 하는 사람을 프롬프터(Prompter)라고 부르기도 했습니다. 뉴스나 TV 프로그램에서 대본이나 진행 내용을 화면에 표시하여 프로그램 진행에 도움을 주는 프롬프터도 있습니다.

조금씩 의미가 다르지만 텍스트로 해야 할 것을 알려주거나 도와주는 보조자의 역할을 한다는 점에서 비슷합니다. ChatGPT 역시 정보를 제공하거나 도움을 주는 보조 역할을 수행할 준비가 되어 있습니다. 사용자가 구체적으로 어떤 도움이 필요한지를 전달하면 내용에 맞춰 적절한 답변을 제시할 수 있습니다. 프롬프트를 이해하고 활용함으로써, 개인적인 궁금증을 해결하거나 업무를 지시하고 특정 역할을 부여하는 등 다양한 방식으로 ChatGPT를 유용하게 활용할 수 있습니다.

이제 본격적으로 ChatGPT와 대화를 시작해 볼까요?

ChatGPT는 전 세계의 방대한 양의 데이터를 학습했기 때문에 다양한 주제에 대한 대화가 가능합니다. 기술, 예술, 과학, 엔터테인먼트, 여행 등 관심 있는 어떤 주제든 자유롭게 대화를 시작해 보세요.

ChatGPT와 일상적인 대화를 시작해 보겠습니다.

점심 메뉴를 추천받아 보겠습니다. '오늘 점심은 뭘 먹으면 좋을지 고민이야.'라고 프롬프트를 입력합니다.

Prompt | 오늘 점심은 뭘 먹으면 좋을지 고민이야.

점심 메뉴를 선택하는 것은 항상 재미있는 일입니다! 무엇을 먹을지에 대한 고민을 조금 더 도와드릴게요. 어떤 음식을 선호하시나요? 아래 몇 가지 옵션을 제안해 드릴게요 :

1. 한식 : 비빔밥, 불고기, 김치찌개 등 한국 음식 중 하나를 시도해보세요.
2. 중식 : 짜장면, 짬뽕, 탕수육 같은 중국 음식을 선택할 수 있습니다.

3. 일식 : 초밥, 돈까스, 라멘 등 일본 음식을 즐겨보세요.
4. 양식 : 피자, 스파게티, 버거 같은 서양 음식을 선택할 수도 있어요.
5. 샐러드 또는 샌드위치 : 가벼운 옵션으로 신선한 채소 샐러드나 맛있는 샌드위치를 고려해보세요.

무엇을 먹고 싶은지, 어떤 음식이 현재 환경에 어울릴지 고려해보고, 어떤 식사 경험을 원하는지 생각해보세요. 그러면 오늘의 점심 메뉴를 선택하는 데 도움이 될 거예요!

어떠신가요? ChatGPT의 답변이 마음에 드시나요?

상황에 따라 마음에 들 수도 그렇지 않을 수도 있습니다. 입력한 프롬프트가 구체적이기 않기 때문에 답변도 포괄적이고 구체적이지 않은 것을 볼 수 있습니다.

ChatGPT와 대화하는 방식에 정해진 정답은 없지만, 몇 가지를 고려하면 조금 더 유의미한 답변을 받을 수 있습니다. ChatGPT와 대화시 고려하면 좋은 다섯 가지를 알아보겠습니다.

첫째, 구체적으로 질문하세요.

ChatGPT의 답변이 마음에 들지 않는다면 대화에서 필요한 정보가 부족했을 가능성이 있습니다. '오늘 점심은 뭘 먹으면 좋을지 고민이야.'라는 질문은 구체적인 정보를 포함하고 있지 않습니다.

'오늘 점심은 뭘 먹을지 고민인데, 나는 한식을 좋아해. 그런데 오늘은 배가 별로 고프지 않아서 간단한 점심을 먹으면 좋겠는데 무엇을 먹으면 좋을까?'라는 구체적인 정보를 포함해 질문을 다시 작성해 보겠습니다.

Prompt | 오늘 점심은 뭘 먹을지 고민인데, 나는 한식을 좋아해. 그런데 오늘은 배가 별로 고프지 않아서 간단한 점심을 먹으면 좋겠는데 무엇을 먹으면 좋을까?

간단한 한식 점심으로 아래의 옵션 중 하나를 고려해보세요. 이러한 음식들은 가벼우면서도 맛있어 배가 그리 고프지 않을 때 딱입니다. :

1. 김밥 : 김밥은 간편하게 챙겨 먹을 수 있는 한식으로, 야채, 단무지, 계란 등 다양한 재료로 만들 수 있어요.

2. 떡볶이 : 떡볶이는 간단한 한식 스낵으로, 떡과 고추장 기반 소스로 만들어집니다. 가벼우면서 매콤한 맛을 즐길 수 있어요.
3. 비빔냉면 : 비빔냉면은 시원한 면요리로, 면과 신선한 야채를 함께 먹으면 맛있는 한 끼 식사가 됩니다.
4. 냉모밀 : 냉모밀은 가볍고 시원한 일식 요리로, 냉면과 함께 차가운 소스와 함께 제공됩니다.
5. 된장국 : 된장국은 간단하면서도 건강한 한식 스프로, 된장과 야채를 사용하여 만듭니다. 밥과 함께 먹으면 좋습니다.

이 중에서 선택하시면 간단하면서도 맛있는 한식 점심을 즐길 수 있을 것입니다. 배가 고프지 않을 때에도 소량의 음식을 먹어 식사를 건강하게 유지하는 것이 좋아요.

이번 답변은 어떠신가요? 입력된 구체적인 정보를 바탕으로 조금 더 구체적인 답변을 제공하는 것을 볼 수 있습니다. ChatGPT는 입력된 내용을 기반으로 답변하기 때문에 사용자의 의도나 생각을 완벽하게 이해하는 것은 어려울 수 있습니다. 사용자가 최대한 구체적인 정보를 제공할수록 ChatGPT도 구체적인 답변을 제공합니다.

둘째, 나의 의견을 피드백 하세요.

질문을 구체적으로 했는데도 ChatGPT의 답변이 마음에 들지 않는 다면 나의 생각을 전달해 보세요. ChatGPT의 답변에 사용자의 의견을 반영하면 더 나은 결과를 얻을 수 있습니다. 답변에 대해 내 의견을 반영하여 피드백을 해보겠습니다.

Prompt | 떡볶이는 분식이야. 한식 중에서 간단한 밥 종류를 추천해줘.

물론, 간단한 한식 밥 종류 중에서 추천드릴 수 있는 몇 가지 옵션은 다음과 같습니다 :

1. 비빔밥 : 비빔밥은 밥 위에 다양한 채소, 고기 또는 해산물, 고추장 소스를 함께 섞어 먹는 전통적인 한식입니다. 간단하면서도 맛있어요.
2. 된장찌개 : 된장찌개는 된장과 야채, 고기(선택적)를 함께 끓여 만든 국물 요리로, 밥과 함께 먹으면 좋습니다.

3. 불고기덮밥 : 불고기덮밥은 양념한 소고기와 다양한 야채를 덮밥 위에 얹은 요리로, 간단하면서도 달콤하고 매콤한 맛이 좋아요.
4. 김치볶음밥 : 김치와 밥을 함께 볶아 만든 김치볶음밥은 간단하면서도 풍부한 맛을 가지고 있습니다.
5. 계란국밥 : 계란을 유리 면발로 만들어 놓은 계란국을 밥 위에 부어 먹는 요리로, 부드럽고 간단한 한식입니다.

이러한 간단한 한식 밥 종류 중에서 선택하면 빠르게 맛있는 한끼 식사를 즐길 수 있을 것입니다. 원하는 재료와 맛을 고려하여 선택해보세요!

TIP 그래도 답변이 마음에 들지 않는다면? 답변 아래의 새로 고침 아이콘을 눌러서 다른 답변을 받아볼 수도 있어요!

셋째, 대화를 이어나가며 확장해 보세요.

'미리 정해진 답변'을 제공하는 기존의 인공지능과는 달리 ChatGPT는 입력된 내용의 문맥과 상황을 이해하고, '상황에 맞는 답변'을 스스로 만들어 내는 특징을 가지고 있습니다.

챗GTP는 이전에 대화한 내용과 새로운 질문을 연결하여 맥락을 이해하고, 대화를 이어나갈 수 있기 때문에 이런 특성을 활용하여 여러 주제 중에서 특정 주제를 선택하여 논의하거나 깊이 있는 대화를 이어 나갈 수 있습니다.

이전에 대화한 내용을 바탕으로 주제를 확장하면서 대화를 이어나가 보겠습니다. 앞서 답변한 내용 중에 마음에 드는 메뉴를 하나 선택하고, 주제를 확장하여 레시피를 작성하도록 요청해 보겠습니다.

Prompt | 비빔밥이 좋을 것 같아. 어떻게 만드는지 레시피를 작성해줘. 나는 요리를 못하기 때문에 필요하다면 재료 손질법과 조리 시간을 포함해서 작성해.

비빔밥은 맛있고 건강한 한식 요리 중 하나로, 아래는 비빔밥을 만드는 간단한 레시피입니다. 재료와 조리법을 자세히 설명하겠습니다.

필요한 재료 :
- 밥(쌀밥 또는 현미밥)
- 당근
- 오이
- 시금치
- 대파
- 소고기 또는 닭고기(선택 사항)
- 계란
- 고추장(고추장 양은 개인 취향에 따라 조절 가능)
- 간장
- 설탕
- 식용유
- 깨(장식용)

재료 손질법 :
1. 당근, 오이, 대파, 시금치 등을 깨끗하게 씻고 얇게 채 썰어주세요.
2. 만약 고기를 사용한다면 얇게 채 썰어주세요.
3. 계란은 잘 풀어서 후라이팬에 부칩니다.

조리 단계 :
1. 냄비에 밥을 데우세요. 데운 밥은 큰 볼에 옮겨주세요.
2. 당근과 오이를 먹기 좋은 크기로 썰고 소금을 약간 뿌려 식히세요.
3. 대파와 시금치를 썰어서 준비하세요.
4. 중간 크기의 볼에 고추장 2~3 큰술을 넣고, 간장 1 큰술, 설탕 1 큰술, 식용유 1 큰술을 함께 넣고 잘 섞어 고추장 소스를 만듭니다.
5. 팬에 소고기나 닭고기를 볶아주세요. 고기가 익으면 준비한 고추장 소스를 넣고 잘 섞어주세요.
6. 볶은 고기와 채 썬 당근, 오이, 대파를 준비한 밥 위에 올려주세요.
7. 계란을 후라이팬에 부친 후, 비빔밥 위에 얹고 깨를 뿌려주세요.
8. 모든 재료가 고루 섞이도록 잘 저어주면 완성!

비빔밥은 개인 취향에 따라 추가적인 재료나 소스를 사용할 수 있으니 맛있게 조리하세요. 건강하고 맛있는 한식 식사를 즐기실 수 있을 거예요!

어떠신가요? 조금 더 구체적으로 원하는 방향에 맞춰서 결과가 만들어지는 것이 느껴지시나요? 이렇게 프롬프트를 사용해 내가 원하는 결과로 대화를 유도해 나가면 일상 대화는 물론, 관련 비즈니스를 위한 아이디어를 얻거나 SNS 홍보 콘텐츠 제작에 필요한 정보를 얻는 등 다양한 질문으로 확장해 나갈 수 있습니다.

넷째, 필요한 정보를 제공하세요.

ChatGPT가 사전 학습한 데이터는 웹페이지, 뉴스, 블로그 등 인터넷의 데이터를 포함하고 있습니다. 하지만, 실시간 검색을 지원하지는 않는다고 앞서 언급했는데요. 관련된 정보를 직접 제공하여 활용할 수 있습니다.

ChatGPT에게 최신 뉴스 데이터를 제공하고, 요약하도록 요청해 보겠습니다.

TIP ChatGPT에 입력된 뉴스는 가상으로 ChatGPT가 작성한 보도자료입니다. 뉴스 등 저작권 이슈가 있는 데이터를 사용할 때에는 주의가 필요해요!

Prompt | 뉴스의 핵심 내용을 요약해줘.

전 세계 100개 언어를 실시간으로 통역할 수 있는 혁신적인 인공지능 기반 통역 모델을 출시했다고 발표했다. 이 기술은 국제 커뮤니케이션의 장벽을 허물고, 세계 각지의 사용자들이 더욱 원활하게 소통할 수 있는 길을 열 것으로 기대된다.

이 모델은 최신 인공지능 기술을 활용하여, 실시간으로 자연스러운 대화를 가능하게 하는 데 중점을 두고 개발되었다. 이 모델은 각 언어의 뉘앙스와 문화적 맥락을 고려하여 정확한 의미 전달이 가능하다. 또한, 다양한 언어의 방언과 특수 어휘까지 포괄적으로 지원한다.

************** 중략 *************

우리는 이 기술이 언어의 장벽을 넘어, 세계 곳곳의 사람들을 하나로 연결하는 데 기여할 것이라고 믿는다,"라고 밝혔다.

새로운 인공지능 기반 통역 모델을 출시했다. 이 모델은 전 세계 100개 언어를 실시간으로 통역할 수 있으며, 각 언어의 뉘앙스와 문화적 맥락을 고려하여 정확한 의미 전달이 가능하다. 비즈니스, 교육, 의료, 관광 등 다양한 분야에서의 활용이 기대되며, 사용자 친화적인 인터페이스를 갖추고 있다. 이 모델이 언어 장벽을 넘어 세계적인 소통을 증진할 것으로 기대하고 있다. 웹사이트 및 파트너 플랫폼을 통해 이용 가능하다.

ChatGPT는 정보 검색이 불가하지만 필요한 데이터를 제공했기 때문에 최신 정보에 대한 내용을 요약하거나 관련 대화를 나누는 것이 가능합니다. 업무에 사용되는 문서나 다양한 콘텐츠 정보를 직접 데이터로 제공하여 대화를 나눠 보세요!

다섯째, 다양한 확장 프로그램을 활용해 보세요.

크롬 확장 프로그램을 사용하면, GPT-3.5의 한계점을 보완해 줄 수 있습니다. 확장 프로그램은 크롬 브라우저에 설치하여 사용하는 프로그램입니다. 웹스토어에서 확장 프로그램을 다운로드 받을 수 있습니다. 몇 가지 유용한 확장 프로그램을 살펴보겠습니다.

WebChatGPT

WebChatGPT는 실시간 인터넷 접근을 가능하게 도와줍니다. 'Chrome에 추가' 버튼을 클릭해 크롬 브라우저에 추가합니다.

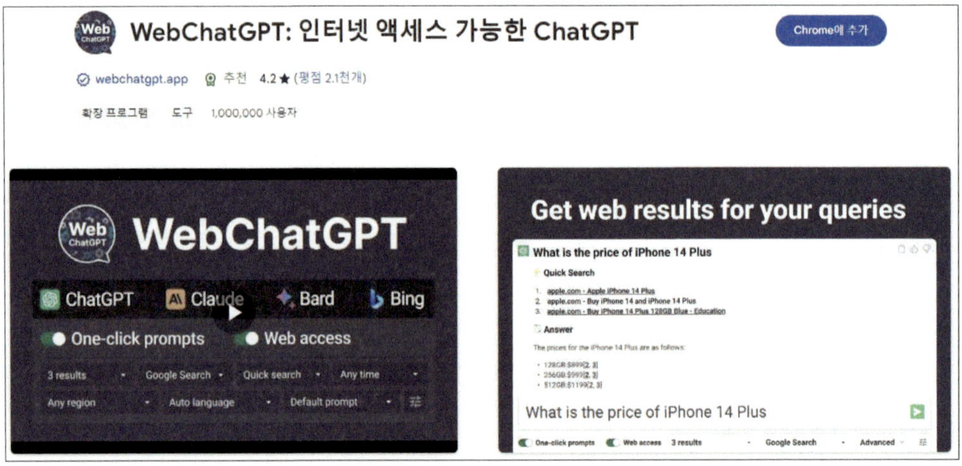

WebChatGPT / 출처 : Chrome 웹 스토어

AIPRM for ChatGPT

AIPRM for ChatGPT는 프롬프트 템플릿을 제공하는 확장 프로그램입니다. 프롬프트 입력이 어렵다면 AIPRM에서 제공되는 프롬프트 템플릿을 활용해 결과를 생성할 수 있습니다.

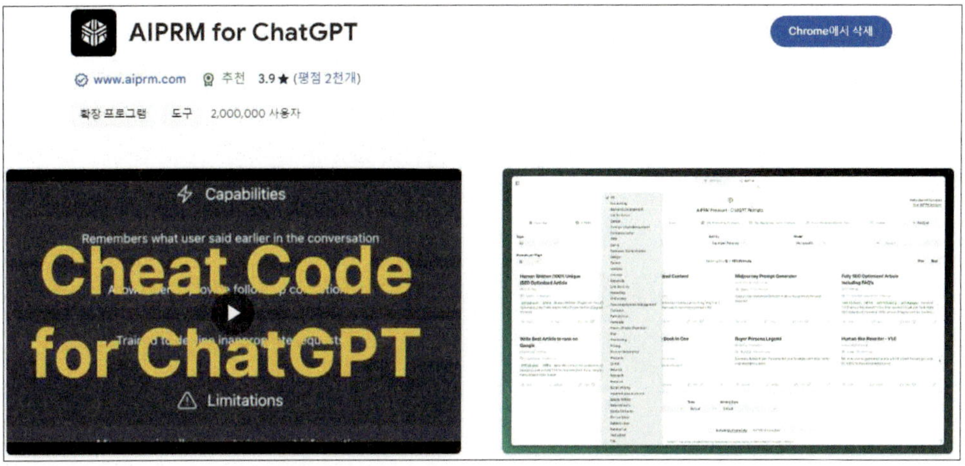

AIPRM for ChatGPT / 출처 : Chrome 웹 스토어

AskYourPDF

AskYourPDF는 PDF 문서 내용을 분석하거나 요약할 때 활용할 수 있는 확장 프로그램입니다. PDF 문서 내용 요약뿐만 아니라 PDF의 내용을 기반으로 대화를 주고받으며 인사이트를 얻는데 활용할 수도 있습니다.

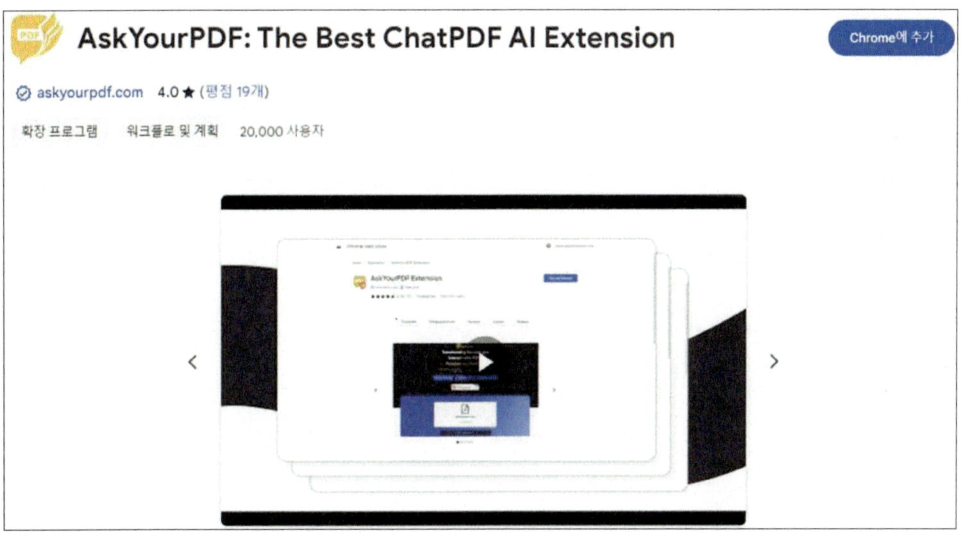

AskYourPDF / 출처 : Chrome 웹 스토어

Summarize & Chat for ChatGPT

Summarize & Chat for ChatGPT는 웹사이트나 YouTube 영상을 요약 해주는 확장 프로그램입니다. 웹사이트 및 유튜브 영상의 내용을 요약하고 해당 정보를 바탕으로 대화를 나눌 수 있습니다.

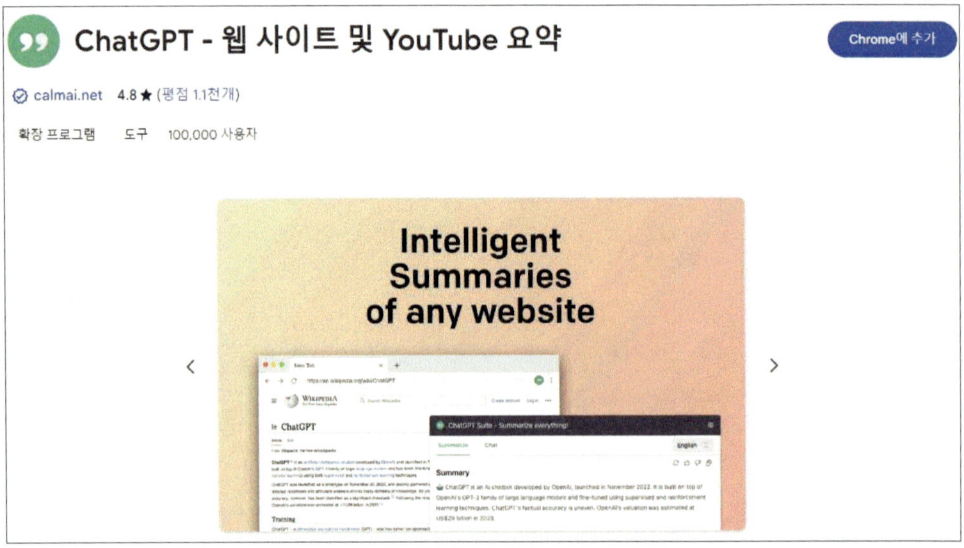

Summarize & Chat for ChatGPT / 출처 : Chrome 웹 스토어

이 외에도 다양한 확장 프로그램을 설치하여 GPT-3.5 모델의 한계점을 보완할 수 있습니다. 확장 프로그램 설치 시 인증 마크 및 사용자 평가를 확인해 안전한 프로그램인지 확인 후 다운로드 및 사용을 권장 드립니다.

마지막으로 GPT-3.5 모델의 한계점을 보완하고, 다양한 부가 서비스를 제공하는 GPT-4를 사용해 보시는 것도 좋습니다. GPT-4는 Plus 플랜으로 업그레이드 후 이용이 가능하며, 매월 $20의 요금을 지불해야 합니다.

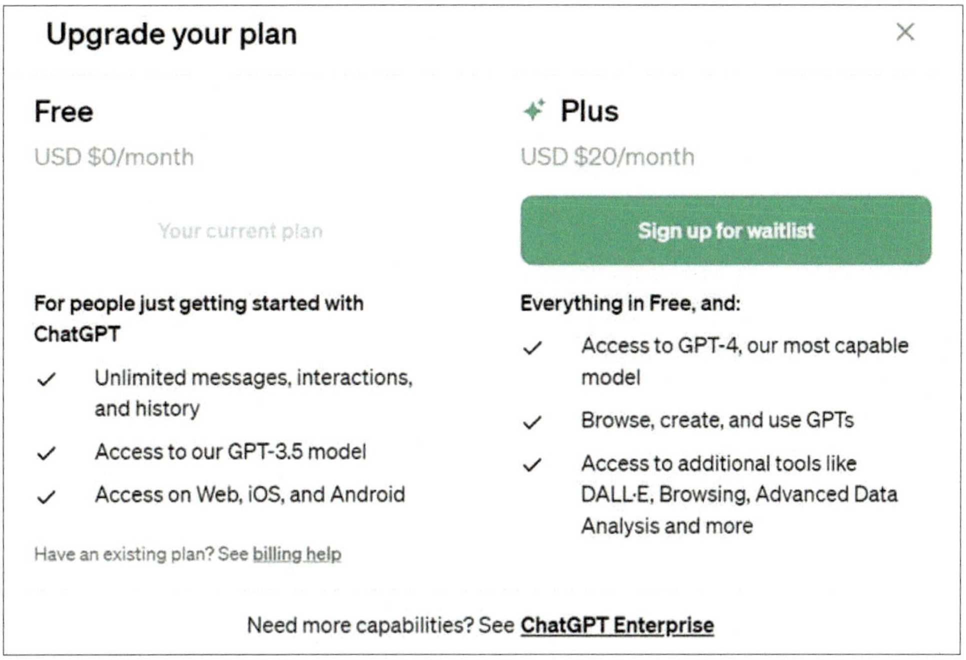

Plus 플랜 업그레이드 / 출처 : ChatGPT

GPT-4는 다양한 기능을 지원하지만 대화 횟수에 제한이 있습니다. 3시간마다 40번의 대화가 가능합니다. 이후에는 기본 모델인 GPT-3.5 이용하여 대화를 계속할 수 있으며, 제한 시간이 지나면 다시 GPT-4를 이용할 수 있습니다.

서비스명	ChatGPT-3.5	ChatGPT-4
모델명	• GPT-3.5	• GPT-4
비용	• 무료	• 월 $20
기능	• 대화 무제한 • 정기적인 모델 업데이트	• 3시간 마다 메시지 40개로 제한 • 파일첨부, 이미지 생성, 검색 지원, 고급 데이터 분석, 플러그인, GPTs • 베타(Beta) 기능 조기 액세스

CPT-3.5와 GPT-4 비교 / 출처 : OpenAI

프롬프트 엔지니어링

프롬프트 엔지니어링(Prompt Engineering)이란 인공지능 모델이 원하는 작업을 수행하도록 유도하거나 출력 결과를 원하는 방향으로 조작하기 위해 프롬프트를 설계하고 최적화하는 과정을 의미합니다.

프롬프트 엔지니어링은 기술적 절차를 말하기도 하지만 여기에서는 인공지능과 사용자 사이의 상호작용 측면을 강조합니다. 사용자가 프롬프트를 사용하여 인공지능 모델과 효과적으로 상호작용하고 원하는 결과를 얻을 수 있도록 설계하는 과정을 말합니다.

사용자는 프롬프트를 통해 자신의 의도와 요청을 명확하게 전달할 수 있으며, 대화의 흐름을 조절하고 관리할 수 있습니다. 출력 형식을 원하는 대로 조절하기 위해서 요약, 질문 응답, 글 작성 등 다양한 출력 형식에 맞게 지시문을 작성하거나 역할을 부여하여 목적에 맞게 프롬프트를 최적화합니다.

프롬프트 엔지니어링은 인공지능 모델의 원리와 한계를 이해하고, 모델이 생성하는 결과가 사용자가 원하는 결과와 일치하도록 지시문을 작성하는 것을 목표로 합니다. 대화를 효과적으로 이끌어 나가고 원하는 답변을 얻기 위한 프롬프트 엔지니어링을 시작해 보겠습니다.

프롬프트 기본 가이드

프롬프트를 입력하는데 절대적인 정답은 없습니다. 또한 모델이 업데이트되면 이전에 사용한 프롬프트가 반영되지 않을 수도 있습니다. 프롬프트 기본 가이드는 참고용으로 여러 가지 방법으로 대화를 시도하고 나만의 프롬프트를 작성해 보는 것이 좋습니다.

지시문 입력

ChatGPT에게 특정 작업을 요청하기 위한 지시문을 입력합니다. 지시문은 일상적인 대화 또는 '~대해 설명해 줘.', '요약해 줘.', '번역해 줘.'와 같은 특정 작업에 대한 요청 사항을 입력할 수 있습니다.

지시문은 맨 위에 위치하는 것이 좋습니다. 지시문 다음에 구체적인 요구사항을 입력합니다. 비교를 위해서 간단하게 지시문만 입력해 보겠습니다.

Prompt | 챗GPT 소개글 작성해줘.

챗GPT는 OpenAI가 개발한 고급 자연어 처리 인공지능 모델로, GPT-3.5 아키텍처를 기반으로 합니다. 이 모델은 방대한 양의 텍스트 데이터를 학습하여 다양한 자연어 이해와 생성 작업을 수행할 수 있습니다.

챗GPT는 사람과의 대화를 모방하고 정보를 제공하며, 다양한 주제에 대한 질문에 답변하고 문제를 해결하는 데 도움을 줄 수 있습니다.

챗GPT의 주요 기능과 특징은 다음과 같습니다. :

1. **자연스러운 대화** : 챗GPT는 자연스러운 대화를 지원하며, 사용자의 질문과 요청에 응답하는 데 뛰어난 능력을 가지고 있습니다.
2. **다양한 분야 지원** : 챗GPT는 다양한 주제와 분야에 대한 정보를 제공하고, 기술적인 질문부터 창의적인 아이디어 생성까지 다양한 작업에 활용할 수 있습니다.
3. **언어 지원** : 다양한 언어에 대한 이해와 생성 능력을 가지고 있어, 글로벌 사용자들에게도 유용하게 활용될 수 있습니다.
4. **커스터마이즈 가능** : 사용자는 챗GPT를 자신의 목적에 맞게 커스터마이즈하여 활용할 수 있습니다.
5. **지속적인 학습** : 챗GPT는 지속적으로 업데이트되며, 새로운 지식과 데이터를 학습하여 더욱 능숙해지고 유용한 도구로 발전하고 있습니다.

챗GPT는 의사소통, 정보 검색, 창의적인 콘텐츠 생성, 자동화된 고객 서비스 등 다양한 분야에서 활용되고 있으며, 자연어 처리 분야에서 혁신적인 발전을 이뤄내고 있습니다.

목록 요청

이번에는 지시문에 요구사항을 추가로 작성해 보겠습니다. 목록 개수를 5개로 제한하고, 글의 스타일을 공식적으로 요청하겠습니다. 'FAQ 목록을 5개로 작성해 줘. 글의 스타일을 공식적으로 작성해 줘.'와 같이 대화형으로 입력해도 됩니다.

여기서는 '목록 : 5개, 스타일 : 공식적'과 같이 간결하게 입력하겠습니다. 추가 요청사항이 있다면 이어서 추가로 입력합니다.

Prompt | FAQ 작성해줘.
목록 : 5개
스타일 : 공식적

자주 묻는 질문(FAQ)

1. 챗GPT란 무엇인가요?
챗GPT는 OpenAI가 개발한 고급 자연어 처리 인공지능 모델로, GPT-3.5 아키텍처를 기반으로 합니다. 이 모델은 다양한 자연어 이해 및 생성 작업을 수행할 수 있으며, 대화, 정보 검색, 문제 해결, 창의적인 콘텐츠 생성 등 다양한 활용 가능한 기능을 제공합니다.

2. 어떻게 챗GPT를 활용할 수 있나요?
챗GPT는 다양한 분야에서 활용 가능합니다. 대화형 AI를 구축하거나, 기술적인 질문에 답하거나, 글 작성을 자동화하거나, 다국어 지원 서비스를 개발하는 등의 용도로 활용할 수 있습니다.

3. 챗GPT는 어떻게 학습되었나요?
챗GPT는 방대한 양의 텍스트 데이터를 학습하여 개발되었습니다. 이 모델은 인터넷의 다양한 웹사이트, 뉴스 기사, 책, 논문, 대화 데이터 등을 학습하여 다양한 주제와 언어에 대한 이해력을 갖게 되었습니다.

4. 챗GPT는 어떻게 개인 데이터를 다루나요?
챗GPT는 사용자 데이터를 저장하거나 개인 정보를 기록하지 않습니다. 대화와 관련된 데이터는 일시적으로 처리되며, 개인 정보 보호를 위해 노력하고 있습니다.

5. 챗GPT의 라이선스는 어떻게 동작하나요?
챗GPT의 라이선스는 OpenAI의 사용 조건에 따라 제공됩니다. 사용자는 OpenAI의 라이선스 및 이용 약관을 따라야 합니다. 상세한 라이선스 정보는 OpenAI의 공식 웹사이트에서 확인하실 수 있습니다.

프롬프트에 어떤 주제로 FAQ를 작성하라고 구체적으로 입력하지 않았지만 ChatGPT는 앞서 대화한 내용을 맥락적으로 연결하기 때문에 이전 대화와 연관된 ChatGPT를 주제로 FAQ 목록을 작성합니다.

글의 스타일을 공식적으로 작성하도록 프롬프트를 입력했기 때문에 주요 질문에 볼드체를 적용하여 공식 문서의 스타일로 글을 작성하는 것을 확인할 수 있습니다. ChatGPT는 매번 다르게 결과를 생성하기 때문에 같은 프롬프트를 사용하더라도 다른 결과를 제시할 수 있습니다.

텍스트 요약 Text Summarization

ChatGPT는 주어진 텍스트를 간결하고 핵심적인 내용으로 요약할 수 있습니다. 문서 요약, 뉴스 요약, 검색 결과 요약, 자동 보고서 생성 등에서 활용되며, 핵심 정보를 추출하여 효율적인 의사 결정에 활용할 수 있습니다. 단순한 정보 추출뿐만 아니라 글의 톤이나 스타일을 고려한 요약도 가능하며, 요약 길이와 스타일에 맞게 요약하여 글을 생성할 수 있습니다.

본 예제에서는 GPT-4 기술보고서 PDF의 내용 일부를 요약하도록 요청했습니다. 글자수는 200자로 제한하고, 한글로 번역하도록 요청합니다.

Prompt | 다음 내용의 핵심 내용을 요약하세요.
글자수 : 200자
번역 : 한글

GPT-4 Technical Report
OpenAI∗
Abstract
We report the development of GPT-4, a large-scale, multimodal model which can accept image and text inputs and produce text outputs. While less capable than humans in many real-world scenarios, GPT-4 exhibits human-level performance on various professional and academic benchmarks, including passing a simulated bar exam with a score around the top 10% of test takers.

***************** *중략* *******************

which measures the ability to synthesize Python functions of varying complexity. We successfully predicted the pass rate on a subset of the HumanEval dataset by extrapolating from models trained with at most 1, 000× less compute(Figure 2).

출처 : GPT-4 기술보고서

GPT-4 기술 보고서는 이미지와 텍스트 입력을 받아들여 텍스트 출력을 생성하는 대규모 다중 모달 모델로, 전문 및 학술 벤치마크에서 인간 수준의 성과를 보여줍니다. GPT-4는 다양한 시나리오에서 평가되었으며, 시험 성적이 실제 바 업계의 상위 10% 정도에 해당하는 등, 다양한 영역에서 뛰어난 성과를 거뒀습니다. 이 보고서는 GPT-4의 능력, 한계, 모델 안전성 개선 및 결과에 대해 상세히 논의합니다. 또한, 예측 가능한 확장과 인간평가 데이터셋에 대한 모델 능력의 확장을 다루고 있으며, 모델의 한계와 안전 도전 과제에 대한 내용도 포함하고 있습니다.

형식 지정

ChatGPT가 생성하는 데이터의 형식을 지정할 수도 있습니다. 표, CSV, HTML, 코딩 등 다양한 형태의 콘텐츠로 생성이 가능합니다. 데이터 형식을 지정할 때, '표로 정리해 줘.', 'HTML 파일로 만들어 줘.'와 같이 서술형으로 작성해도 됩니다. 여기에서는 '스타일 : 표'의 형태로 간결한 형식을 사용하겠습니다.

Prompt | 주요 핵심 내용을 정리해줘.
스타일 : 표

핵심내용	설명
챗GPT	OpenAI에서 개발한 대화형 인공지능 모델
언어 이해 및 생성	자연어 이해 및 생성에 특화된 능력을 가지며, 다양한 주제에 대한 대화와 텍스트 생성이 가능함
인공지능 발전	인공지능 분야에서 중요한 발전으로, 챗봇, 자동 번역, 요약, 문장 생성 등에 활용됨
학습 방식	대량의 텍스트 데이터를 학습하여 문맥을 이해하고, 다음 단어 예측 및 문장 생성 수행
유용성	자연스러운 대화 능력과 문맥에 맞는 정보 제공으로 다양한 분야에 활용 가능
개인화된 경험	사용자와 상호작용하며 개인에 맞는 맞춤형 서비스 제공 가능

번역 요청

ChatGPT는 번역 작업을 효과적으로 수행할 수 있는 도구 중 하나입니다. 일상적인 번역이나 간단한 번역 작업에 활용할 수 있습니다. 지시문을 입력하고, 이어서 원하는 언어로 번역을 요청해보세요.

Prompt | 챗GPT 사용 메뉴얼을 작성하세요.
영어, 중국어, 일본어로 번역하세요.

ChatGPT User Manual

English Version

Welcome to ChatGPT! This user manual will guide you through using ChatGPT effectively.

1. Getting Started
   - Visit the ChatGPT platform on OpenAI's website.
   - Sign in or create an account if necessary.
2. Starting a Conversation
   - Click on "Start Conversation" to initiate a chat with ChatGPT.
   - You can type or speak your questions and prompts.

***************** 중략 *******************

Chinese Version(中文版)

欢迎使用ChatGPT！本用户手册将指导您如何有效使用ChatGPT。

1. 入门
   - 访问OpenAI网站上的ChatGPT平台。
   - 如有必要，请登录或创建一个帐户。
2. 开始会话
   - 单击“开始会话”以启动与ChatGPT的聊天。
   - 您可以键入或说出您的问题和提示。

***************** 중략 *******************

Japanese Version(日本語版)

ChatGPTへようこそ！このユーザーマニュアルでは、ChatGPTの効果的な使用方法を案内します。

1. 始める
   - OpenAIのウェブサイトでChatGPTプラットフォームにアクセスします。
   - 必要に応じてサインインまたはアカウントを作成します。
2. 会話を開始する
   - "会話を開始"をクリックしてChatGPTとのチャットを開始します。
   - 質問やプロンプトを入力または話すことができます。

***************** 중략 *******************

6. データプライバシー
   - ChatGPTはあなたのプライバシーを尊重します。個人データを保存または記録しません。
7. ライセンス
   - ChatGPTを使用する際には、OpenAIのライセンス条件に従ってください。

自由に探索し、ChatGPTを使用して生産性と創造力を高めてください！

ChatGPT와 같은 대규모 언어 모델은 일상적인 번역 작업이나 간단한 번역 요구사항을 처리하는 데 유용하며, 일반적인 상황에서 훌륭한 성능을 보입니다. 그러나 고도의 전문 번역이나 공식 문서 번역과 같이 높은 품질과 정확성을 필요로 하는 번역 작업에 대해서는 전문 번역가나 소프트웨어의 사용을 검토하는 것이 좋습니다.

피드백 하기

ChatGPT의 답변에 대해 피드백을 하면 원하는 방향으로 대화를 이끌어 갈 수 있습니다. "좀 더 구체적으로 설명해 주세요." 또는 "누구나 쉽게 이해할 수 있게 설명해 주세요."와 같은 피드백을 제공해 상황에 결과에 따라 대화를 조절할 수 있습니다. 누구나 이해하기 쉽게 설명하고, 필요시 용어 정리를 하도록 요청해 보겠습니다.

Prompt | 챗GPT의 개념에 대해 설명해 주세요. 누구나 이해하기 쉽게 설명하고, 필요하다면 용어 정리를 첨부하세요.

챗GPT는 인공지능(인공 지능)의 한 종류로, 대화 형태로 사람과 컴퓨터 사이에 소통할 수 있게 해주는 프로그램이에요. 여기서 "GPT"는 "Generative Pre-trained Transformer"의 약자로, 미리 학습된 모델을 사용해 문장을 생성하고 이해하는 데 도움을 줍니다.
이 프로그램은 많은 텍스트 데이터를 학습하여 다양한 주제에 대해 대화할 수 있게 됐어요. 이해하기 쉽게 말하자면, 챗GPT는 우리가 질문을 하거나 얘기를 할 때, 그 컴퓨터 프로그램이 우리와 대화하듯이 답을 만들어 내고 이해해주는 도구라고 할 수 있어요.
챗GPT는 다양한 용도로 사용될 수 있는데, 예를 들면 공부 도우미, 질문에 대한 답변 제공, 창의적인 글쓰기 도우미, 채팅 봇 등으로 활용될 수 있어요. 이런 기술은 계속 발전하 있어서, 우리 일상 생활에서 더 자주 만나게 될 것입니다.

이해하기 쉬운 설명 및 단어 사용은 물론 말투도 친근하고 편안한 어조를 사용해 글을 작성하는 것을 볼 수 있습니다. 단어 사용이나 어조 등 세부적인 사항에 대해서도 프롬프트 입력을 통해서 조절할 수 있습니다.

예시 및 사례 요청

특정 주제에 대한 예시나 사례를 요청할 수 있습니다. 근거 자료로 활용을 위해서 출처를 제공하도록 할 수도 있습니다.

Prompt | 챗GPT 활용사례 3가지를 출처를 포함하여 작성하세요.

챗GPT는 다양한 분야에서 활용되고 있으며, 아래는 그 중 일부 사례와 그 출처입니다 :

1. **자동 문서 요약**
    - **활용** : 챗GPT는 긴 텍스트 문서를 간단하게 요약하는 데 활용됩니다. 이를 통해 정보를 빠르게 이해하고 핵심 내용을 파악할 수 있습니다.
    - **출처** : "Text Summarization with GPT-2"
      (https : //towardsdatascience.com/text-summarization-with-gpt-2-4-simple-steps-5ae5addb540e)

2. 고객 서비스 챗봇
   - **활용** : 챗GPT는 회사 웹사이트나 앱에서 고객의 질문에 대답하고 지원을 제공하는 챗봇에 사용됩니다. 이를 통해 고객 서비스 비용을 절감하고 24/7 지원을 제공할 수 있습니다.
   - **출처** : "How Chatbots are Transforming Customer Service" (https : //www.salesforce.com/blog/2019/11/chatbots-transforming-customer-service.html)
3. 언어 번역 및 이해
   - **활용** : 챗GPT는 다양한 언어 간 번역을 수행하거나, 문장을 이해하고 다른 언어로 다시 작성하는 데 사용됩니다. 이를 통해 국제 커뮤니케이션을 더욱 효과적으로 할 수 있습니다.
   - **출처** : "OpenAI's GPT-3 Is the World's Most Powerful Language Processing AI" (https : //builtin.com/artificial-intelligence/gpt-3-explained)

이러한 예시들은 챗GPT가 다양한 분야에서 유용하게 활용되고 있음을 보여줍니다.

하지만 출처도 실제 데이터가 아닌 가짜 출처를 만들기도 하기 때문에 반드시 확인이 필요합니다. 아래는 존재하지 않는 페이지 출처를 제공하여 연결된 'Not Found' 화면입니다. 이를 해결하기 위해서는 확장 프로그램 활용, 검색을 지원하는 언어 모델 활용, 유료 플랜으로 업그레이드 등의 방법을 사용할 수 있습니다.

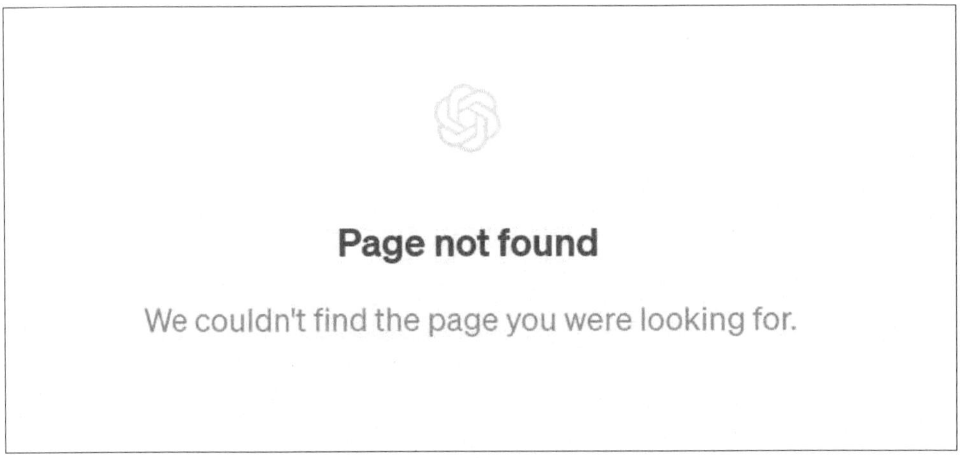

Page not found 화면 / 출처 : ChatGPT

텍스트 추출

텍스트 추출(Text Extraction)은 문서나 데이터에서 텍스트 정보를 추출하는 작업을 의미합니다. 텍스트 추출은 정보 검색, 자동화, 분석, 보고서 작성 등 다양한 목적으로 활용됩니다.

다음과 같이 뉴스 기사에서 주요 정보를 추출하여 빠르게 요약할 수 있습니다.

Prompt | 아래 뉴스의 시사점을 요약하고, 물가 상승률을 추출하여 표로 작성하시오.

추석 명절이 다가오면서 물가가 급등하면서 소비자들의 걱정이 늘어나고 있다. 가정에서는 불가피하게 과일을 포함한 여러 가지 물품을 구입해야 하는데 최근 농산물과 과일 가격 상승이 무섭다는 소식이 돌고 있다. 대형 마트 현장에 나가 과일 가격의 현황과 물가 상승률에 대해 시민 인터뷰를 진행했다.
과일과 채소 등 물가가 너무 많이 올라서 살 엄두가 나지 않는다며 한탄을 하는 시민의 의견이 많았다. 공통적으로 사과의 금액이 많이 올라 구매를 망설이는 소비자가 많았다. 사과는 31.5%, 배 23.2%, 딸기 13.1%, 수박 16.8%의 상승률을 보였다.
최근 이상 기후로 인해 작황이 나빠지면서 명절 대목을 맞아 증가한 수요를 못 따라가면서 가격이 천정부지로 뛰고 있다. 사과뿐만 아니라 대부분의 과일과 채소 생산량은 지난해에 비해 20%이상 감소하면서 모든 금액이 전년 대비 가격이 높아질 것으로 전망되고 있다.

시사점

- 추석 명절을 앞두고 농산물 가격 급등으로 소비자들의 물가 부담이 증가함.
- 과일 가격은 특히 높은 상승률을 보이며, 이는 명절 수요 증가와 작황의 불량 등 이상 기후의 영향으로 예상됨.
- 소비자들은 가격 상승으로 인해 과일 등 구매를 망설이고 있으며, 농산물 가격 상승이 추석 연휴 기간 동안 더 높아질 것으로 우려하고 있음.

물가 상승률(백분율)

물가 항목	상승률
과일	12.2%
사과	31.5%
배	23.2%
딸기	13.1%
수박	16.8%

텍스트 분류

텍스트 분류(Text Classification)는 텍스트 문서나 문장을 사전에 정의된 카테고리 또는 클래스로 분류하는 과정으로 정보 정리, 의사 결정 지원, 검색, 자동화, 감정 분석 및 서비스 개선과 같은 다양한 분야에서 활용됩니다. 텍스트 분류에서 자주 활용되는 감정 분석을 요청해 보겠습니다.

이번에는 데이터를 주지 않고 위에 제공한 기사의 내용을 기반으로 분석하도록 요청해 보겠습니다.

Prompt | 위 기사의 텍스트를 분류하고, 감정을 분석하세요.

이 기사의 주요 내용은 농산물 가격 급등과 관련된 소비자들의 부담과 우려에 대한 내용으로 분류될 수 있습니다. 농산물 가격 상승으로 인해 소비자들이 명절을 앞두고 구매를 망설이고 있으며, 특히 과일 가격 상승이 강조되고 있습니다. 작황이 나빠진 이상기후로 생산량이 감소하면서 가격이 상승하는 상황이 현재의 농산물 시장 상황을 설명하고 있습니다.

감정 분석 :

- 기사 내용에서 소비자들의 우려와 부담이 강조되고 있으며, 이는 부정적인 감정으로 해석될 수 있습니다.
- 농산물 가격 상승으로 인해 구매를 망설이는 사람들의 언급과 실제 가격 상승률을 보여줌으로써 불안함과 걱정을 나타내고 있습니다.
- 또한, 작황의 부정적인 영향과 불량한 날씨 조건에 대한 언급으로 인해 기사는 부정적인 분위기를 전달하고 있습니다.

대화의 맥락을 연결하기 때문에 기사 내용을 분석하고 감정 분석을 하는 것을 확인할 수 있습니다. 감정 분석은 뉴스, SNS 댓글, 블로그 등 고객의 반응을 분석하여 정책 및 서비스 개선에 활용할 수 있습니다.

텍스트 교정

ChatGPT가 작성한 글을 조금 더 자연스럽게 다듬거나 내가 작성한 글을 조금 더 전문적으로 작성하고자 할 때 교정을 요청할 수도 있습니다. 지시문을 먼저 입력하고, 교정할 내용을 프롬프트로 제공합니다.

Prompt | 다음 내용을 조금 더 전문적이고, 자연스럽게 교정해주세요.

GPT-4 기술 보고서는 이미지와 텍스트 입력을 받아들여 텍스트 출력을 생성하는 대규모 다중 모달 모델로, 전문 및 학술 벤치마크에서 인간 수준의 성과를 보여줍니다. GPT-4는 다양한 시나리오에서 평가되었으며, 시험 성적이 실제 바 업계의 상위 10% 정도에 해당하는 등, 다양한 영역에서 뛰어난 성과를 거뒀습니다. 이 보고서는 GPT-4의 능력, 한계, 모델 안전성 개선 및 결과에 대해 상세히 논의합니다. 또한, 예측 가능한 확장과 인간평가 데이터셋에 대한 모델 능력의 확장을 다루고 있으며, 모델의 한계와 안전 도전 과제에 대한 내용도 포함하고 있습니다.

GPT-4 기술 보고서는 이미지와 텍스트 입력을 통합 처리하여 텍스트 기반 출력을 생성하는 대규모 다중 모달 모델의 성능을 상세히 기술합니다. 이 모델은 전문적인 분야와 학술적 벤치마크에서 인간과 유사한 성과를 달성하는 것으로 나타났습니다. GPT-4는 다양한 환경에서 철저한 평가를 거쳤으며, 특히 법률 분야에서의 시험 성적이 전문가 수준의 상위 10%에 도달하는 등 여러 분야에서 뛰어난 결과를 보였습니다. 이 보고서는 GPT-4의 기능적 우수성과 한계점, 그리고 모델 안전성 향상을 위한 노력과 그 결과에 대해 깊이 있게 다룹니다. 또한, 모델의 성능이 예측 가능한 확장성을 갖추고 있음을 밝히며, 인간 평가 기반 데이터셋에서의 모델 능력 확장에 대한 분석도 포함하고 있습니다. 이와 함께, 모델의 제한 사항과 안전성에 대한 도전 과제들을 상세히 논의합니다.

조금 더 전문적인 단어를 사용하여 교정되는 것을 확인할 수 있습니다. 교정된 내용이 마음에 안 드는 경우 답변 아래의 새로 고침 아이콘을 클릭하여 새로운 답변을 생성하거나, 피드백을 통해 답변을 다시 요청할 수 있습니다.

유용한 프롬프트 기법

프롬프트를 입력하는 기본적인 내용을 살펴봤습니다. 언어 모델의 발전과 함께 모델의 성능을 극대화하고 원하는 결과를 얻기 위해 프롬프트를 조절하는 역량이 중요해지고 있습니다. 지금부터는 몇 가지 유용한 프롬프트 엔지니어링 기법을 살펴보겠습니다.

패턴을 학습 시키는, 퓨샷 프롬프팅

퓨샷 프롬프팅(Few-shot Prompting)은 예시 프롬프트를 제공하여 원하는 결과를 생성하도록 학습시키는 방법입니다. 간단한 모범 예시를 제공하면 패턴을 찾아 학습하고 결과에 반영합니다.

아래와 같이 예시를 제공하여 슬로건을 만드는 모델로 학습시켜보겠습니다. 학습이 된 모델은 별도의 설명을 하지 않아도 해당 패턴의 답변을 생성합니다. 기관명과 슬로건이 있는 예시 문장을 제공하고, 마지막에는 기관명만 입력합니다.

Prompt | 통계청 : 내일의 변화는 당신의 이야기로부터
한국교통안전공단 : 멈추면 비로소 보이는 모두의 행복을 위해
보건복지부 : 거리는 멀어도 마음은 가까이
한국 관광공사 :

한국 관광공사 : "아름다운 한국, 놀라운 경험을 위해 함께해요!"

슬로건을 작성하도록 요청하지 않았음에도 한국 관광공사 슬로건을 생성하는 것을 볼 수 있습니다. 퓨샷 러닝이 적용된 것을 확인한 다음부터는 별도의 프롬프트를 입력하지 않아도 기관명만 입력하면 슬로건을 생성합니다. 이렇게 퓨샷 러닝을 적용하여 특정 역할을 수행하는 모델로 설정하여 활용할 수 있습니다.

Prompt | 서울지방경찰청

서울지방경찰청 : "안전한 서울, 함께 만들어요!"

길이와 다양성을 조절하는, 완성도 조절 프롬프팅

완성도 조절 프롬프팅(Completeness-Controlled Prompting)은 원하는 수준의 완성도로 결과를 조절하기 위해 텍스트의 길이나 다양성을 설계하는 방법입니다. 이 방식은 답변이 너무 길거나 짧지 않도록 하거나, 답변의 다양성을 조정할 때 유용하게 사용될 수 있습니다.

명령어	범위	설명
temperature	• 0.2~1.0	• 다양한 텍스트나 창의적인 아이디어를 도출할 때 활용. • 값이 높을수록 창의적.
max_tokens	• 1~4096 사이 정수	• 출력되는 글자 수를 조정.
top_p	• 0.1~1.0	• 사용할 단어(토큰)의 확률 설정. • 값이 높을수록 다양.

temperature

프롬프트와 완성도 조절 명령어를 조합하여 답변의 결과를 조정해 보겠습니다. 브랜드 컬러를 추천받으려고 합니다.

'temperature' 값을 설정해 결과의 다양성을 조정합니다. temperature 값이 0.2로 설정되어 '네이비 블루, 그레이' 등의 비교적 안정된 컬러를 제시하는 것을 확인할 수 있습니다.

Prompt | 브랜드 컬러 추천
temperature : 0.2

브랜드 컬러를 선택할 때 온도(temperature) 값이 0.2로 설정되어 있으므로, 안정적이고 일관된 컬러를 추천하겠습니다. 다음은 몇 가지 안정적인 브랜드 컬러의 예시입니다 :

1. 파란색(Blue) : 파란색은 신뢰와 안정성을 상징하며 많은 브랜드에서 사용하는 대표적인 컬러 중 하나입니다.
2. 검은색(Black) : 검은색은 고급스러움과 권위를 나타내는 컬러로 많은 브랜드가 로고나 디자인에서 사용합니다.

3. 빨간색(Red) : 빨간색은 열정과 에너지를 상징하며 주목을 끌기에 좋은 컬러 중 하나입니다.
4. 그린(Green) : 그린은 자연과 환경 친화적인 이미지를 전달하며 건강과 안정을 의미하기도 합니다.
5. 회색(Gray) : 회색은 중립적이고 전문적인 느낌을 줄 수 있는 컬러로 사용됩니다.
6. 화이트(White) : 화이트는 깨끗하고 간결한 이미지를 전달하며 많은 브랜드에서 선택하는 컬러입니다.

이러한 컬러 중 하나를 선택하여 브랜드의 메시지와 가치를 가장 잘 나타내는 컬러로 활용할 수 있을 것입니다. 다만, 브랜드의 특정 산업, 대상 고객, 경쟁 환경 등을 고려하여 브랜드 컬러를 정하는 것이 중요합니다.

이번에는 temperature 값을 0.8으로 설정합니다. temperature 값이 높게 설정되어 창의적인 단어를 추천하겠다고 답변합니다. '태초 오렌지', '퓨어 퍼플' 같은 다양하고 예측하기 어려운 창의적인 컬러를 추천하는 것을 확인할 수 있습니다.

Prompt | 브랜드 컬러 추천
temperature : 0.8

온도(temperature) 값이 0.8로 설정되어 있으므로, 다양하고 창의적인 브랜드 컬러를 추천하겠습니다. 이러한 컬러는 브랜드의 고유성과 차별성을 강조할 수 있습니다 :

1. 태초 오렌지(Primordial Orange) : 이러한 오렌지는 열정, 창의성 및 유기적인 느낌을 상징합니다.
2. 퓨어 퍼플(Pure Purple) : 귀족적이고 고급스러움을 나타내는 퍼플 컬러는 창의성과 혁신을 강조합니다.
3. 스페이스 블루(Space Blue) : 우주와 연결되는 블루 컬러는 현대적이고 과학적인 이미지를 전달합니다.
4. 미스티 로즈(Misty Rose) : 부드러운 핑크 컬러는 로맨틱하고 친근한 느낌을 줄 수 있습니다.

5. 그림자 블랙(Shadow Black) : 고요함과 신비로움을 강조하는 블랙 컬러의 변형으로 브랜드를 고유하게 만들 수 있습니다.
6. 스카이 터쿼이즈(Sky Turquoise) : 활기차고 상쾌한 터쿼이즈 컬러는 새로운 시작과 자유를 상징합니다.
7. 네온 그린(Neon Green) : 화려하고 주목을 끄는 그린 컬러는 혁신과 기술적인 발전을 나타낼 수 있습니다.

이러한 컬러 중 하나를 선택하여 브랜드의 메시지와 목표와 잘 어울리는 컬러로 활용할 수 있을 것입니다. 그러나 고려해야 할 중요한 점은 브랜드의 산업, 대상 고객, 경쟁 환경 및 브랜드의 고유한 가치를 고려하여 최종 결정을 내리는 것입니다.

max_tokens

짧고 간결한 응답이 더 효과적인 경우가 있습니다. 이럴 때 활용할 수 있는 'max_tokens'을 사용해 텍스트의 길이를 조정해 보겠습니다.

Prompt | 반려동물에 대해 설명하세요.
max_tokens : 10

반려동물은 사람들과 함께 살며 행복을 나누는 동물입니다.

지시문과 함께 '글자수 : 10' 또는 '한 문장으로 작성하세요.' 등의 프롬프트를 사용해도 됩니다. 이런 키워드 중심의 프롬프트는 여러 명령어를 같이 사용할 때 유용합니다. 이번에는 조금 더 길게 작성하도록 프롬프트를 수정해 보겠습니다.

간단하게 숫자 값만 변경해 주면 되기 때문에 자주 사용하는 프롬프트 템플릿을 만들 때 유용합니다.

Prompt | 반려동물에 대해 설명하세요.
max_tokens : 100

반려동물은 사람들과 함께 살면서 위로와 기쁨을 주는 동물을 말합니다. 이들은 주로 개, 고양이, 새, 토끼 등 다양한 종류의 동물로 선택됩니다. 반려동물은 주인과의 강한 유대감을 형성하며, 가정 환경에서 함께 시간을 보내며 서로에게 애정을 나눕니다.
반려동물은 다양한 이유로 사람들에게 사랑받고 있습니다.

그들은 외로움을 덜어주고, 스트레스를 줄여주며, 우울증을 완화시켜주고, 심지어 신체적 활동을 촉진시키기도 합니다.
또한 어린이들에게 돌봄, 책임감, 사회적 기술을 가르치는 데 도움이 되기도 합니다.
반려동물을 키우는 것은 책임이 따르며, 그들의 건강과 행복을 챙기기 위한 관리가 필요합니다. 이에는 규칙적인 먹이주기, 산책, 예방접종, 정기적인 수의사 방문 등이 포함됩니다. 반려동물과 함께 삶을 공유하는 것은 많은 보상을 주지만, 주인으로서 책임을 다하는 것이 중요합니다.

top_p

이번에는 단어의 사용 확률을 설정하여 다양성을 조정하는 'top_p'를 활용해 보겠습니다. top_p 값이 0.2로 설정되어 확률이 높은 메뉴를 추천합니다.

Prompt | 저녁 메뉴 추천해줘.
top_p : 0.2

저녁 메뉴를 추천해드릴게요. top_p 값이 0.2로 설정되어 있으므로 가장 확률이 높은 몇 가지 옵션을 제안해보겠습니다.

1. **간편한 파스타** : 스파게티 또는 페토 치킨 알프레도 소스와 함께 먹을 수 있습니다.
2. **샐러드와 샌드위치** : 시원한 그린 샐러드와 터키 샌드위치 또는 치킨 샌드위치를 즐겨보세요.
3. **돈까스와 카레** : 돈까스와 일본식 카레는 맛있는 선택입니다.
4. **피자** : 다양한 토핑이 올라간 피자를 주문해서 나름의 조합을 만들어 보세요.
5. **해산물 요리** : 그릴 또는 구운 해산물과 함께 레몬 버터 소스로 즐길 수 있습니다.

어떤 옵션이 가장 맘에 드는지 확인해보세요!

top_p 값을 0.7로 설정하면 더 다양한 메뉴를 추천하는 것을 볼 수 있습니다.

Prompt | 저녁 메뉴 추천해줘.
top_p : 0.7

저녁 메뉴를 더 다양한 옵션으로 추천해드릴게요. top_p 값이 0.7로 설정되었으므로 다양한 음식을 고려하여 아래의 옵션 중 하나를 선택해보세요 :

1. **스테이크와 감자 그라탕** : 고기의 부드러움과 감자 그라탕의 부드러운 맛이 조화로운 조합입니다.
2. **새우 스카우트 파스타** : 크림 소스와 토마토 소스가 어우러진 파스타에 새우를 더해 풍부한 맛을 즐겨보세요.
3. **비건 타코** : 소시지 대신 대체식품을 사용한 타코를 만들어 보세요. 아보카도, 생야채, 시금치, 대파와 함께 감칠맛 나는 소스를 뿌려 맛을 낼 수 있습니다.
4. **인도식 버터 치킨** : 부드러운 치킨 조각을 진한 버터 치킨 소스와 함께 즐기세요. 나약한 식물성 색소와 넉넉한 크림이 함께 어울립니다.
5. **피자와 맥주** : 피자와 맥주 조합으로 편하게 저녁을 즐겨보세요. 다양한 토핑을 골라서 주문해보세요.
6. **해산물 파에야** : 해산물과 쌀을 함께 볶아내는 스페인 요리인 파에야를 만들어보세요.
7. **스시와 사케** : 스시 또는 사케를 선택하여 일본식 저녁을 즐겨보세요.

어떤 옵션이 가장 맘에 드는지 혹은 다른 선호 사항이 있으면 알려주세요!

이 외에도 다양한 대화 조절 명령어를 적용할 수 있습니다. 하지만 이런 방식은 ChatGPT에서 제공하는 명령어는 아니기 때문에 항상 정확하게 반영되지는 않습니다. 상황에 맞게 완성도 조절 프롬프트를 사용하여 원하는 내용으로 대화 결과를 유도해 보세요.

전문가로 설정하는, 역할 프롬프팅

역할 프롬프팅(Role prompting)은 특정 역할이나 관점에서 문장을 생성하도록 유도하는 방법을 말합니다. 다양한 관점이나 전문 분야의 내용을 생성할 때 활용될 수 있습니다. 'Act as~'를 사용하여 역할을 설정합니다.

Prompt | Act as 과학자. 전문적이고 과학적인 용어를 사용하세요.
중력에 대해 설명하세요.

물론, 중력에 대해 전문적으로 설명해 드리겠습니다. 중력은 모든 물질 간에 서로 작용하는 기본적인 물리적 힘 중 하나로, Albert Einstein의 일반 상대성 이론에 따르면 공간과 시간의 왜곡을 유발하는 주요한 인자 중 하나입니다.

중력은 뉴턴의 중력 이론에서부터 현대 물리학의 상대성 이론까지 다양한 관점에서 연구되었습니다. 뉴턴의 중력 이론에서는 물체 간의 질량과 거리에 따른 중력의 법칙을 설명하며, 이것은 다음과 같은 수식으로 나타낼 수 있습니다.

F = G *(m1 * m2) / r^2

여기서 F는 중력의 힘, G는 중력 상수, m1과 m2는 물체의 질량, r은 두 물체 간의 거리입니다.

일반 상대성 이론에서는 중력을 공간과 시간을 곡률직선으로 나타내어 설명합니다. 물체는 질량이 큰 물체 주위의 공간-시간 곡률을 따라 움직이며, 이 곡률은 물체 주위에 중력을 생성합니다.

중력은 모든 물체 간에 작용하며, 질량이 큰 물체일수록 중력의 영향력이 강합니다. 이로 인해 행성, 별, 은하 등의 우주 객체가 형성되고 우주의 구조가 형성됩니다.

또한 중력은 지구의 표면에서 물체가 자유낙하하는 원인이며, 이러한 중력의 영향을 통해 우리는 지구의 질량을 측정하고 천체의 운동 경로를 예측할 수 있습니다. 중력은 우주와 우리 주변 환경을 이해하는 데 필수적인 요소 중 하나이며, 현대 물리학과 천문학의 중요한 주제 중 하나입니다.

다른 역할을 부여한 뒤 같은 질문을 해봅시다. 완전히 다른 결과를 생성하는 것을 볼 수 있습니다. 역할 프롬프트를 활용하면 대상의 수준과 목적에 맞는 내용을 생성할 수 있습니다.

Prompt | Act as 교사, 초등학생도 이해하기 쉬운 용어를 사용하세요.
중력에 대해 설명하세요.

중력은 지구나 다른 물체가 땅으로 끌어당기는 힘이야! 이 힘 때문에 물체들은 땅에 붙어 있고, 떨어지지 않아.

예를 들어, 나는 땅에 서 있을 때 중력이 나를 아래로 당겨서 내려가지 않게 해줘. 그래서 우리는 땅에 붙어서 걷고, 물건을 들 수 있어. 중력은 지구 안에 숨어있어서 물체들이 항상 중력의 힘을 느끼게 돼.

그리고 중력은 물체의 무게에도 영향을 미쳐. 만약 무거운 물체와 가벼운 물체를 떨어뜨린다면, 무거운 물체가 빨리 아래로 떨어질 거야. 왜냐하면 중력은 무게가 더 큰 물체에 더 강하게 작용하기 때문이야.

그래서 중력은 우리 일상 생활에서 아주 중요한 힘이야. 무엇이든 땅에 붙어 있게 해주고, 물체들이 움직이게 하는 데 도움을 주는 거야!

생각을 확장하는, 생각의 나무 프롬프팅

생각의 나무(Tree of Thought, ToT) 프롬프팅은 연속적인 생각이나 아이디어를 서로 연결하며 이어나가는 것을 의미하며, 문제 해결, 창의적인 아이디어 발전, 논리적인 논의, 글쓰기 등 다양한 과정에서 활용됩니다. 특히 이 방법은 문제 해결과 창의성을 촉진하는 데 유용하게 사용됩니다.

다음은 ToT의 방식을 활용하여 보고서를 작성해 나가는 과정의 예시입니다. 완성도 조절 프롬프트를 함께 사용해 텍스트의 길이와 다양성을 조정했습니다. 먼저 관심 분야의 주제를 제시합니다. 너무 긴 텍스트가 생성되지 않도록 최대 토큰 수를 50으로 설정했습니다.

Prompt | 기후 변화가 우리 일상생활 미치는 영향
max_tokens : 50

기후 변화는 우리 일상생활에 다양한 영향을 미칩니다. 온도 상승으로 더위와 기온 변화가 느껴지며, 자연 재해와 해수면 상승으로 홍수와 해안 침식이 늘어나고, 농작물과 식량 생산에도 영향을 미칩니다. 또한 건강 문제와 생태계 변화 등 다양한 측면에서 영향이 나타납니다.

보고서 작성을 위해 더 깊이 있게 다루고 싶은 부분을 선택해 대화를 이어나갑니다. 주제에 대한 다양성을 높이기 위해 temperature를 0.7로 설정합니다. 위의 답변에서 '생태계 변화'에 대한 주제로 대화를 이어 나가겠습니다.

Prompt | 기후 변화로 인한 생태계 변화에 대한 환경 보고서 주제 추천
temperature : 0.7

기후 변화로 인한 생태계 변화에 대한 환경 보고서 주제로 아래와 같은 주제를 고려해 볼 수 있습니다. 이러한 주제는 기후 변화의 생태학적 영향을 조사하고 관련 데이터를 분석하는 데 도움이 될 수 있습니다.

1. "기후 변화와 생태계 불균형 : 생태학적 변화의 패턴과 원인 분석"
2. "기후 변화와 종 다양성 : 생태학적 다양성 감소의 원인과 결과"
3. "기후 변화가 해양 생태계에 미치는 영향 : 해수면 온도 상승과 생태학적 변화"
4. "기후 변화와 산림 생태계 : 산불, 병해충, 밀림 이동의 관계"
5. "도시 생태계에서의 기후 변화 : 도시 생태학과 생태계 복원의 관점"
6. "기후 변화와 해안 생태계 : 바다 수온 상승과 해안 생물 다양성 변화"
7. "기후 변화와 국제적 보호구역 : 자연 보호지역에서의 도전과 기회"
8. "기후 변화와 식량 생산 : 생태학적 변화가 농업과 식량 안보에 미치는 영향"

이러한 주제 중 하나를 선택하여 해당 주제에 대한 근거와 데이터를 포함한 환경 보고서를 작성할 수 있을 것입니다.

제시된 의견을 바탕으로 일부 내용을 선택하여 대화를 확장해 나갑니다. 세부 내용을 선택하여 프롬프트로 다시 입력합니다. 우수 보고서 사례를 참조하여 목차를 생성하도록 유도할 수 있습니다.

위 답변의 2번 주제인 '기후 변화와 종 다양성 : 생태학적 다양성 감소의 원인과 결과'에 대한 주제를 이어 나가기 위한 프롬프트를 입력합니다.

Prompt | 2번을 주제로 보고서 목차를 작성 하세요.
환경 우수 보고서 사례를 참고하여 목차를 생성하세요.

기후 변화와 종 다양성 : 생태학적 다양성 감소의 원인과 결과를 다룬 보고서를 작성하기 위한 목차를 아래와 같이 제안합니다. 이 목차는 환경 우수 보고서의 사례를 참고하여 구성되었습니다.

목차 : 기후 변화와 종 다양성 보고서

1. **서론**
   1.1 연구의 배경
   1.2 연구 목표 및 범위
   1.3 연구 방법 및 데이터 수집

2. **기후 변화와 종 다양성의 개념**
   2.1 종 다양성의 정의
   2.2 기후 변화의 이해

3. **기후 변화로 인한 종 다양성 감소의 원인**
   3.1 기온 상승과 생태학적 변화
   3.2 강수량 변화와 서식지 파괴
   3.3 해수면 상승과 해안 생태계 영향

4. **생태계의 취약성과 적응 전략**
   4.1 생태계의 취약성 분석
   4.2 종 다양성을 유지하기 위한 적응 전략
   4.3 생태계 보전의 중요성

5. **실태 조사 및 데이터 분석**
   5.1 기후 변화와 종 다양성 관련 데이터 수집
   5.2 데이터 분석 결과 및 트렌드 도출

6. **종 다양성 감소의 결과**
   6.1 생태계 불안정성과 생태계 서비스 감소
   6.2 인간과 사회에 미치는 영향
   6.3 경제적 영향

7. **대응 및 해결책**
   7.1 현재의 대응 노력과 문제점
   7.2 종 다양성을 보호하고 회복시키기 위한 정책 제안
   7.3 국제적 협력과 지속 가능한 생태계 관리

8. **결론**

8.1 연구 결과의 중요성 재강조
8.2 미래 연구 및 대응 방향 제시

9. **참고 문헌**
   - 환경 보고서와 관련된 학술 자료 및 보고서 참고

10. **부록**
   - 데이터 분석에 사용된 자료와 그래프 등의 자료 포함

이러한 목차를 기반으로 기후 변화와 종 다양성에 관한 환경 보고서를 작성하면, 해당 주제에 대한 상세한 분석과 근거를 제공할 수 있을 것입니다.

이런 방식으로 대화를 이어나가며 진행하면 사용자가 선택하는 정보나 대화의 맥락을 고려하여 결과를 생성하기 때문에 사용자가 원하는 정보와 조언을 더 명확하게 얻을 수 있으며, 사용자는 상황에 맞게 결과를 유도하여 더 효과적으로 활용할 수 있습니다.

이제 목차를 바탕으로 보고서 내용을 작성해 보겠습니다. 보고서 작성 기법을 요청하여 내용 작성시 반영하도록 유도해 보겠습니다.

Prompt | 기후 변화와 종 다양성의 개념 내용 작성에 적합한 보고서 작성 기법 3개를 추천하고, 장단점을 비교하여 표로 제공하세요.

기후 변화와 종 다양성의 개념을 다루는 부분을 작성하는데 적합한 보고서 작성 기법 3개를 추천하고, 그 장단점을 비교하는 표를 제공합니다.

보고서 작성 기법	장점	단점
문헌 고찰	• 이전 연구와 학술적 자료에 기반하여 풍부한 내용을 제공 가능 • 전문적인 지식을 구축하는 데 도움	• 최신 정보나 신뢰성 문제에 민감할 수 있음
개념 정의 및 해석	• 개념을 명확히 정의하고 해석함으로써 독자 이해도 향상 • 개념 간 관계를 분석하여 주제를 체계적으로 다룸	• 과도한 이론적 내용을 제공하면 이해하기 어려울 수 있음

사례 연구 및 예시 제시	• 실제 사례를 통해 개념을 보다 구체적으로 이해 가능 • 독자에게 현실적인 연결고리를 제공함	• 일반화가 어려울 수 있고 특별한 사례에 국한될 수 있음

이러한 보고서 작성 기법들은 각각의 장점과 단점을 가지고 있습니다. 문헌 고찰은 과거 연구와 학술적 자료를 기반으로 풍부한 내용을 제공하는데 도움이 되지만 최신 정보와 신뢰성 문제에 민감할 수 있습니다. 개념 정의와 해석은 개념을 명확하게 이해시키고 체계적으로 다룰 수 있지만 이론적 내용이 과도할 수 있습니다.

사례 연구와 예시 제시는 실제 사례를 통해 독자에게 구체적인 이해와 연결고리를 제공하지만 특별한 사례에 국한될 수 있습니다. 보고서 작성 시 주제와 목적에 따라 이러한 기법들을 조합하여 사용할 수 있습니다.

비교표를 확인하고 원하는 기법을 적용하여 작성하도록 합니다. 또는 내가 알고 있는 기법이 있다면 적용하도록 요청할 수 있습니다.

Prompt | 개념 정의 및 해석 기법을 적용하여 기후 변화와 종 다양성의 개념 내용을 작성하세요.

기후 변화와 종 다양성의 개념을 다음과 같이 작성합니다.

기후 변화와 종 다양성의 개념

기후 변화는 지구의 기상 조건 및 기후 패턴이 시간에 따라 변화하는 현상을 나타냅니다. 이러한 변화는 대기 중의 온실가스 농도 증가와 같은 자연 및 인간 활동에 의해 주로 유발됩니다. 이로 인해 지구의 평균 기온이 상승하고 기후 시스템의 불안정성이 증가하며 다양한 기후 현상이 발생합니다.

종 다양성은 특정 지역이나 생태계 내에서 서로 다른 생물종들의 다양성과 풍부성을 나타냅니다. 이는 다양한 생태적 역할을 하는 종들이 함께 존재하는 것을 의미하며, 서로 다른 종들 간의 상호작용을 통해 생태계 안정성을 지원하고 생태계 서비스를 제공합니다. 종 다양성은 생태계의 복원력과 존립력에 중요한 역할을 합니다.

기후 변화와 종 다양성 간의 관계는 중요하며 이해해야 하는 개념입니다. 기후 변화는 생태계에 다양한 영향을 미치며 종 다양성에 영향을 미칩니다. 온도 상승, 강수량 변화, 해수면 상승 등의 기후 변화는 서식지의 변화와 충돌을 일으키며, 이로 인해 일부 종들은 서식지를 잃거나 멸종 위기에 처하게 됩니다. 종 다양성의 감소는 생태계의 안정성

> 을 위협하며 다양한 생태계 서비스를 위험에 빠뜨릴 수 있습니다.
>
> 기후 변화와 종 다양성의 관계를 이해하고 이에 대한 대응책을 마련하는 것은 환경 보전과 지속 가능한 개발을 위한 중요한 단계입니다. 이를 통해 생태계를 보호하고 인간 및 다른 생물종들과의 조화로운 공존을 추구할 수 있습니다.

작성된 내용에 대해 피드백을 하거나 내용을 확장하여 보고서 내용을 완성해 나갑니다.

프롬프트 명령어

지금까지 ChatGPT와 자연어로 대화하는 프롬프트에 대해 알아보았습니다. 대화를 미세하게 조절하는 방법은 다양하며, 인공지능은 컴퓨터 언어의 원리를 더 잘 이해하기 때문에 이를 활용하면 더 효과적으로 제어할 수 있습니다.

프롬프트 명령어는 사용자와 컴퓨터 간 상호작용을 위한 명령어로, 간단한 키워드로 구성되어 있어 여러 명령어를 조합하여 프롬프트 결과를 조절할 수 있습니다. 이러한 간단한 명령어를 활용하여 프롬프트를 제어하거나, 자주 사용하는 키워드를 활용하여 나만의 프롬프트 명령어를 만들 수도 있습니다.

프롬프트 명령어 사용하기

프롬프트를 입력할 때 대화하듯이 "이제 넌 기자 역할을 해야 해. 주제는 생성형 인공지능이며, 객관적이고 분석적으로 글을 작성해 봐. 생성형 인공지능의 등장이 사회에 미치는 영향에 대한 의견을 제시해줘."와 같이 입력할 수 있습니다.

그러나 반복되는 패턴의 대화를 갖춰야 할 때, 아래와 같이 명령어를 조합하여 사용하면 더 구체적이고 명확하게 요구사항을 전달할 수 있으며, 원하는 결과를 빠르게 얻을 수 있습니다.

> **Prompt** | #role : 저널리스트
> #tone : 객관적, 분석적
> #topic : 생성형 인공지능
> #question : 생성형 인공지능의 등장은 우리 사회에 어떤 영향을 미칠까?

생성형 인공지능의 등장은 우리 사회에 다양한 영향을 미칠 것으로 예상됩니다. 이러한 영향은 긍정적인 측면과 부정적인 측면이 모두 존재할 것으로 보입니다. 다음은 그 영향을 객관적으로 분석해보겠습니다 :

1. **콘텐츠 생성 및 크리에이티브 산업 변화** : 생성형 인공지능은 텍스트, 이미지, 음성 및 비디오 등 다양한 형태의 콘텐츠를 자동으로 생성할 수 있습니다. 이는 뉴스, 광고, 엔터테인먼트 산업에 혁명적인 영향을 미칠 것으로 예상됩니다. 더욱 효율적이고 저렴한 콘텐츠 생성이 가능해지며, 창작자와 미디어 기업들은 이를 활용하여 새로운 비즈니스 모델을 모색할 것입니다.
2. **언어 번역 및 의사소통** : 생성형 인공지능은 언어 번역 및 의사소통에 큰 도움을 줄 것으로 예상됩니다. 다국어 간 소통이 보다 원활해지고, 번역 서비스의 품질이 향상될 것입니다. 이는 국제 비즈니스 및 문화 교류에 긍정적인 영향을 미칠 것입니다.
3. **디자인 및 예술 창작** : 생성형 인공지능은 미술, 음악, 디자인 등의 창작 분야에서도 활용될 수 있습니다. 예를 들어, AI가 작곡한 음악이나 그림을 그릴 수 있게 됨으로써 창작자들은 창작 프로세스를 보다 창의적으로 활용할 수 있을 것입니다.
4. **윤리적 고민** : 생성형 인공지능은 텍스트와 미디어를 조작할 수 있는 능력을 가지고 있기 때문에, 정보의 신뢰성과 진실성에 대한 논란이 더욱 중요해질 것입니다. 또한 AI가 인간의 언어와 문화를 학습하면서 편견이나 혐오스러운 콘텐츠를 생성할 수도 있습니다. 이에 대한 감시와 규제가 필요할 것으로 예상됩니다.
5. **일자리 변화** : 생성형 인공지능의 등장은 일부 분야에서는 일자리의 변화를 초래할 수 있습니다. 예를 들어, 콘텐츠 생성 작업이 자동화되면 작가나 디자이너와 같은 직업들에 영향을 미칠 수 있습니다. 그러나 동시에 AI 개발, 유지 보수, 데이터 관리 등과 관련된 일자리도 증가할 것으로 예상됩니다.
6. **보안과 개인정보 보호** : 생성형 인공지능은 사람들의 언어 및 이미지 데이터를 사용합니다. 이로 인해 개인정보 보호와 사생활 침해에 대한 우려가 높아질 것이며, 보안 대책과 규제 강화가 필요할 것입니다.
7. **교육 및 학습** : 생성형 인공지능은 교육 분야에서도 활용될 수 있으며, 맞춤형 학습 경험을 제공할 수 있습니다. 학생들은 AI를 활용하여 보다 효율적으로 학습할 수 있을 것입니다.

요약하면, 생성형 인공지능은 다양한 분야에서 혁신과 동시에 윤리적, 사회적, 경제적 고민을 야기할 것으로 보입니다. 이러한 영향을 관리하고 규제하는 방안을 마련하는 것이 중요합니다.

이번에는 프롬프트 명령어에서 역할, 글의 스타일, 그리고 질문과 관련된 내용만 수정하여 입력해 보겠습니다. 명령어는 그대로 유지하면서 세부 내용만 수정하는 것이 가능하므로, 자주 사용하는 프롬프트 구성을 사전에 만들어두면 편리합니다.

Prompt | #role : 교사
#style : 친근하게
#topic : 생성형 인공지능
#question : 생성형 인공지능은 인류에 도움이 될까?

안녕하세요! 생성형 인공지능에 관한 궁금한 점이네요. 생성형 인공지능은 인류에 도움이 될 수 있을까요? 저의 생각을 공유해보겠습니다.

생성형 인공지능은 많은 분야에서 인류에 도움이 될 수 있습니다. 먼저, 언어 번역과 의사소통 분야에서 AI의 활용은 다국적 회사, 국제 협력, 문화 교류 등을 원활하게 만들어 줍니다. 이는 다양한 문화와 언어를 가진 사람들 간의 소통을 쉽게 하고 글로벌 비즈니스를 촉진할 수 있습니다.

또한, 생성형 인공지능은 창작 분야에서도 큰 영향을 미칩니다. 음악, 예술, 문학 등에서 AI가 창작물을 생성하거나 창작자들을 돕는 역할을 할 수 있습니다. 이것은 창작자들이 창의적인 작업에 더 많은 시간과 에너지를 투자할 수 있도록 도와줄 것입니다.

또한 교육 분야에서도 생성형 인공지능은 학생들에게 맞춤형 학습 경험을 제공할 수 있습니다. 학생들은 자신의 학습 스타일에 맞춘 자료와 피드백을 받을 수 있으며, 학습 과정이 더 효과적으로 이루어질 것입니다.

하지만, 동시에 생성형 인공지능은 윤리적 문제와 일자리 변화와 관련된 고민도 불러올 수 있습니다. 정보의 진실성과 AI가 생성한 콘텐츠의 신뢰성을 관리하는 것이 중요하며, 일부 직업 분야에서는 자동화로 인한 일자리 변화가 있을 수 있습니다.

마지막으로, 생성형 인공지능은 보안과 개인정보 보호에도 주목해야 합니다. AI가 개인정보를 처리하고 사용하는 방식을 규제하고 보호해야 합니다.

요약하면, 생성형 인공지능은 인류에 도움이 될 수 있지만, 관련된 도전과 고민도 존재합니다. 따라서 이러한 기술을 적절히 활용하고 규제하며, 잠재적인 이점과 위험을 고려하는 것이 중요합니다.

텍스트 생성에서 유용한 명령어

다음은 텍스트 생성에 유용한 명령어 예시입니다. 명령어는 고정된 규칙이 없기 때문에 아래 예시 이외에도 다양한 키워드로 수정하여 대화를 시도하고, 그 결과가 반영되면 나만의 명령어로 만들어 사용할 수 있습니다. 프롬프트에 다양한 키워드를 적용해 보세요.

#topic(주제)

주요 주제를 나타내거나 강조하기 위해 사용됩니다.

예 : #topic : 인공 지능, #topic : 여행 계획

#instruction(지시)

문서나 텍스트에서 특정 지시사항을 나타내거나 설정합니다.

예 : #instruction : '생성' 단어 제외

#question(질문)

텍스트에서 질문을 나타내거나 강조합니다.

예 : #question : 왜 이런 일이 일어나나요?

#setting(설정)

상황의 설정을 설명할 때 사용 합니다. 시간, 장소 및 사회적 환경, 문화 역사적 맥락 등을 설정할 수 있습니다.

예 : #setting : 조선시대 궁궐, #setting : 공항 대기실

#tone(톤)

문서나 텍스트의 톤, 스타일, 또는 어조를 나타내거나 정의하기 위해 사용됩니다.

예 : #tone : 유머러스, #tone : 공식적인

#mood(분위기)

텍스트나 콘텐츠의 분위기, 감정, 느낌을 나타내거나 설명하기 위해 사용됩니다. 분위기를 설정하여 콘텐츠의 방향을 설정할 수 있습니다.

예 : #mood : 긴장된, #mood : 흥미로운

#role(역할)

역할이나 책임을 나타내거나 정의하기 위해 사용됩니다. 역할을 부여하여 목적에 맞는 대화를 설정할 수 있습니다.

예 : #role : 프로젝트 매니저, #role : 디자이너, #role : 개발자

#creative-writing(창의적 글쓰기)

창의적인 글쓰기 스킬을 사용하여 문학적인 프롬프트를 생성합니다.

예 : #creative-writing : 푸른 하늘 아래 어린 소녀가 무엇을 상상하고 있을까요?

#persuasive-writing(설득 글쓰기)

설득적인 글쓰기 기법을 활용하여 프롬프트를 작성합니다.

예 : #persuasive-writing : 환경보호 중요성

#write-review(리뷰 작성)

제품, 서비스, 영화 등에 대한 리뷰를 작성하도록 유도합니다.

예 : #write-review : 영화 아바타

업무에서 유용한 명령어

업무에서 문서의 유형, 대상, 목적 등을 설정하는 명령어를 활용할 수 있습니다. 다음은 캠페인 기획안을 받을 대상자를 정하고, 해당 목적에 맞게 문서의 구조와 형식을 지정하여 작성하는 프롬프트 명령어의 예시입니다. 캠페인 주제는 직접 지정하지 않고, 3가지 옵션을 제공하여 ChatGPT가 선택하도록 설정하였습니다.

Prompt | #audience : 경영진
#doc-type : 캠페인 기획안
#style : 공식적인, 전문적인
#structure : 서론 - 본론 - 결론
#options : (1)문화 다양성 (2)환경보호 (3)인공지능
옵션은 하나만 선택하세요.

캠페인 기획안 : 인공지능을 활용한 비즈니스 혁신

서론

안녕하십니까, 경영진 여러분. 이 기획안은 우리 기업이 인공지능(AI) 기술을 적극적으로 활용하여 비즈니스 혁신을 이루는 방안에 대한 제안입니다. 현재 비즈니스 환경에서 AI의 역할은 더 이상 무시할 수 없는 중요성을 갖고 있으며, 이를 효과적으로 활용함으로써 우리 기업의 경쟁력을 향상시킬 수 있습니다.

본론

1. AI의 역할과 가치

우리가 인공지능을 활용하는 이유는 무엇일까요? AI는 데이터 분석, 자동화, 예측 분석 등의 업무 영역에서 비즈니스 가치를 창출할 수 있는 강력한 도구입니다. 우리는 AI를 통해 다음과 같은 가치를 창출할 것입니다 :

- **데이터 기반 의사 결정** : AI는 대량의 데이터를 분석하여 효과적인 의사 결정을 가능하게 합니다.
- **비용 절감과 효율성 향상** : 자동화된 프로세스와 무인 시스템을 통해 비용을 절감하고 업무 효율성을 높일 수 있습니다.
- **고객 경험 개선** : AI를 활용하여 맞춤형 서비스와 제품을 제공함으로써 고객 경험을 향상시킬 수 있습니다.
- **신규 비즈니스 모델** : AI를 기반으로 한 신규 비즈니스 모델을 탐색하여 새로운 수익원을 창출할 수 있습니다.

2. 우리 기업에서의 AI 활용 방안

우리 기업에서 AI를 활용하는 데 있어, 다음과 같은 주요 방안을 고려하고 추진할 것입니다 :

(가) 데이터 분석과 예측 분석

- 우리의 데이터를 활용하여 고객 행동을 예측하고, 이를 기반으로 상품 및 서비스를 최적화합니다.
- 판매 및 재고 관리에 AI를 도입하여 비용을 절감하고 고객 서비스를 개선합니다.

(나) 자동화 및 프로세스 최적화

- 업무 프로세스를 자동화하고 로봇 프로세스 자동화(RPA)를 도입하여 반복적 업무를 효과적으로 처리합니다.
- AI 기반의 가상 비서를 활용하여 업무 효율성을 높이고 의사 결정을 지원합니다.

(다) 고객 서비스 개선
- AI 챗봇과 가상 상담원을 도입하여 고객 서비스 품질을 향상시키고 응대 시간을 단축합니다.
- 개인화된 추천 시스템을 구축하여 고객 경험을 최적화합니다.

3. AI 도입을 위한 계획
우리 기업이 AI를 효과적으로 도입하기 위해서는 다음과 같은 계획을 수립하고 실행할 것입니다 :
- **AI 역량 강화** : 조직 내부에서 AI 전문가를 양성하고 AI 역량을 향상시킵니다.
- **데이터 관리 강화** : 데이터 수집, 저장 및 보안을 위한 체계를 개선합니다.
- **파트너십 구축** : AI 기업과 협력하여 기술과 지식을 공유하고 연구 개발을 진행합니다.

결론

인공지능을 효과적으로 활용하여 우리 기업의 비즈니스 혁신을 이루겠습니다. AI는 비즈니스 경쟁력을 강화하고 미래를 준비하는 핵심 요소 중 하나입니다. 우리의 투자와 노력을 통해 AI의 가치를 최대한 끌어올리고 지속적인 성장을 이루어 나가겠습니다. AI가 우리 비즈니스의 발전을 이끄는 파트너가 되도록 함께 노력하겠습니다. 감사합니다.

options 명령어를 제대로 반영했는지 확인해 보겠습니다.

Prompt | options에서 어떤 항목을 선택했나요?
선택 이유는 무엇인가요?

제가 선택한 옵션은 **옵션 3 : 인공지능** 입니다. 선택한 이유는 현재 비즈니스 환경에서 인공지능이 중요한 역할을 하고 있으며, 경영진에게 인공지능을 활용한 비즈니스 혁신에 대한 기획안을 제시하는 것이 매우 중요하다고 판단했기 때문입니다.

인공지능은 데이터 분석, 자동화, 예측 분석 등의 분야에서 비즈니스 가치를 창출할 수 있는 강력한 기술로 인정받고 있습니다. 경영진에게 이러한 기술의 중요성을 강조하고, 어떻게 인공지능을 활용하여 기업의 경쟁력을 향상시킬 수 있는지에 대한 제안을 전달하기 위해 이 옵션을 선택했습니다.

챗GPT가 옵션에서 주제를 하나 선택해서 보고서를 작성했고, 해당 주제를 선택 한 이유도 설명하고 있습니다. 이렇게 챗GPT를 활용해 의사결정 시 활용할 수도 있습니다.

다음은 업무에 유용한 명령어 예시입니다. 다양한 명령어를 사용하여 대화를 시도하고, 나만의 업무에 맞는 프롬프트를 구성해 보세요.

#doc-type(문서 유형)

문서의 종류나 유형을 나타냅니다.

예 : #doc-type : 보고서, #doc-type : 이메일

#report(보고서)

업무 진행 상황이나 주제에 대한 내용을 보고서의 형태로 작성합니다.

예 : #report : 주간업무, #report : 인공지능 기술동향

#summarize(요약)

특정 텍스트나 주제를 간결하게 요약하여 제공합니다.

예 : #summarize : 자율주행자동차, #summarize : GPT 기술동향

#audience(대상 독자)

문서를 읽게 될 대상 독자나 수신자를 정의합니다.

예 : #audience : 고객, #audience : 경영진

#customer(고객)

타겟 고객이나 고객 세그먼트를 정의하거나 설명합니다.

예 : #customer : 신기술에 관심 있는 얼리어답터, #customer : 경험을 중요시 하는 MZ세대

#purpose(목적)

문서의 주요 목적이나 의도를 설명합니다.

예 : #purpose : 제품 소개 및 설명, #purpose : 의사 결정 지원

#content(내용)

문서에 포함될 내용이나 주요 주제를 나열합니다.

예 : #content : 제품 특징, 가격 정보, 고객 리뷰

#structure(구조)

목적 : 문서의 구조나 레이아웃을 설명하거나 명시합니다.

예 : #structure : 서론 - 본론 - 결론, #structure : 섹션1 - 섹션2 - 섹션3

#style(스타일)

문서의 스타일, 톤, 어조, 또는 문체를 나타냅니다.

예 : #style : 공식적이고 전문적인, #style : 친근하고 유쾌한

#editing(편집)

문서의 편집 및 교정 작업을 설명하거나 관련 정보를 기록합니다.

예 : #editing : 오탈자 및 문법 교정

#options(옵션)

사용자에게 주어진 선택지나 옵션을 나열합니다.

예 : #options : (1)문화 다양성 (2)환경보호 (3)인공지능

#confirm(확인)

입력된 내용을 확인하거나 추가 확인을 요청합니다.

예 : #confirm : 예/아니요

기관, 기업 정보 제공에 유용한 명령어

기관 및 기업과 관련된 문서를 작성할 때 기본 정보를 제공하면 더 정확한 결과를 얻을 수 있습니다. 정보 제공에 도움이 되는 명령어를 사용하여 채용 공고를 작성해 보겠습니다.

Prompt | #info : 1990년에 설립된 글로벌 IT 기업, 본사 위치 뉴욕
#service : 소프트웨어 개발 및 컨설팅 서비스
#support : 운영시간 오전 9시~오후 5시, help@support.com
#company-culture : 혁신과 팀워크를 중요시하며 다양성을 존중하는 문화
#sustainability : 환경 보호를 위해 친환경 제품을 개발하고 재활용을 촉진
채용 공고문 작성.

[회사 이름] 채용 공고

회사 소개 :
[회사 이름]은 1990년에 설립된 글로벌 IT 기업으로, 본사는 뉴욕에 위치해 있습니다. 저희는 소프트웨어 개발 및 컨설팅 서비스를 제공하여 고객들의 디지털 혁신을 돕고 있습니다. 혁신과 팀워크를 중요시하며, 다양성을 존중하는 문화를 가지고 있으며 환경 보호에도 힘쓰고 있습니다.

모집 부문 : 소프트웨어 엔지니어

업무 내용 :
- 소프트웨어 개발 및 유지 보수
- 기술적 문제 해결
- 프로젝트 팀과의 협업

자격 요건 :
- 소프트웨어 개발 경력 3년 이상
- 프로그래밍 언어에 대한 높은 숙련도(예 : Java, Python, C++)
- 문제 해결 능력과 창의성
- 팀 플레이어이며 팀워크 능력이 뛰어남
- 영어 커뮤니케이션 능력(글로벌 프로젝트 참여를 위해)

우대 사항 :
- 클라우드 컴퓨팅 및 빅데이터 경험
- 웹 및 모바일 애플리케이션 개발 경험
- 석사 학위 소지자

회사 문화 :
[회사 이름]은 혁신과 팀워크를 중요시하며, 다양성을 존중하는 문화를 지향합니다. 우리는 열린 소통과 협력을 통해 뛰어난 결과를 창출하고자 합니다. 또한, 환경 보호에도 앞장서 친환경 제품을 개발하고 재활용을 촉진하는 데 힘을 쏟고 있습니다.

근무 조건 :
- 근무지 : 뉴욕 본사
- 근무 시간 : 오전 9시부터 오후 5시까지
- 제공 사항 : 경쟁력 있는 연봉, 복리후생 혜택, 교육 및 훈련 지원

지원 방법 :
이 역동적인 팀에서 함께 하고 싶다면, 귀하의 이력서와 자기소개서를 help@support.com 으로 제출해 주세요. 제목에는 "소프트웨어 엔지니어 지원"이라고 기재해 주시기 바랍니다.

마감일 :
지원서 접수 마감일은 [마감일]입니다. 마감일 이후 지원서를 받지 않을 예정이오니 서두르셔서 지원해 주시기 바랍니다.

[회사 이름]은 다양한 경력과 배경을 가진 인재들을 환영합니다. 우리와 함께 미래를 만들어 나갈 열정적인 분들의 지원을 기다립니다. 감사합니다.

다음은 기관 및 기업 정보 제공에 도움이 되는 명령어 예시입니다. 다른 정보를 제공하기 위한 프롬프트도 만들어 활용해 보세요.

#info(정보)

주요 정보를 제공합니다. 설립 년도, 위치, 업종 등을 포함할 수 있습니다.

예 : #info : 1990년에 설립된 글로벌 IT 기업, 본사 위치 뉴욕

#product, #service(제품, 서비스)

제품 또는 서비스에 대한 정보를 설명합니다.

예 : #service : 소프트웨어 개발 및 컨설팅 서비스

#support(고객 지원)

고객 지원에 관한 정보를 제공합니다. 연락처, 운영시간 등을 포함할 수 있습니다.

예 : #support : 운영시간 오전 9시~오후 5시, help@support.com

#company-culture(기업 문화)

기관 및 기업의 문화, 가치관, 사내 분위기에 관한 정보를 제공합니다.

예 : #company-culture : 혁신과 팀워크를 중요시하며 다양성을 존중하는 문화

#sustainability(지속 가능성)

지속 가능성 노력이나 환경, 사회적 책임에 관한 정보를 제공합니다.

예 : #sustainability : 환경 보호를 위해 친환경 제품을 개발하고 재활용을 촉진

프롬프트를 생성해 주는 명령어

마지막으로 프롬프트를 생성해 주는 명령어입니다. 프롬프트를 직접 입력하기 어려울 때, 프롬프트 생성 명령어를 활용하여 프롬프트를 만들어보세요!

#generate-prompt(프롬프트 생성)

새로운 대화나 질문을 생성하는 데 사용됩니다.

예 : #generate-prompt : 아이디어 도출을 위한 질문 프롬프트

Prompt | generate-prompt : 인터뷰를 위한 질문 프롬프트

아이디어 도출을 위한 질문 프롬프트를 생성해 드리겠습니다 :

1. 어떤 문제나 과제를 해결하거나 개선하고자 하는 아이디어가 있나요? 그 문제에 대해 간단히 설명해 주세요.
2. 현재 시장에서 누락된 또는 개선의 필요성이 있는 어떤 제품 또는 서비스에 대한 생각이 있나요?
3. 기존 제품, 서비스, 또는 프로세스를 혁신하거나 효율적으로 개선할 수 있는 아이디어가 있을까요?
4. 환경 보호나 지속 가능한 미래를 고려한 아이디어를 생각해 볼 수 있을까요?
5. 기술 혁신을 통해 어떤 분야에서 새로운 기회를 찾을 수 있을까요?
6. 소비자의 니즈를 충족하고 만족시킬 수 있는 제품 또는 서비스에 관한 아이디어가 있나요?

7. 인구 구조의 변화나 사회적 트렌드를 고려하여 어떤 아이디어를 생각할 수 있을까요?
8. 디지털 시대의 도래에 대응하기 위한 아이디어를 고려해 보실 수 있나요?
9. 공익 또는 사회 문제를 해결하거나 개선하기 위한 아이디어를 생각할 수 있을까요?
10. 개인적인 취미, 관심사, 또는 경험을 기반으로 한 아이디어가 있나요?

이 프롬프트를 사용하여 아이디어를 도출하고, 창의적인 과정을 촉진하며 새로운 프로젝트 또 비즈니스 아이디어를 발전시킬 수 있습니다.

지금까지 명령어를 사용하는 방법에 대해 알아보았습니다. 명령어 프롬프트는 자주 반복되는 업무를 간단한 키워드 형태의 프롬프트로 구성하여 템플릿처럼 저장해 두고 사용하면 좋습니다. ChatGPT는 자연어를 이해하기 때문에 반드시 컴퓨터가 이해하는 명령어를 사용하지 않아도 됩니다. 내가 사용하기 편한 방법으로 응용하여 활용해 보세요.

GPT-4 살펴보기

GPT-4는 GPT-3.5의 한계점을 보완하기 위해 새로운 기능을 제공하는 업그레이드된 모델로 다양한 부가기능을 포함하고 있습니다.

1. Browse with Bing

GPT-4는 마이크로소프트의 검색 엔진 '빙(Bing)'과 연동하여 웹 검색을 지원합니다. 이를 통해 최신 정보를 반영하고 다양한 질문에 더 나은 대답을 제공할 수 있습니다.

2. Advanced Data Analysis(고급 데이터 분석)

데이터 분석 및 코딩과 관련된 작업에 최적화된 기능인 'Advanced Data Analysis'를 제공합니다. 이를 활용하여 데이터 분석 및 프로그래밍 작업을 더욱 효과적으로 수행할 수 있습니다.

3. DALL-E3

'DALL-E3'는 이미지 생성 기능으로 텍스트 프롬프트를 입력하여 고품질의 이미지를 생성할 수 있습니다. 예술 및 디자인 작업에서 유용하게 활용할 수 있습니다.

4. Plugins(플러그인)

'Plugins'을 활용하면 다양한 외부 서비스와 연동하여 추가 기능을 확장할 수 있습니다. 이를 통해 다양한 작업을 자동화하고 확장할 수 있습니다.

5. GPTs와 GPT Store

나만의 맞춤 GPT를 제작하여 정보를 공유하거나 앱 서비스를 제공할 수 있습니다. 간단한 대화만으로 손쉽게 GPT 제작이 가능합니다.

내가 만든 GPT는 다른 사람에게 공유하거나 스토어에 등록하여 판매할 수 있습니다.

GPT-4에서는 기본적으로 검색, 데이터 분석, 이미지 생성, 플러그인, My GPT 개발 기능을 지원합니다. 각 기능에 대해서 살펴보겠습니다.

웹 검색을 지원하는 'Browse with Bing'

GPT-4 모델은 마이크로소프트 빙(Bing) 검색 엔진과의 통합을 통해 웹 검색을 지원합니다. 빙 검색 엔진과의 연동을 통해 사용자가 질문하거나 요청한 정보를 실시간으로 웹에서 검색하고, 해당 정보를 바탕으로 보다 정확하고 최신 정보를 반영한 답변을 생성하는 데 도움을 줍니다.

예를 들어, '이산화탄소 배출이 기후 변화의 주요 원인 중 하나라는 것의 근거를 작성하세요. 관련 데이터 출처를 포함하세요.'와 같이 지시문과 함께 출처를 요청하면 웹에서 검색한 정보의 출처와 함께 결과를 제시하며, 링크를 클릭하면 출처의 상세 내용을 확인할 수 있습니다.

Prompt | 이산화탄소 배출이 기후 변화의 주요 원인 중 하나라는 것의 근거를 작성하세요. 관련 데이터 출처를 포함하세요.

이산화탄소 배출이 기후 변화의 주요 원인 중 하나라는 사실은 다양한 과학적 연구와 데이터에 근거를 두고 있습니다. 여기에는 다음과 같은 주요 근거들이 포함됩니다 :

1. **대기 중 이산화탄소 농도 증가** : 지구 대기 중 이산화탄소 농도는 산업 혁명 이후 급격히 증가했습니다. 이는 화석 연료의 연소, 삼림 파괴 등 인간 활동에 의한 것으로, 이산화탄소 농도 측정 자료는 NOAA(미국 해양대기청) 및 기타 기관에서 제공합니다.
2. **온실가스 효과** : 이산화탄소는 온실가스로, 지구 표면에서 반사된 열을 대기 중에 유지시켜 지구의 평균 기온을 상승시킵니다. IPCC(기후변화에 관한 정부간 패널) 보고서는 이러한 온실가스 효과에 대해 상세히 설명하고 있습니다.
3. **기후 모델 및 예측** : 다양한 기후 모델은 이산화탄소 배출 증가가 지구 기후에 미치는 영향을 예측합니다.

   이 모델들은 지난 수십 년간 관측된 기후 변화와 일치하는 결과를 보여주며, 이는 이산화탄소가 기후 변화의 주요 원인 중 하나임을 뒷받침합니다. 관련 연구 및 데이터는 NASA(미국 항공우주국) 및 기타 과학 연구 기관에서 찾아볼 수 있습니다.
4. **역사적 기후 기록 분석** : 고기후학자들은 빙하 코어, 나무 나이테, 해양 퇴적물 등을 통해 과거 기후를 재구성합니다. 이 데이터는 과거 자연적 기후 변동과 현재 인간 활동에 의한 기후 변화를 비교하는 데 사용되며, 이산화탄소 농도와 글로벌 온도 상승 사이의 상관관계를 보여줍니다.

이러한 근거들은 과학적 연구와 관측을 통해 잘 문서화되어 있으며, 기후 변화에 대한 광범위한 과학적 합의의 일부입니다. 자세한 정보와 데이터는 IPCC 보고서, NASA, NOAA 웹사이트에서 찾아볼 수 있습니다.

아래 웹사이트는 출처로 제시된 NOAA 웹페이지의 대기 중 CO_2 농도 증가 자료입니다. 이렇게 검색 정보를 활용하여 생성형 인공지능의 한계점인 정보의 신뢰성을 높일 수 있으며, ChatGPT의 환각(Hallucination) 현상을 줄일 수 있습니다.

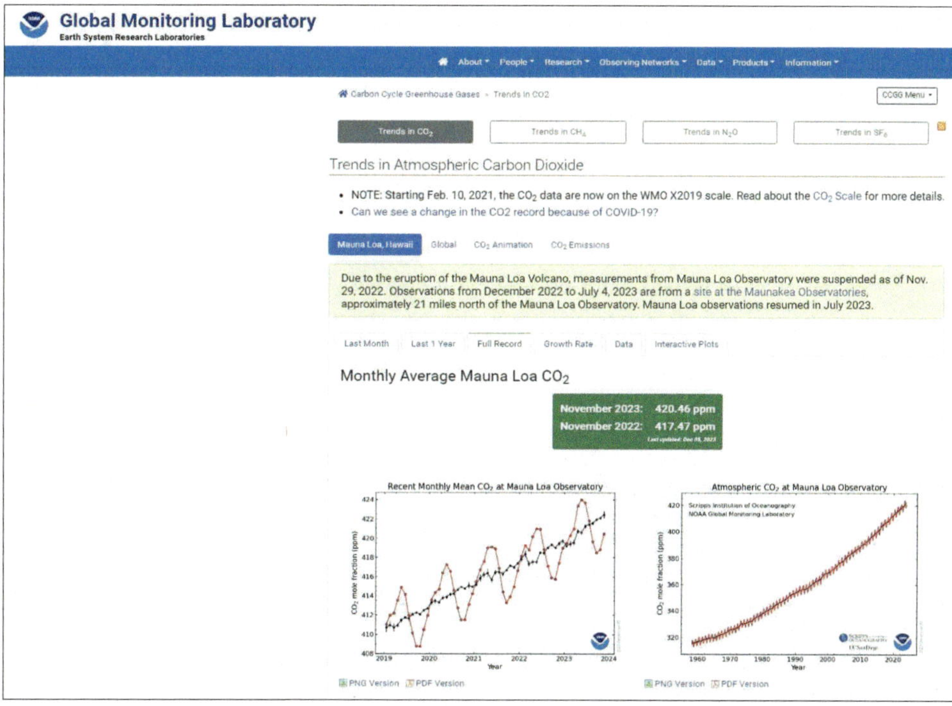

대기 중 CO_2 농도 증가 NOAA 웹사이트 화면

고급 데이터 분석(Advanced data analysis)

'ADA'는 'Advanced Data Analysis'의 약어로, 고급 데이터 분석을 의미합니다. 고급 데이터 분석은 데이터에서 패턴, 통계적 관계, 트렌드 및 인사이트를 발견하고, 데이터 중심 의사 결정 및 프로세스를 최적화하며 고객에게 더 나은 서비스를 제공할 수 있습니다.

GPT-4는 ADA 기능을 활용해 데이터 분석 및 시각화를 하거나 프로그래밍 코드를 작성하고, 이미지를 수정하고 변환하는 등의 작업이 가능합니다. 또한 파일 첨부 기능을 지원하여 업로드된 파일을 기반으로 대화를 나눌 수 있습니다.

공공데이터인 서울시 대기질 엑셀 파일을 첨부하여 미세먼지 추이를 차트로 시각화하도록 프롬프트를 입력해 보겠습니다.

Prompt | 서울시 대기질 자료 제공_2022.csv
Spreadsheet

미세먼지 추이를 차트로 표시하세요.

ADA 기능이 실행되는 GPT-4는 모든 과정에 대해 설명을 포함하여 결과를 제시합니다. 실행 과정에서 오류가 있다면 스스로 수정하면서 단계적으로 결과를 제공합니다. 다음 예시 화면은 첨부된 엑셀 파일을 읽는데 문제가 발생해 파일을 인코딩하여 스스로 코딩을 통해 수정한 다음 데이터를 읽는 과정을 설명하는 화면입니다.

먼저 제공된 CSV 파일을 열어서 데이터를 확인하겠습니다.

Error analyzing

python　　Copy code

```python
import pandas as pd

# Load the CSV file
data = pd.read_csv('/mnt/data/서울시 대기질 자료 제공_2022.csv'

# Display the first few rows of the dataset
data.head()
```

파일을 UTF-8 인코딩으로 읽는 데 문제가 발생했습니다. 이는 파일이 UTF-8로 인코딩되어 있지 않을 가능성이 있습니다.

다른 인코딩을 사용하여 파일을 다시 읽어 보겠습니다. 한국어 파일의 경우 'cp949' 인코딩이 자주 사용되므로 해당 인코딩으로 시도해 보겠습니다.

데이터를 성공적으로 불러왔습니다.

이 데이터는 다음과 같은 칼럼으로 구성되어 있습니다 :

1. **일시** : 측정 일시를 나타냅니다.
2. **구분** : 평균 또는 특정 지역(서울시 내 구)을 나타냅니다.
3. **미세먼지(PM10)** : 미세먼지 농도를 나타냅니다.
4. **초미세먼지(PM2.5)** : 초미세먼지 농도를 나타냅니다.

어떤 데이터를 차트로 표시하길 원하시나요? (예 : 특정 지역의 미세먼지 추이, 전체 평균의 미세먼지 추이 등)

오류를 스스로 수정하여 결과를 생성한 화면

파일의 오류를 수정하고 엑셀 파일을 열어 데이터를 읽은 다음 다양한 데이터 중에 어떤 데이터를 시각화할지 질문을 해 '전체 평균의 미세먼지 농도'와 '초미세먼지 농도'를 비교해 달라고 요청하여 제공 받은 시각화 데이터입니다.

Prompt | 전체 평균의 미세먼지 농도와 초미세먼지 농도를 비교하세요.

네, 전체 평균의 미세먼지(PM10) 및 초미세먼지(PM2.5) 농도의 추이를 차트로 표시하겠습니다.

먼저 '구분' 칼럼에서 "평균"을 기준으로 데이터를 필터링하겠습니다. 그 후 해당 데이터를 시각화하겠습니다.

Error analyzing

죄송합니다. 차트를 그리는 데 시간이 너무 오래 걸렸습니다. 데이터 포인트가 많아서 이런 문제가 발생할 수 있습니다.

차트를 그리기 전에 데이터를 다운샘플링하여 처리 속도를 높이겠습니다. 일별 평균 농도로 데이터를 재구성하여 시각화하겠습니다.

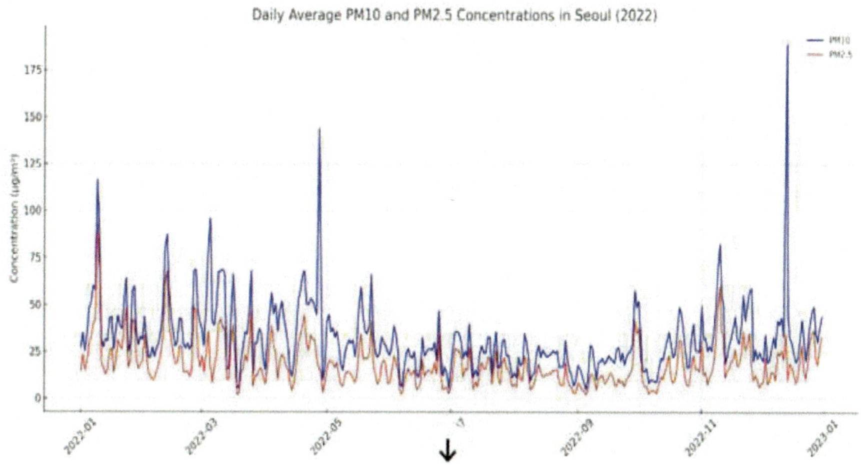

데이터 분석 및 시각화 결과 화면

GPT-4는 데이터 시각화뿐만 아니라 이미지 파일을 프롬프트에 업로드하여 간단하게 이미지를 변경하거나 사이즈를 수정하는 것도 가능합니다. 예를 들어, '이미지를 그레이스케일로 변환해 주세요.'와 같은 요청을 입력하면 해당 이미지를 흑백으로 변환하는 명령을 이해하고 실행합니다.

왼쪽은 원본 이미지이고, 오른쪽은 GPT-4에게 흑백 이미지로 변환 요청을 해서 다운로드 받은 이미지입니다. 복잡한 이미지 처리에는 한계가 있을 수 있지만 코딩 명령어로 실행할 수 있는 간단한 이미지 편집 작업은 프롬프트를 통해 적용할 수 있습니다.

Prompt | The image has been successfully converted to grayscale. You can download it from the link below :

Download the grayscale image

이미지 변환 요청 결과 화면

다양한 서비스의 연동, 플러그인 plugins

플러그인(plugins)은 특정 소프트웨어의 기능을 확장하거나 통합하는 확장 프로그램을 말합니다. 플러그인은 다른 기업의 애플리케이션을 ChatGPT와 연동하여 활용할 수 있도록 해주며, 이를 통해 ChatGPT의 성능을 향상시키고 다양한 분야에서 작업을 자동화하고 개선할 수 있도록 도와줍니다. 현재 900개 이상의 플러그인이 존재하며, 업무, 교육, 쇼핑, 예약 등 다양한 기능을 ChatGPT와 함께 사용할 수 있습니다.

플러스인 서비스를 사용하려면, 'Settings & Beta' 메뉴에서 'Beta features'의 'Plugins' 사용을 활성화한 다음 이용이 가능합니다.

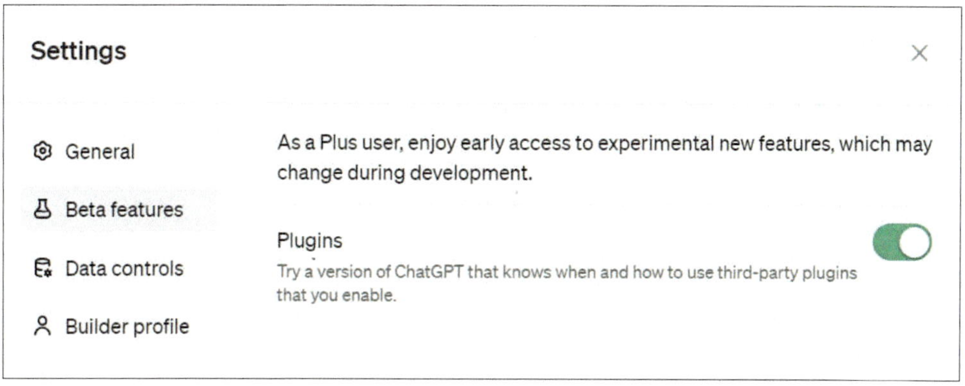

플러그인 사용 설정 화면

사용 설정이 끝났으면, 플러그인 스토어에서 원하는 플러그인을 인스톨 합니다. 인스톨된 플러그인은 GPT-4에서 대화 형식으로 사용이 가능합니다.

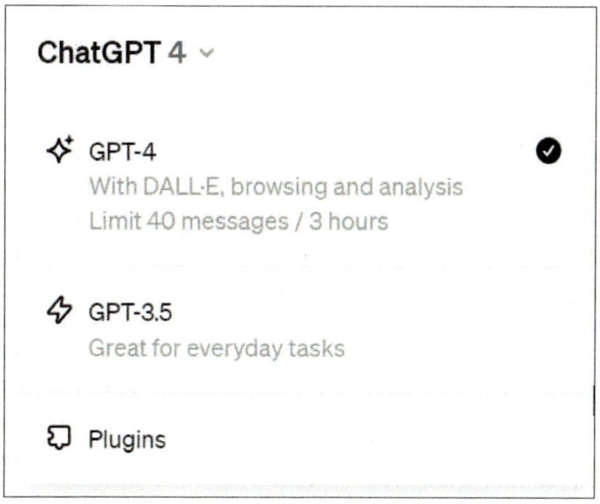

플러그인 목록 화면

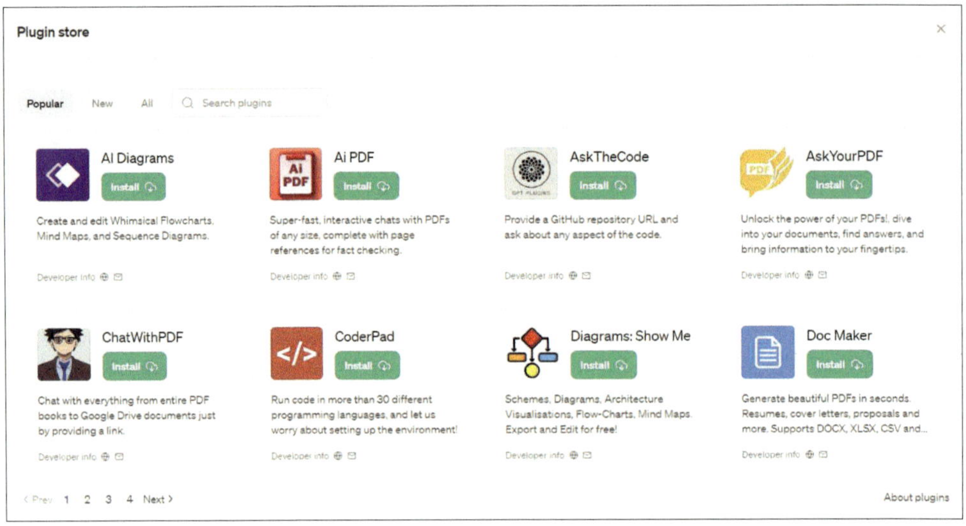

플러그인 스토어

플러그인 스토어의 애플리케이션들은 서드파티(third-party) 소프트웨어로, OpenAI가 아닌 다른 기업이나 개발자에 의해 개발되어 다양한 확장 기능과 서비스를 제공합니다.

지금부터 몇 가지 인기있는 플러그인들을 사용해 보도록 하겠습니다. GPT-4에서 플러그인으로 제공되는 주요 서비스들은 GPT-3.5에서 사용할 수 있는 확장 프로그램으로 제공되고 있는 서비스도 있습니다. GPT-3.5 모델 사용 시 크롬 확장 프로그램에서 검색 후 활용해 보세요!

웹 URL을 기반으로 정보를 분석하고 제공하는 'WebPilot'

인스톨한 웹파일럿(WebPilot) 플러그인을 선택합니다. 웹파일럿은 프롬프트에 웹페이지 URL을 입력하면, 해당 페이지의 데이터를 기반으로 정보를 제공합니다.

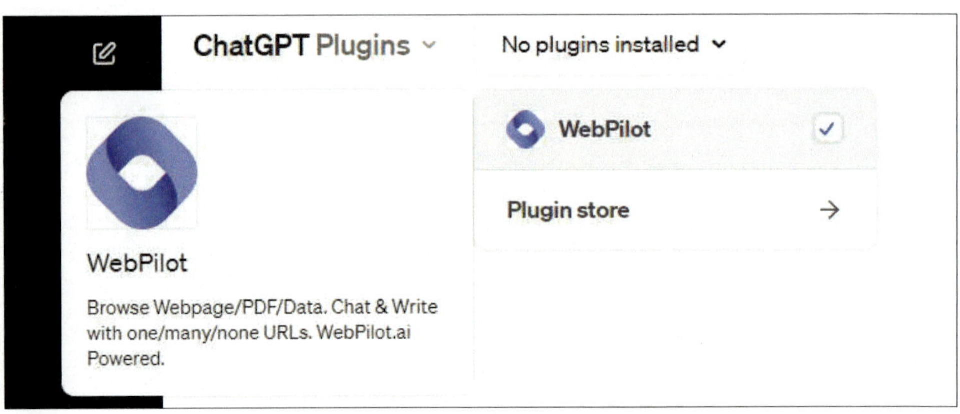

WebPilot 플러그인

웹파일럿을 사용해 보겠습니다. 웹페이지 URL과 함께 요구사항을 입력합니다. GPT-4 기술보고서 ULR을 입력하고, 한글로 요약하도록 프롬프트를 입력합니다.

Prompt | 다음 내용을 한글로 요약.
https://arxiv.org/pdf/2303.08774.pdf

Used **WebPilot**

이 문서는 GPT-4, 대규모 다중모드 모델에 대한 기술 보고서입니다. GPT-4는 이미지 및 텍스트 입력을 받아 텍스트 출력을 생성할 수 있으며, 다양한 전문가 및 학술 벤치마크에서 인간 수준의 성능을 보여줍니다. 예를 들어, 모의 변호사 시험에서 상위 10%의 점수를 얻었습니다. GPT-4는 변환기 기반 모델로, 문서에서 다음 토큰을 예측하는 데 사전 훈련되었습니다. 이 모델은 다양한 규모에서 예측 가능한 방식으로 동작하는 인프라와 최적화 방법 개발을 중요한 부분으로 다루고 있습니다. 또한, GPT-4는 이전 GPT 모델들과 유사한 한계를 가지고 있으며, 주의 깊게 사용해야 합니다. 이 보고서는 GPT-4의 안전 문제와 관련된 연구가 중요한 분야임을 강조합니다. 전체 문서는 여기에서 확인할 수 있습니다.

WebPilot 실행 결과

'Used WebPilot'이 표시되면서 웹파일럿이 실행되고 있다는 것을 알려주고, 입력한 URL의 내용을 분석하여 번역 및 요약이 실행되었습니다. ChatGPT는 사전 학습한 내용을 바탕으로 답변을 생성하지만, 웹파일럿 플러그인을 활용하면 웹페이지의 데이터를 분석하고 답변을 생성하는데 활용할 수 있습니다.

디자인 템플릿을 추천하고 연결하는 'Canva'

캔바(Canva) 플러그인은 캔바에서 편집할 수 있는 디자인 템플릿을 추천해 줍니다. 캔바는 웹 기반의 디자인 편집 플랫폼으로 배너, 팝업, PPT 등의 디자인 템플릿을 제공해 전문가가 아니어도 간편하게 디자인 작업을 할 수 있습니다.

Canva 플러그인

캠페인 배너 디자인 제작을 위한 프롬프트를 입력해 보겠습니다.

Prompt | 동물보호 캠페인 배너 디자인

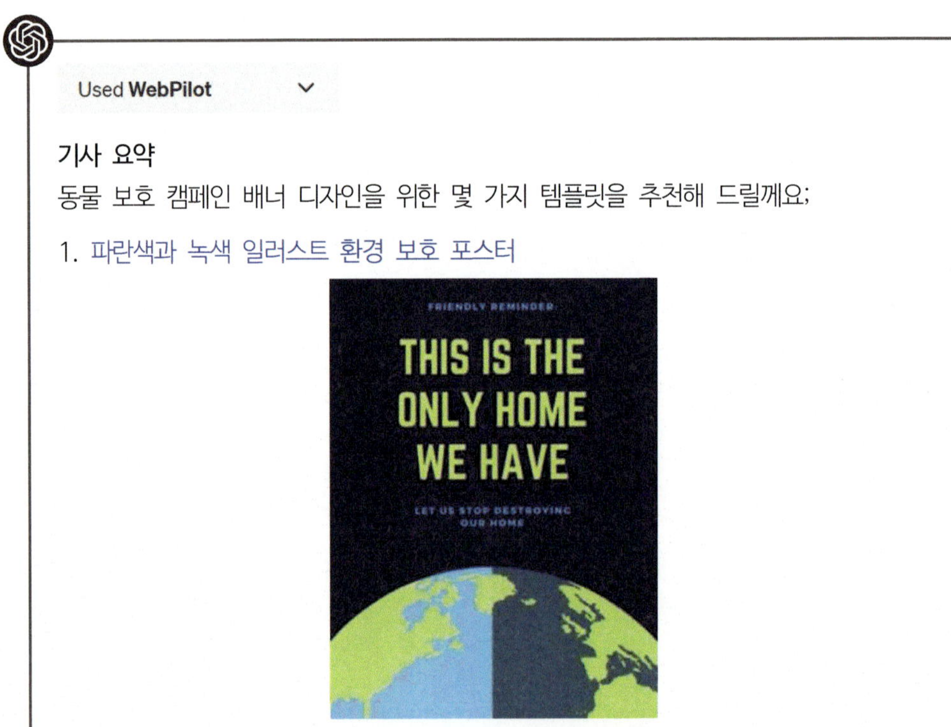

Canva 플러그인 실행 결과

캔바 플러그인은 프롬프트에 적합한 디자인 템플릿 몇 가지를 추천해 줍니다.

Canva 플러그인 실행 결과

추천 받은 템플릿 중 하나를 선택하여 클릭하면 편집할 수 있는 캔바 플랫폼으로 연결됩니다. 이미지, 색상, 폰트 등을 편집한 후 파일을 다운로드 받을 수 있습니다.

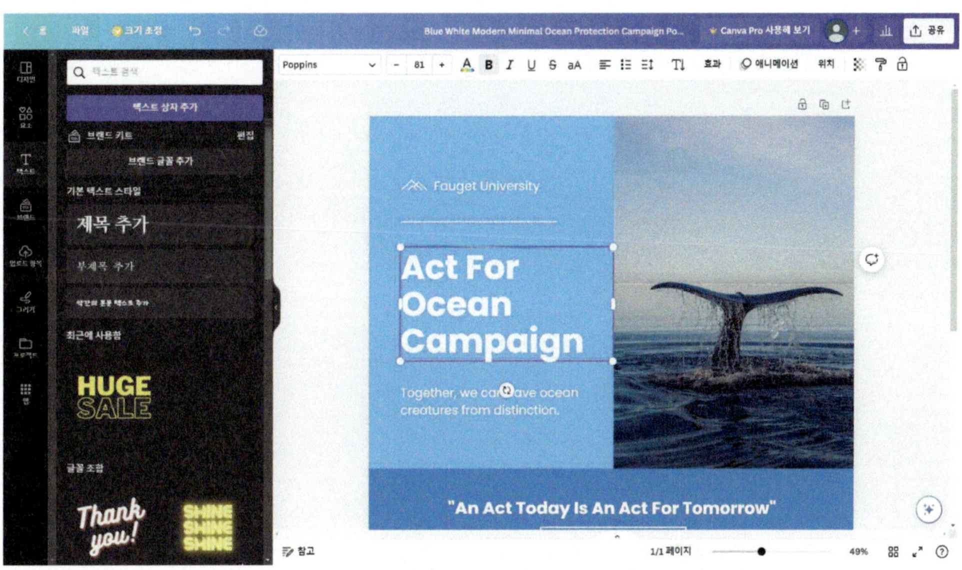

Canva 디자인 편집 플랫폼

캔바 플러그인은 수천 개의 템플릿 중에서 프롬프트와 가장 어울리는 디자인을 추천해 주기 때문에 디자인 템플릿을 찾는 시간을 단축시킬 수 있습니다.

PDF 문서를 분석하고 요약하는 'AskYourPDF'

AskYourPDF 플러그인은 PDF 문서 URL을 제공하면 PDF 내용을 바탕으로 답변을 생성합니다. 플러그인을 3개 이상 다운로드한 경우 인스톨을 해도 바로 사용할 수 없습니다. 플러그인은 최대 3개까지 선택하여 사용할 수 있으므로 목록에서 사용할 플러그인을 교체합니다.

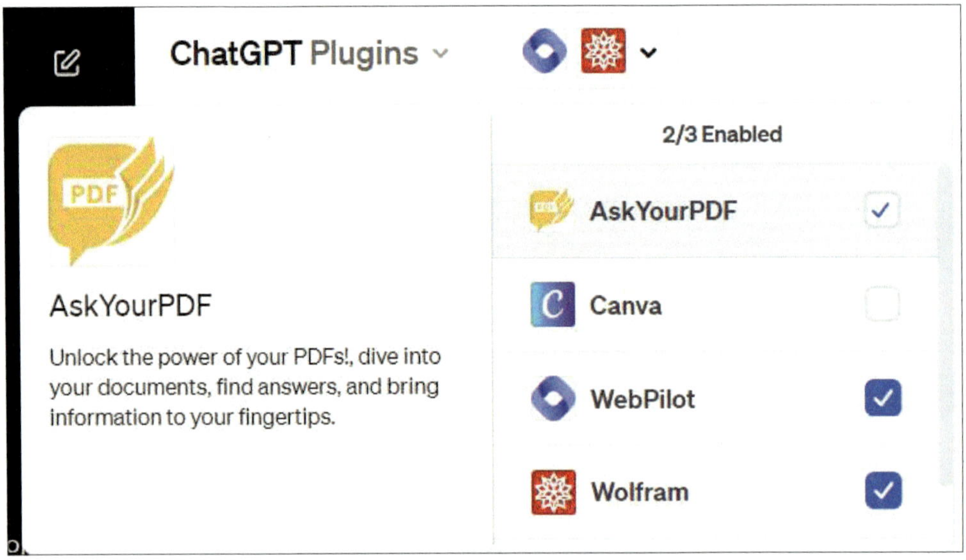

AskYourPDF 플러그인

PDF 문서 URL을 제공해 내용을 요약해 보겠습니다. 아래 예제에 사용된 PDF는 OpenAI에서 공개한 'GPT-4 기술보고서'입니다.

Prompt | 아래 PDF 문서의 핵심 내용을 요약하세요.
https : //arxiv.org/pdf/2303.08774.pdf

Used **AskYourPDF**

The PDF document titled "GPT-4 Technical Report" by OpenAI provides a comprehensive overview of the development and capabilities of GPT-4, a large-scale, multimodal model capable of processing both image and text inputs to produce text outputs. Here's a detailed summary of the key points :

Development and Capabilities

- **GPT-4 Overview** : GPT-4 is a Transformer-based model designed to pr -edict the next token in a document. It can accept both image and text inputs, producing text outputs.
- **Performance** : It demonstrates human-level performance on various pro -fessional and academic benchmarks, including scoring in the top 10% of test takers on a simulated bar exam.
- **Multimodal Abilities** : GPT-4's multimodal nature allows it to be used in applications like dialogue systems, text summarization, and machine translation.

Evaluations and Benchmarks

- **Exams and Benchmarks** : GPT-4 was evaluated on exams designed for humans, where it often outperformed a majority of human test takers. It also excels in traditional NLP benchmarks, surpassing previous models and state-of-the-art systems.
- **Language Performance** : In the MMLU benchmark, GPT-4 showed strong performance not only in English but also in 24 of 26 other languages.

Infrastructure and Optimization

- **Predictable Scaling** : A significant focus was on developing infrastructure land optimization methods that behave predictably across scales. This allowed for accurate predictions of GPT-4's performance based on smaller models.
- **Loss Prediction and Capability Scaling** : The team successfully predicted GPT-4's final loss and performance on various tasks, including the HumanEval dataset, by extrapolating from smaller models.

Limitations and Safety

- **Limitations** : Similar to earlier GPT models, GPT-4 is not fully reliable, can suffer from "hallucinations," has a limited context window, and does not learn from experience.
- **Safety Challenges** : The capabilities and limitations of GPT-4 pose novel safety challenges. The report includes a system card describing potential risks like bias, disinformation, and over-reliance.

AskYourPDF 플러그인 실행 결과

플러그인을 추천해 주는 'MixerBox FindPlugin'

믹서박스 파인드플러그인(MixerBox FindPlugin)은 플러그인을 추천해 주는 플러그인입니다. 필요한 플러그인을 요청하면 관련된 플러그인을 몇 가지 제안합니다. 현재 900개가 넘은 플러그인이 제공되고 있기 때문에 필요한 플러그인을 검색할 때 유용하게 활용할 수 있습니다. 믹서박스 파인드 플러그인을 설치 후 목록에서 사용 설정을 합니다.

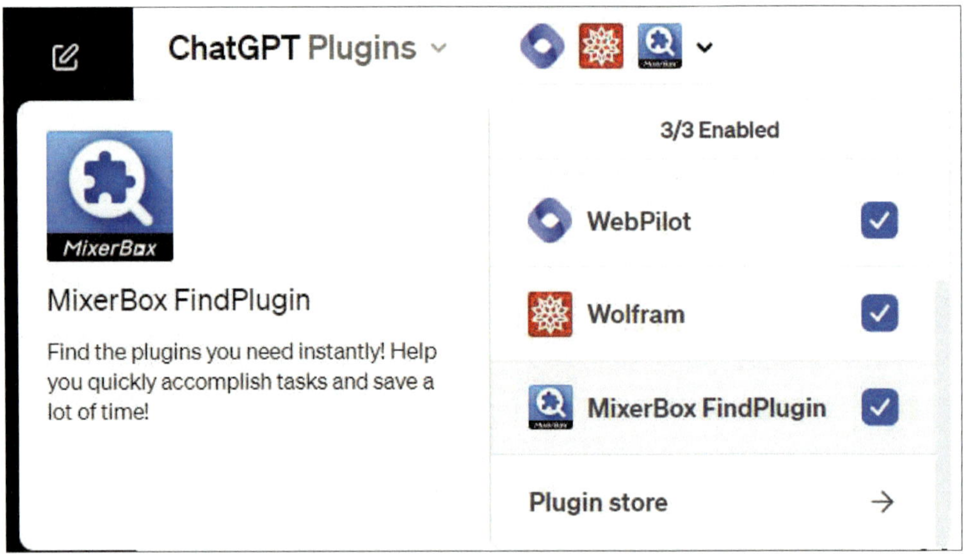

MixerBox FindPlugin 플러그인

논문을 검색해 주는 플러그인을 간단한 설명과 함께 요청해 보겠습니다.

Prompt | 논문 검색 플러그인을 추천하고, 장단점 작성.

Used **MixerBox FindPlugin**

논문 검색을 위한 플러그인 추천 목록입니다:

1. Xpapers(arXiv paper database)
   - **장점** : arXiv 데이터베이스에서 학술 논문을 검색할 수 있으며, 복잡한 검색 조건과 불리언 조합을 사용할 수 있습니다.

- **단점** : arXiv에 한정된 데이터베이스로, 다른 출판사나 데이터베이스의 논문은 검색할 수 없습니다.

2. Research Butler
   - **장점** : 다양한 주제에 대한 연구 논문을 요약하여 제공합니다.
   - **단점** : 논문의 전체 내용에 대한 접근이 제한될 수 있으며, 요약된 정보에만 의존해야 할 수 있습니다.

3. MixerBox Scholar(academic paper search engine)
   - **장점** : 과학, 공학, 인문학, 사회과학 등 다양한 분야의 학술 문서와 논문을 빠르고 정확하게 검색할 수 있습니다. 문헌 요약과 관련 내용 찾기 기능도 제공합니다.
   - **단점** : 특정 분야나 출판사에 한정된 자료가 있을 수 있으며, 최신 자료의 업데이트 지연이 발생할 수 있습니다.

MixerBox FindPlugin 플러그인 실행 화면

아래는 추천받은 플러그인 중 'MixerBox Scholar'를 설치하고, 생성형 AI에 대한 논문 자료를 검색한 결과입니다.

Used **MixerBox Scholar**

생성형 AI에 대한 논문 자료를 찾았습니다. 다음은 관련된 논문들의 요약과 링크입니다 :

1. 대학글쓰기에서의 생성형 AI 활용윤리에 대한 학부생 인식 연구
   - 요약 : 대학생들 사이에서 생성형 AI에 대한 인식과 대학 글쓰기에서의 윤리적 문

제에 대한 인식을 조사하고, 생성형 AI를 사용하는 글쓰기에 대한 윤리 교육의 필요성을 탐구합니다.
- 논문링크

2. 창작·예술분야의 생성형 AI 활용방법에 대한 연구
   - 요약 : 이미지 생성, 자연어 생성, 음성 합성 등 다양한 영역에서 생성형 AI 모델의 주목받는 점과 GAN(Generative Adversarial Networks)과 같은 새로운 신경망 아키텍처의 등장에 대해 논의합니다.
   - 논문링크
3. 생성형 인공지능(AI) 모델의 법률 문제
   - **요약** : 생성형 AI에 의해 발생하는 법적 문제들을 탐구하며, 인간 창작물과 AI 창작물을 구분하는 데 어려움이 있다고 지적합니다.
   - 논문링크
4. **생성형 AI코믹스 연구 - '베스티어리 연대기(The Bestiary Chronicles)' 작품을 중심으로**
   - **요약** : 생성형 AI로 제작된 만화의 예술적 가치를 탐구하며, 인공지능에 의해 만들어진 작품으로서의 가치를 논의합니다.
   - 논문링크

추천 받은 MixerBox Scholar 플러그인 실행 화면

이 외에도 다양한 플러그인이 지속적으로 출시되고 있습니다. 플러그인은 ChatGPT의 능력을 향상시키는 데 도움을 주는 것뿐만 아니라, 다양한 분야에서 활용할 수 있는 기능을 제공합니다. 목적과 필요에 따라 다양한 플러그인을 조합하여 ChatGPT를 활용해 보세요.

이미지를 생성하는 DALL-E3

OpneAI는 텍스트 생성 모델인 'ChatGPT'와 이미지 생성 모델인 'DALL-E'를 제공하고 있습니다. GPT-4에서는 'DALL-E3'를 연동하여 ChatGPT에서 텍스트로 프롬프트를 입력하면 이미지를 생성할 수 있도록 지원합니다. 'DALL-E3'는 예술 작품, 디자인, 창작물 등 다양한 분야의 이미지 생성에 활용될 수 있습니다.

다양한 프롬프트를 입력해 이미지를 생성해 봅시다. 이미지를 생성할 때 영어 프롬프트로 입력하면 조금 더 정확하고 다양한 이미지가 생성됩니다. 다음 예시는 ChatGPT에게 영어 프롬프트로 번역한 다음 이미지를 생성하도록 요청한 결과입니다.

Prompt | 영어로 번역 후 이미지 생성.
전통적인 한국 집 '한옥'의 내부 공간을 표현한 메타버스 공간. 바닥은 따뜻한 노란색 나무로 만들어져 있고, '온돌'로 난방되어 있다. 방안에는 전통적인 한국의 가구와 물건들이 있으며, 중앙에는 '상'이라는 테이블에 한국 전통 음식들이 차려져 있다. 밖으로 향하는 대문은 조금 열려 있어 밖의 전통 정원이 보인다.

A metaverse space depicting the interior of a traditional Korean house, called "Hanok." The floor is made of warm yellow wood and is heated with "Ondol"(Korean traditional floor heating system). Inside the room, traditional Korean furniture and items are placed, and in the center, there's a table called "Sang" with traditional Korean foods set on it. The main door leading outside is slightly open, revealing a traditional garden.

한옥 이미지 생성 결과 화면

Prompt | 번역 후 이미지 생성.
한국의 전통 민화인 '민속화'를 기반으로 한 메타버스 공간. 큰 나무 아래에는 호랑이와 토끼가 함께 놀고 있으며, 나무의 가지에는 매화와 소나무가 그려져 있다. 주변에는 잘 알려진 한국의 전래동화나 민화 캐릭터들이 자리잡고 있다.

A metaverse space inspired by traditional Korean folk paintings, known as "Minhwa". Under a large tree, a tiger and a rabbit are playfully interacting. The branches of the tree are adorned with plum blossoms and pine trees. Surrounding the area, well-known characters from Korean folktales and Minhwa are present.

Now, I'll generate an image based on this description.

민화 생성 결과 화면

ChatGPT를 웹툰 작가로 설정한 다음, 웹툰 스토리보드를 작성하도록 하고, 이미지 생성을 요청해 봅시다.

Prompt | Act as 웹툰 작가.

안녕하세요! 웹툰 작가로서 어떻게 도움을 드릴까요? 웹툰 스토리 아이디어나 캐릭터 디자인, 배경 설정 등에 대한 조언이 필요하신가요?

웹툰 작가 역할 설정 결과 화면

Prompt | 환경을 주제로 한 웹툰 스토리를 작성해 주세요.

제목 : "Green Life Chronicles"(녹색 생활 연대기)

장면 1 :
컷 1 : 에마(주인공)가 부엌에서 일어나서 아침 식사를 준비하고 있습니다. 그녀는 종이팩 대신에 재사용 가능한 컵을 사용하고 있습니다.
컷 2 : 에마는 창문을 통해 밖으로 내다보며 새들이 날아다니는 것을 보고 미소 지으며 "친환경 아침!"이라고 생각합니다.

장면 2 :
컷 3 : 에마가 자전거를 타고 출근합니다. 그녀의 자전거에는 바구니에 쓰레기를 분리수거할 수 있는 공간이 있습니다.
컷 4 : 에마가 회사 도착 후, 동료 직원이 일회용 컵을 사용하며 폐기하는 것을 보고 "재활용을 해야지!"라고 중얼거립니다.

장면 3 :
컷 5 : 에마가 점심 시간에 친구 레오와 함께 카페에 갑니다. 에마는 자신의 컵을 가져와 커피를 시킨 후, 레오에게 친환경 커피 컵에 관한 이야기를 합니다.
컷 6 : 에마와 레오가 캐주얼하게 이야기하면서 커피를 마시며, 다음번에는 더 많은 친환경 제품을 사용하겠다고 다짐합니다.

장면 4 :
컷 7 : 에마가 집에 돌아와서 재활용을 위해 플라스틱, 종이, 유리를 분리수거 합니다.
컷 8 : 에마가 침대에 누워서 생각하면서 "작은 일이지만 모두가 함께하면 큰 변화를 만들 수 있어"라고 생각합니다.

웹툰 스토리 작성 결과 화면

Prompt | 웹툰 이미지를 생성해 주세요.

I apologize for the inconvenience, but it seems there were issues with generating some of the images. However, I was able to generate a few panels from the webcomic. Please let me know if you would like to make any changes or if there is anything else I can assist you with!

웹툰 이미지 생성 결과 화면

다양한 웹툰 이미지를 생성해 주었고, 생성된 이미지를 클릭하면 이미지를 다운로드 받거나 이미지를 생성할 때 사용된 텍스트 프롬프트 내용을 확인할 수 있습니다.

이미지 생성에 사용된 프롬프트를 'Copy'한 다음 프롬프트 일부를 수정하여 새로운 이미지 생성에 활용할 수도 있습니다.

디자인 분야는 생성형 AI가 가장 유용하게 활용되고 있는 분야 중 하나입니다. 유명 패션 브랜드에서 생성형 AI를 활용해 팝업 스토어를 디자인 한 사례도 있습니다. 챗GPT를 활용해 브랜드 팝업 스토어와 제품을 디자인해 보겠습니다.

Prompt | 한국 전통 건축물을 테마로 팝업 스토어를 디자인 해줘. 색감은 핑크톤으로. 패션 브랜드 컨셉을 고려해.

Here is the image of a pop-up store designed with a theme around traditional Korean architecture, incorporating a contemporary fashion brand concept with pink tones.

팝업 스토어 이미지 생성 결과 화면

팝업 스토어의 내부 디자인도 요청해 보겠습니다. 아직까지 챗GPT는 이미지의 일관성을 유지하는 시드(Seed)가 적용되지는 않지만, 팝업 스토어의 디자인 콘셉트를 어느 정도 유지하여 내부 이미지를 생성하는 것을 볼 수 있습니다.

Prompt | 내부 디자인을 확대해서 컨셉을 보여줘.

Here is the detailed view of the interior design of the pop-up store, showcasing the blend of traditional Korean architecture and modern fashion elements.

내부 이미지 생성 결과 화면

이번에는 제품 디자인을 요청해 볼까요? 제품 이미지의 비율을 4 : 3으로 생성하도록 프롬프트를 작성해 보겠습니다.

Prompt | 팝업 스토어에 어울리는 메인 제품 디자인 해줘.
비율 4 : 3

Here is the design of the main product, a handbag, suitable for the pop-up store, incorporating both traditional Korean influences and contemporary fashion elements.

제품 디자인 생성 결과 화면

요청한 비율에 맞게 이미지를 생성하는 것을 볼 수 있습니다. 이렇게 대화 방식의 프롬프트를 활용해 다양한 용도의 이미지를 만들 수 있습니다. 이미지가 마음에 들지 않는다면 피드백을 통해서 수정을 요청할 수도 있습니다.

Prompt | 조금 더 심플하고 고급스러운 디자인으로 수정해줘.

Here is the revised design of the main product, a handbag, with a simpler and more luxurious look.

제품 디자인 수정 결과 화면

피드백을 반영하여 디자인을 수정하는 것을 확인할 수 있습니다. 피드백을 받아 디자인을 수정하고 개선하는 것은 생성 AI의 이미지 생성 활용에 있어서 중요한 요소 중 하나입니다. 실제로 디자인, 패션 업계 및 창작 분야에서는 생성 AI를 사용하여 창의적인 아이디어를 얻고 작품을 만드는 데 활용하고 있습니다.

생성 AI는 디자이너, 예술가, 창작자들에게 새로운 아이디어를 제시하고 시각적인 창의성을 향상시키는 역할을 하며, 고객 피드백이나 시장 동향에 따라 제품 디자인을 수정하거나 개선하는 데 도움을 줄 수 있습니다.

커스텀 가능한 GPTs와 GPT Store

GPTs는 지시사항의 프롬프트에 데이터를 추가하여 커스텀한 GPT를 다른 외부 서비스와 연동되는 내용까지 설정할 수 있습니다.

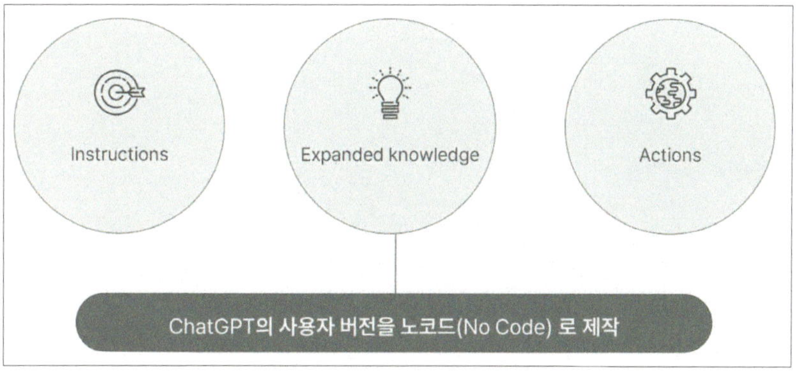

나만의 GPT를 만들려면 대화 목록에서 'Explore GPTs' 또는 화면 좌측 하단의 내 프로필을 클릭한 다음, 'My GPTs' 페이지에서 나만의 커스텀 GPT를 만들 수 있습니다.

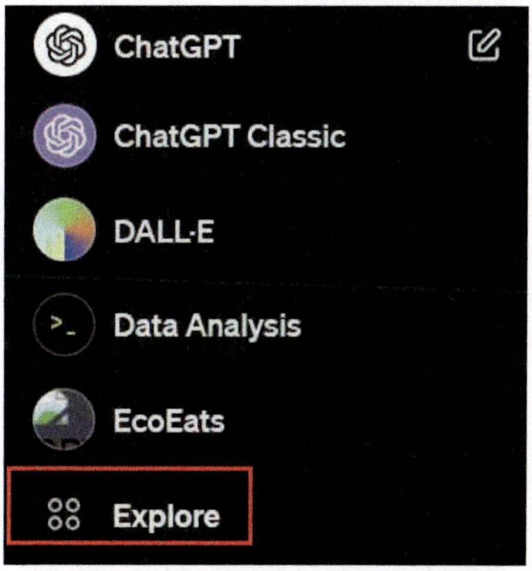

대화목록 Explore 메뉴, 출처 : ChatGPT

'Explore GPTs' 메뉴를 선택하면, 사용자들이 제작한 다양한 맞춤형 GPT 목록을 볼 수 있는 GPTs 페이지로 이동합니다. 이 페이지는 Top Picks, DALL-E, Writing, Productivity, Research & Analysis, Programming, Education, Lifestyle 카테고리로 구성되어 있어, 각 카테고리별로 인기 있는 GPT 목록을 쉽게 확인할 수 있습니다.

사용자들은 글쓰기, 생산성 향상, 시장 조사 및 데이터 분석, 프로그래밍 등 다양한 목적에 맞춰 제작된 GPT를 쉽게 찾고 활용할 수 있으며, GPT를 제작한 사용자에게는 해당 GPT의 사용량에 따라 수익 창출의 기회가 제공됩니다.

직접 GPT를 제작해 보겠습니다. GPTs 화면 우측 상단에 'My GPTs'에서 내가 만든 GPS 목록을 보거나 'Create'를 클릭해 GPT를 제작합니다.

My GPTs에서 '+' 아이콘을 클릭하여 특별한 나만의 GPT 만들기를 시작할 수 있습니다.

My GPTs, 출처 : ChatGPT

My GPTs를 클릭하면 좌측에는 GPT 빌더, 우측에는 미리 보기 화면이 나타납니다. GPT 빌더 하단의 프롬프트 입력창에 만들고자 하는 GPT에 대한 설명을 입력합니다. 예를 들어, '상담이나 조언을 해주는 GPT를 만들어 주세요.'와 같은 방식으로 요청사항을 입력할 수 있습니다.

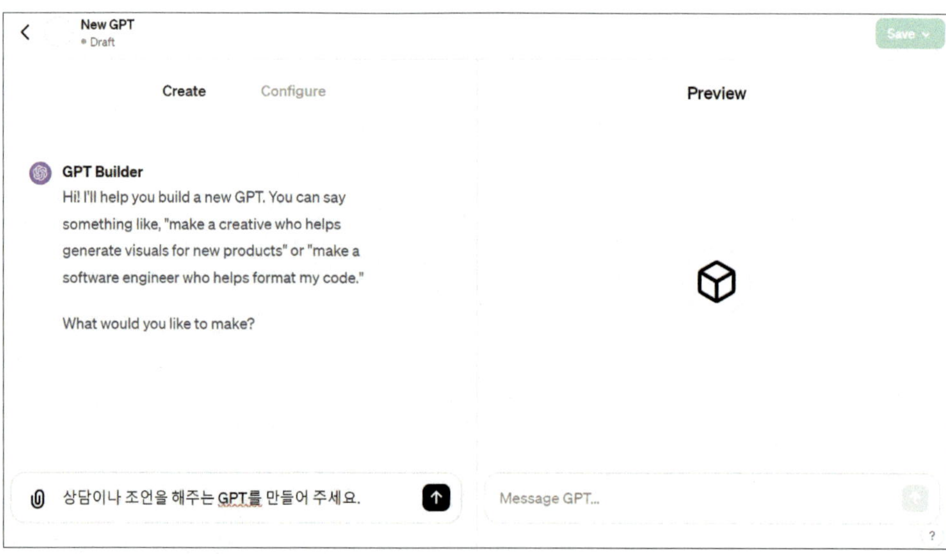

My GPTs, 출처 : ChatGPT

프롬프트를 입력하면 GPT 빌더는 해당 주제 또는 작업에 맞게 GPT를 구축하기 위한 기본 설정을 시작합니다. 커스텀 GPT의 이름을 설정하고, 프로필 이미지를 생성합니다. 이후 추가적인 대화를 시도하며 세부적인 설정을 진행합니다. 이렇게 GPT 빌더와 대화 방식으로 목적에 맞는 나만의 GPT를 만들어 활용할 수 있습니다.

그럼, 시험 문제 출제 GPT를 함께 만들어 보겠습니다. GPT 빌더는 기본적으로 영어로 대화를 시도합니다. 영어로 진행해도 되지만 조금 더 편리하게 한국어로 질문해달라고 요청해 보겠습니다.

Prompt | 한국어로 질문해 줄래?

물론입니다. 새로운 GPT를 만들기 위해 어떤 종류의 특성이나 역할을 원하시나요? 예를 들어, "새 제품을 위한 시각적 아이디어를 생성해주는 창의적인 GPT를 만들어 주세요" 또는 "내 코드를 정리해주는 소프트웨어 엔지니어 GPT를 만들어 주세요"와 같이 말씀해주시면 됩니다.

어떤 GPT를 만들고 싶으신가요?

TIP GPT 빌더도 생성형 특성 때문에 동일한 프롬프트를 사용해도 다른 결과를 만들어 낼 수 있습니다. 생각한 대로 만들어 지지 않는다면 데이터를 첨부하거나 프롬프트를 바꾸어 가면서 적용해 보세요!

GPT 빌더가 실행되면서 사용자에게 다음 질문을 이어서 하는 것을 확인할 수 있습니다. GPT 빌더는 서비스를 만들기 위한 기본적인 질문을 시작합니다. 가장 먼저 어떤 종류의 GPT를 만들고 싶은지를 묻습니다.

시험 문제를 출제하는 GPT를 만들기 위해서 기출문제와 정답 PDF 파일을 첨부하고, 기출문제를 제출하는 GPT를 만들어 달라고 프롬프트를 입력하겠습니다.

Prompt | 2023년도 시험기출문제.pdf
PDF

첨부된 파일의 내용을 바탕으로 시험 기출 문제를 출제하는 서비스를 만들어 줘.

Great, we're making progress! The GPT is now set up as "Exam Creator," designed to assist with creating exam questions based on provided materials, focusing on national exams in Korean.

Next, let's create a profile picture that represents "Exam Creator." I'll generate an initial profile picture now. Let me know if you like it or if you want any changes.

Generating profile picture...

GPT 빌더는 스스로 동작하고, 답변을 반영하여 업데이트를 하면서 커스텀 GPT를 만들어 줍니다. 다음으로는 GPT 프로필 사진과 이름을 어떻게 할 것인지를 묻습니다. GPT 빌더가 제안한 것을 사용하거나 수정을 요청할 수도 있고, 직접 원하는 정보로 요청해도 됩니다.

Prompt | 프로필 사진 심플하게 변경해줘. 이름은 시험 기출 문제로 수정해줘.

프로필 사진도 좀 더 간단하게 업데이트하고 이름도 '시험 기출문제'로 바꿨습니다. 이 GPT는 이제 제공된 자료를 기반으로 한국어 시험 문제에 중점을 두고 시험 문제를 만들도록 특별히 맞춤화되었습니다.

이제 이 GPT의 맥락을 구체화해 보겠습니다. 제공된 자료가 불분명하거나 문제를 만드는 데 충분하지 않은 경우에는 어떻게 처리하는 것이 좋을까요? 추가 정보를 요청하도록 설정할까요, 아니면 제공된 자료로 가능한 한 문제를 만들어 보도록 할까요?

다음 단계에서는 조금 더 구체적인 질문을 합니다. 특정 분야에 집중할지, 추가 정보가 필요할 때 어떻게 처리할지에 대한 답변을 작성합니다. 시험 문제이기 때문에 첨부된 파일에만 집중하여 답변하도록 설정하겠습니다.

Prompt | 첨부된 PDF 파일을 기반으로 질문하세요. PDF에 없는 내용을 출제하시 마세요.

제공된 PDF 파일의 내용을 기반으로 시험 문제를 만드는 데 초점을 맞추기 위해 "시험 기출 문제"를 업데이트했습니다. 질문 작성에 내용이 불명확하거나 불충분한 경우 추가 정보를 요청하여 정확성과 관련성을 보장합니다.

이 GPT가 답변을 어떻게 맞춤화하는 것이 좋을까요? 과제의 학술적 성격을 고려하여 보다 정중한 어조를 선호하시나요, 아니면 친근하고 일상적인 어조가 더 좋으신가요?

이어서 GPT의 성격이나 스타일을 설정합니다. 앞서 다뤘던 ChatGPT의 어조나 톤 등이 해당됩니다. 시험 문제 출제에 맞게 전문적이고 신뢰성 있는 스타일을 요청해 보겠습니다.

Prompt | 전문적이고, 신뢰성 있는 스타일을 선호합니다.

"시험 기출문제"는 이제 전문적이고 신뢰할 수 있는 어조를 유지하도록 업데이트되었습니다. 이 GPT는 제공된 PDF 파일을 기반으로 시험에 대한 권위와 전문성 전달에 중점을 둔 시험 문제를 생성합니다.

지금 플레이그라운드에서 "시험 기출문제"를 테스트해 보시겠습니까? GPT의 반응을 확인하신 후, 수정하고 싶은 부분이 있으시면 알려주세요.

기본적인 설정이 끝나면 우측 화면의 플레이그라운드에서 서비스를 이용해 보고 개선 사항이 있는지를 알려달라고 요청합니다. 아래 이미지는 'Preview' 화면에서 기출문제를 출제해달라고 요청한 화면입니다. 시험 문제를 잘 출제하는 것을 확인할 수 있습니다.

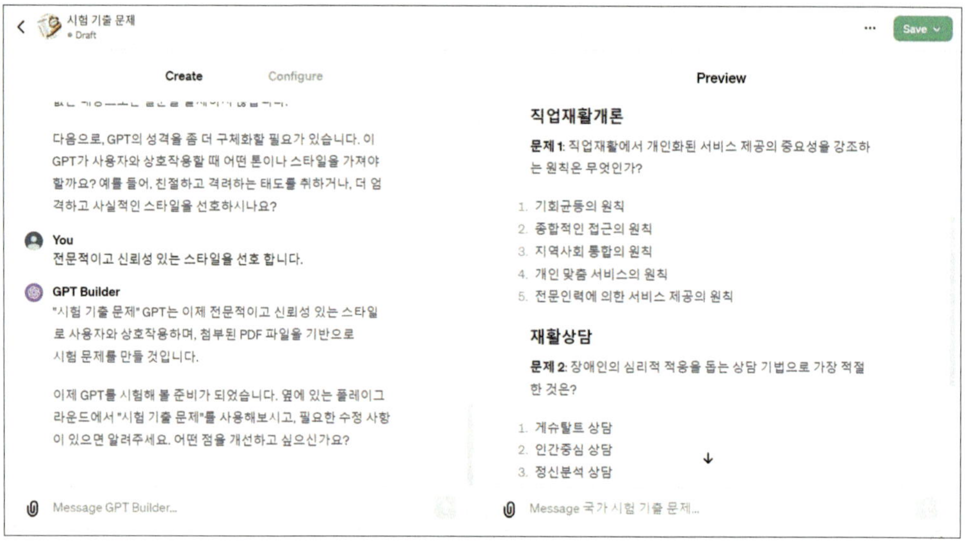

GPT 빌더 화면 / 출처 : ChatGPT

하지만 의도했던 것은 한 번에 한 문제를 출제하고 사용자가 답변하면 답변의 정답을 체크 한 다음에 다음 문제를 출제하는 방식이었습니다. 다시 빌더에서 수정을 요청합니다.

Prompt | 한 번에 한 문제만 출제하고, 사용자의 답변을 기다립니다. 사용자가 답변하면 정답을 체크한 다음, 다음 문제를 출제할지 사용자에게 질문하세요.

"시험 기출 문제" GPT는 이제 한 번에 한 문제만 출제하고, 사용자의 답변을 기다린 후 정답을 확인합니다. 사용자가 준비 되었는지 확인한 후에 다음 문제를 출제할 것입니다.

플레이그라운드에서 이 GPT를 사용해 보시고, 추가적인 개선 사항이 있으면 알려주세요. 다른 조정이 필요하신가요?

수정 요구사항을 잘 반영한 것을 확인할 수 있습니다. 이렇게 요구 사항을 빌더에게 요청하고, 테스트 후 기능을 개선해 나가면서 나만의 GPT를 만들 수 있습니다.

GPT 제작이 완료되면 우측의 'Save' 버튼을 클릭해서 배포할 수 있습니다.

- Only me : 나만 볼 수 있습니다.
- Anyone with a link : 링크가 있는 사람만 볼 수 있습니다.
- Public : 모두에게 공식적으로 배포할 수 있습니다.

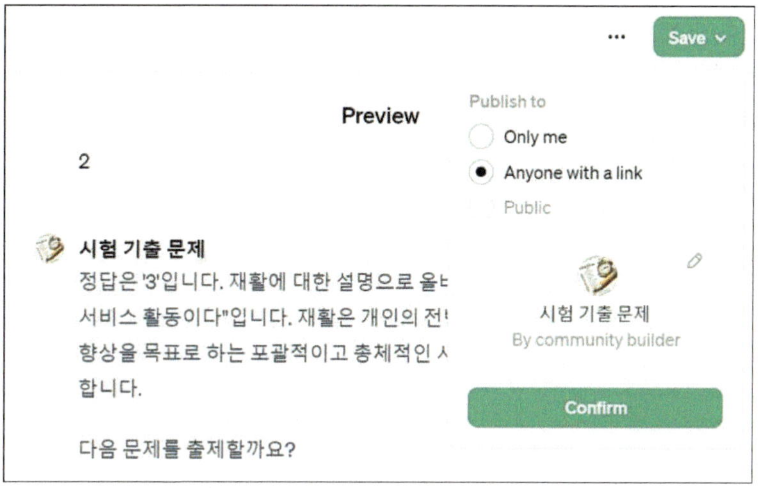

GPT 배포하기 화면 / 출처 : ChatGPT

배포된 GPT는 My GPTs 목록에 등록되며, ChatGPT에서 사용이 가능합니다. 단, GPTs는 유료 서비스 사용자만 접근이 가능합니다.

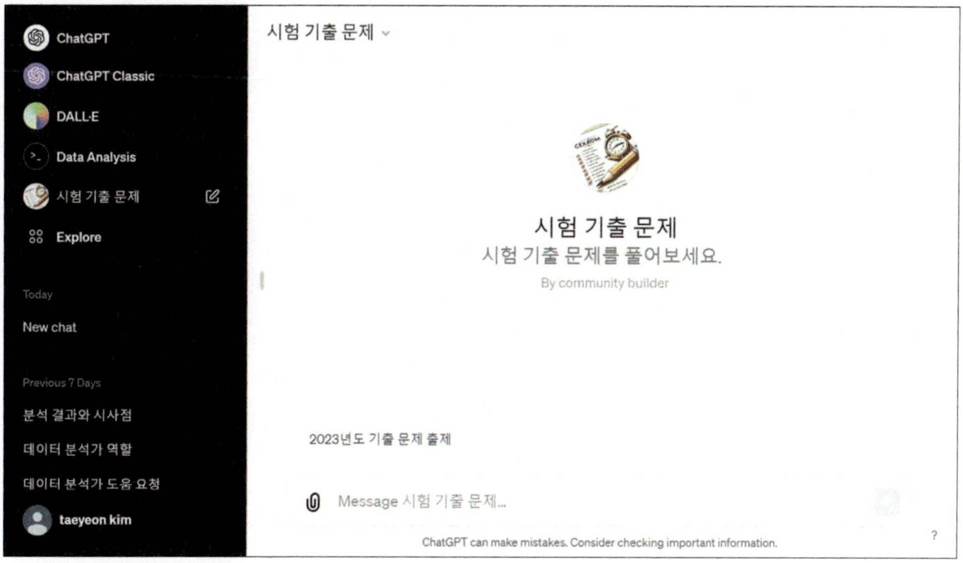

My GPT 실행 화면 / 출처 : ChatGPT

나만의 GPT를 만들 때 프롬프트로 대화하는 방식이 아닌 직접 설정하는 방법으로 제작을 할 수도 있습니다. GPT 빌더에서 'Configure' 탭을 선택하면 항목에 맞는 내용을 직접 입력하여 편집할 수 있습니다.

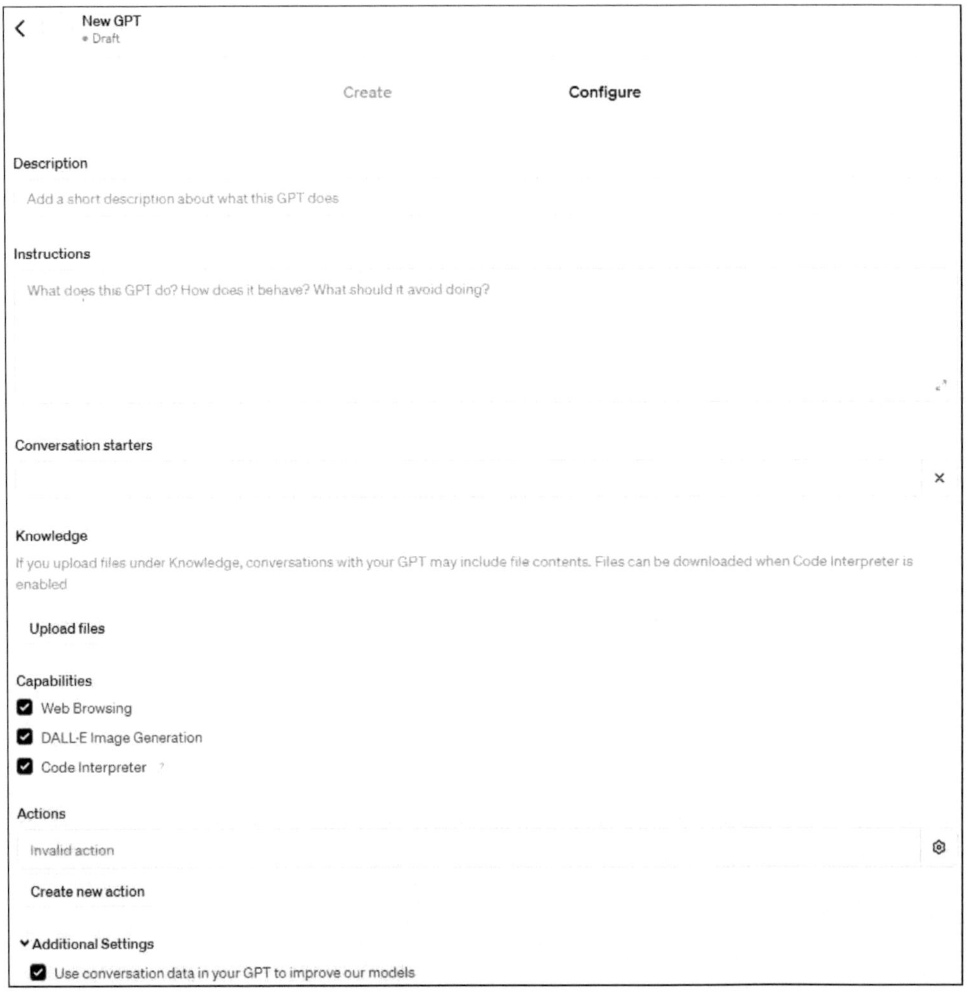

ChatGPT 사이드바 > Explore GPTs > Create > Configure 탭 화면

속성 값의 의미는 다음과 같습니다.

항목명	설명
Name	• 나의 GPT 이름
Description	• GPT 구체적인 설명 • GPT Store에서 게시되는 내용을 작성
Instructions	• 프롬프트 지시사항 • GPT 빌더로 생성 시 자동으로 작성되는 내용이지만 직접 편집이 가능하여 GPT를 단계별로 제어하기 위해 정교한 프롬프트를 추가할 수 있음.
Conversation starters	• GPT를 시작할 때 보여주는 질문 목록
Knowledge	• GPT에게 추가적인 정보를 제공하고 싶은 경우 파일 업로드 가능
Capabilities	• 답변과 함께 아래 기능을 제공할지의 여부를 결정 • Web Browsing • DALL-E • Code Interpreter
Actions	• 스키마 또는 인증 등 다양한 외부 서비스와 연동하고 싶은 경우 생성 선택 가능
Additional Settings	• OpenAI 모델 개선에 대화 내용을 사용해도 되는지 여부 결정

Knowledge에 업로드한 데이터를 통해 챗봇의 영역을 확장했다면 Actions를 통해 외부 서비스와 실시간으로 연동하여 GPTs를 더 강력한 앱으로도 만들 수 있습니다. 이번에는 외부 API와 연동하는 Actions 기능을 이용하여 박스오피스 순위를 알아보는 챗봇을 만들어 보겠습니다.

영화진흥위원회 사이트에서 제공하는 Open API를 사용하기 위해 '영화진흥위원회 API 서비스 페이지'에 접속한 다음, OPEN API 메뉴에서 '제공서비스'를 선택합니다.

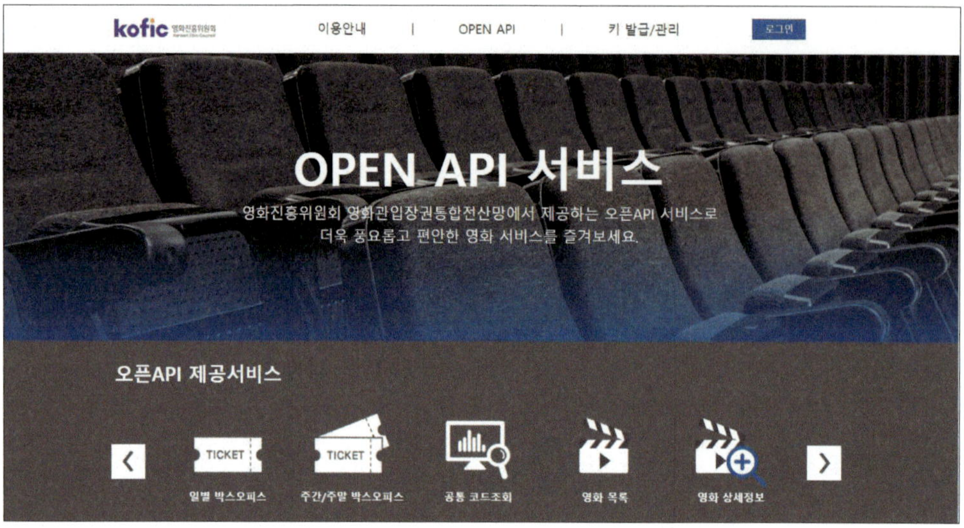

영화진흥위원회 API 홈페이지 https : //www.kobis.or.kr/kobisopenapi

화면 하단의 응답 예시에 있는 JSON 링크 URL을 복사하여, 메모장 등에 붙여넣기를 합니다. 이번에는 JSON 링크를 클릭해서 나오는 응답 코드를 복사하여 붙여 넣기를 합니다.

> **TIP** JSON(JavaScript Object Notation) : 데이터를 저장하거나 전송할 사용되는 데이터 형식으로 주로 서버와 클라이언트의 웹상에서 정보를 주고받을 때 많이 사용됩니다. 텍스트 형식으로 되어 있고 name-value의 형태로 구성되어 있습니다.
> 예. {"dailyBoxOfficeList" : [{"name" : "영화1"}, {"name" : "영화2"}]}

4. 응답 예시

XML	http://kobis.or.kr/kobisopenapi/webservice/rest/boxoffice/searchDailyBoxOfficeList.**xml**?key=f5eef3421c602c6cb7ea224104795888&targetDt=20120101
JSON	http://kobis.or.kr/kobisopenapi/webservice/rest/boxoffice/searchDailyBoxOfficeList.**json**?key=f5eef3421c602c6cb7ea224104795888&targetDt=20120101

JSON 링크

이제 GPT 빌더로 돌아가서 프롬프트를 입력합니다. API 동작 구조를 정의하는 Schema를 작성하도록 요청해 보겠습니다. 프롬프트 중에 [URL]과 [응답 코드]에는 저장해 두었던 영화진흥위원회의 실제 코드를 입력합니다.

Prompt | 엔드포인트에서 사용할 Swagger 사양 파일을 만드세요. 엔드포인트의 서버 [URL]을 포함해야 합니다. 응답은 다음과 같이 표시 됩니다 : [응답 코드]

To create a Swagger(now known as OpenAPI Specification) file for the provided endpoint, we'll define the structure of the API including paths, methods, parameters, and responses. This OpenAPI spec will be in YAML format, commonly used for writing Swagger files. Here is how you might define it :

```yaml
openapi: 3.0.0
info:
  title: Daily Box Office List API
  version: 1.0.0
  description: API for retrieving daily box office list from KOBIS

servers:
  - url: https://kobis.or.kr/kobisopenapi/webservice/rest/boxoffice
    description: Main API server

paths:
  /searchDailyBoxOfficeList.json:
    get:
      summary: Get daily box office list
      operationId: getDailyBoxOfficeList
      parameters:
        - name: key
```

한글 프롬프트로 잘 실행이 안 되는 경우 영어 프롬프트를 사용해 볼 수도 있습니다.

Prompt | Create a Swagger spec file to use with your actions for this endpoint [URL].
Make sure to include the server url for the endpoint. The response looks like this : [응답 코드]

실제 사용을 하기 위해서는 JSON 코드가 필요합니다. JSON 포맷으로 변경하기 위해 JSON 포맷으로 변경해 달라고 요청합니다. 또는 'Change this to JSON format.'을 입력합니다.

Prompt | JSON 포맷으로 변경해주세요.

Here's the OpenAPI specification you requested, now converted to JSON format :

json   Copy code

```json
{
  "openapi": "3.0.0",
  "info": {
    "title": "Daily Box Office List API",
    "version": "1.0.0",
    "description": "API for retrieving daily box office list from KOBIS
  },
  "servers": [
    {
      "url": "https://kobis.or.kr/kobisopenapi/webservice/rest/boxoffic
      "description": "Main API server"
    }
  ],
  "paths": {
    "/searchDailyBoxOfficeList.json": {
      "get": {
        "summary": "Get daily box office list",
        "operationId": "getDailyBoxOfficeList",
        "parameters": [
          {
            "name": "key",
            "in": "query",
            "required": true,
            "description": "User's API Key",
```

'Copy code'를 클릭해 JSON 코드를 복사합니다. 'Configure 〉 Actions 〉 Create new action' 버튼을 선택합니다. Schema에 복사한 코드를 붙여 넣습니다.

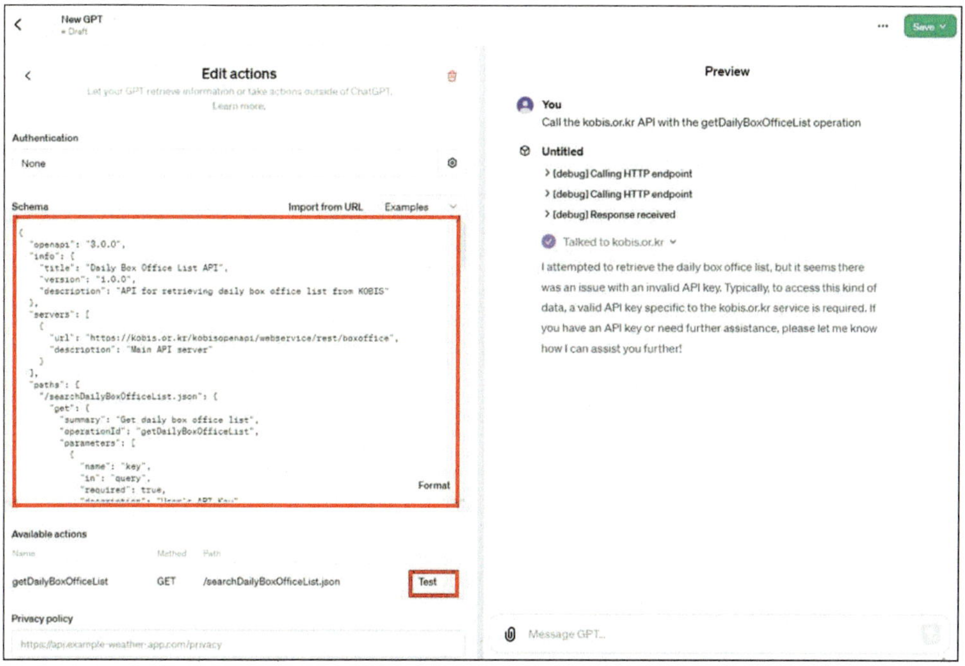

JSON 코드를 입력하고 있는 액션 에디터 화면

아래 Available actions에 해당 API가 추가된 것을 확인할 수 있습니다. 오른쪽 'Test' 버튼을 선택하면 Preview 화면에서 결과를 확인할 수 있습니다. 현재 'API key'가 없다고 설명하고 있습니다.

Schema에 API key를 추가해야 합니다. API key는 API를 제공하는 웹페이지에서 회원가입 후 발급받아야 합니다. 발급받은 API는 공개되지 않도록 주의합니다.

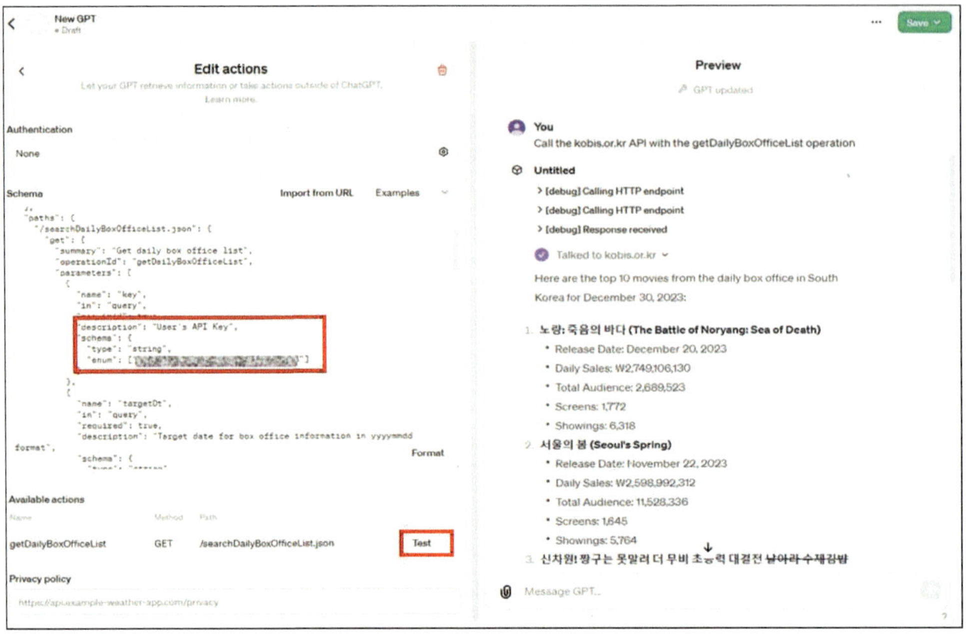

발급받은 API키를 입력하는 에디터 화면

발급 받은 API를 입력한 다음, Test 버튼을 클릭하면 박스오피스 순위가 정상적으로 나오는 것을 확인할 수 있습니다. 테스트가 완료되면 Create 화면으로 돌아가서 GPT를 완성한 후 오른쪽 상단에 Save 버튼을 눌러서 저장하면 ChatGPT에서 내가 만든 박스오피스 버디 GPT를 사용할 수 있습니다.

완성된 나만의 GPT 화면

이미지 생성 AI, 빙 이미지 크리에이터

이미지 생성을 쉽게 할 수 있는 강력한 도구

GPT-4의 가장 큰 특징 중 하나는 멀티 모달 지원입니다. 즉, 텍스트와 이미지를 받아 출력으로 제공합니다. 2023년 3월 마이크로소프트는 빙(Bing)에서 채팅을 통해 DALL-E 모델에 의해 동작하는 이미지 생성 서비스를 발표했습니다.

엣지(Edge)는 사이드바에서 이미지 생성 AI 기능을 제공하게 되면서 AI 기능을 통합한 최초의 브라우저가 되었습니다. 사용자들은 브라우저 내에서 직접 창의적인 이미지를 만들고 자기표현을 할 수 있게 되었습니다. 단, 이미지 생성기는 현재 Windows 10 및 Windows 11 장치에서 Microsoft 계정이 있는 사용자만 사용할 수 있습니다.

빙 이미지 크리에이터의 특징

한글 프롬프트 지원

한글로도 이미지를 생성할 수 있다는 것은 큰 장점이 아닐 수 없습니다. 하지만 경우에 따라 동일한 뜻을 가진 여러 다른 언어로 이미지 생성 프롬프트를 작성하면 다른 스타일이 적용되는 경우가 있으니 상황에 맞는 언어로 작성하는 것을 추천드립니다.

Prompt | 딸기 할로윈	Prompt | Strawberry Halloween

동일 프롬프트에 대한 언어별 생성된 이미지

글자를 포함한 이미지

가을 운동회 현수막이 포함된 이미지를 생성을 시도하면 한글뿐만 아니라 영어도 엉뚱한 글자를 만들어서 아직 이미지 속의 글자는 생성이 잘되지 않습니다. 글자를 제외한 이미지를 생성하고 글자를 추가하는 방법으로 진행하시는 것을 추천드립니다.

Prompt | 학교 운동장에 가을 운동회 현수막과 만국기가 걸려 있다, 운동장을 뛰어다니는 아이들

엉뚱한 글자로 표시되어 생성된 이미지

누구나 아는 소재 그리기

인기 캐릭터나 기업의 로고 또는 영화 속 히어로 처럼 누구나 알고 있는 소재로 이미지를 쉽게 생성할 수 있습니다. 실제 인물명을 이용하는 것을 금지하고 있지만 캐릭터 이용은 차단하고 있지 않기 때문에 가능합니다.

Prompt | 티타임을 하고 있는 조커와 아이언맨

Prompt | 레고랜드에 놀러 온 마인크래프트 캐릭터들

유명 캐릭터를 주제로 생성된 이미지

엄격하게 제한된 프롬프트

폭력적, 성적인 민감한 단어가 포함된 문장은 차단되고, 그런 가능성이 보인다 싶은 문장도 모두 거절합니다. 마이크로소프트는 엄격한 정책을 통해 빙 이미지 크리에이터로 만들 수 있는 콘텐츠 종류를 제한하고 있기 때문입니다. 이런 오류 메시지가 표시되는 프롬프트를 여러 번 시도하면 빙 이미지 크리에이터를 영구적으로 사용할 수 없게 됩니다. 의외의 프롬프트가 제한되기도 하기 때문에 오해받지 않기 위해 명확한 프롬프트를 작성하는 것이 생성될 성공 확률이 높습니다.

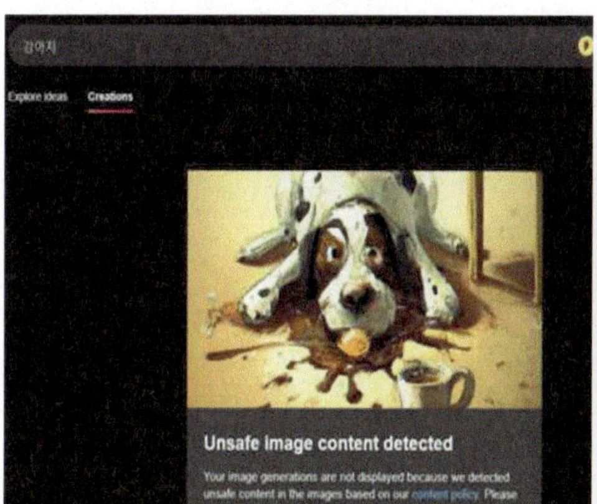

제한된 프롬프트로 생성된 이미지

생성에 성공한 자세한 설명이 있는 프롬프트

사용방법과 메뉴 알아보기

홈페이지(https : //www.bing.com/create)에 접속하기

빙 이미지 크리에이터 홈페이지 화면

회원가입 및 계정 활성화하기

"가입 및 만들기"를 선택하고 필요한 정보를 입력합니다.

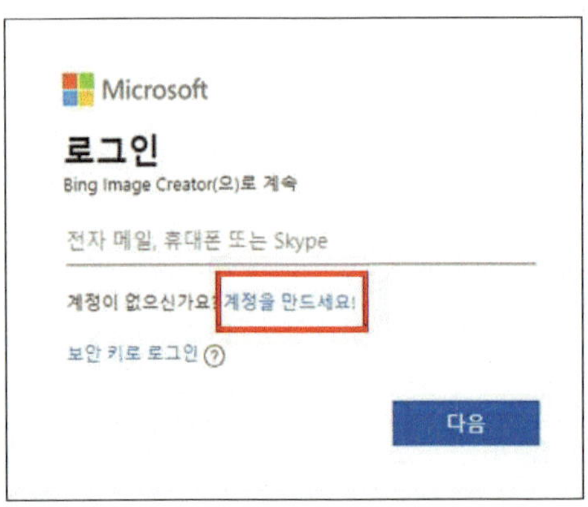

계정을 만든 후, 이메일을 확인하여 계정 활성화를 완료합니다.

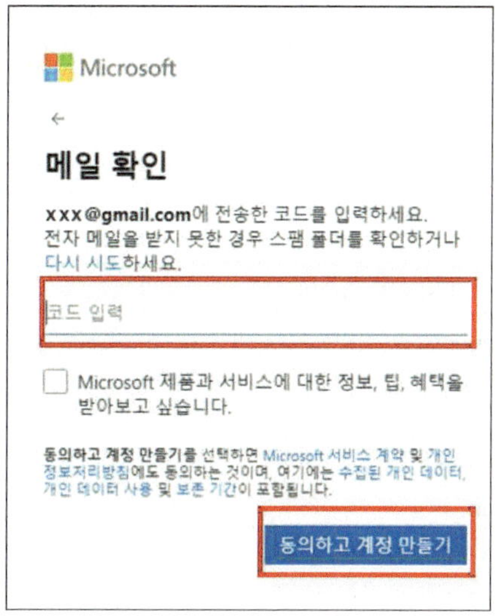

메뉴 설명

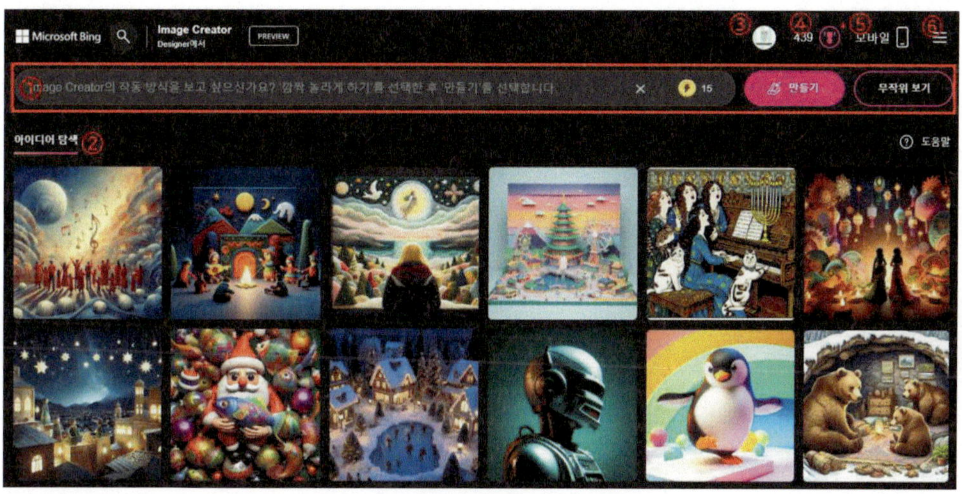

빙 이미지 크리에이터 메인 화면

① 프롬프트 입력 및 생성 : 프롬프트를 입력하는 창, 부스트, 만들기, 무작위 보기순으로 메뉴가 있습니다. 부스트의 경우 이미지를 더 빨리 만들 수 있으며, 소진되면 이미지 생성에 시간이 더 오래 걸립니다.

- 만들기 : 프롬프트 입력창에 문장을 작성하고 만들기를 클릭하면 이미지가 생성됨.
- 무작위 보기 : 이미지 생성 프롬프트 예시를 랜덤하게 입력창에 작성해 줌.
- 부스트 : 이미지를 더 빨리 만들 수 있고 소진되면 이미지 생성 시간이 더 오래 걸림.

② 아이디어 탐색 : 프롬프트 예시와 함께 생성된 이미지 예시를 살펴볼 수 있습니다.

③ 로그인 계정 : 가입 계정 정보와 로그아웃 메뉴입니다.

④ 보상 : 마이크로소프트에서 제공하는 미션 목록들과 미션을 수행할 경우 받는 보상에 대한 메뉴입니다.

⑤ 모바일 : 모바일 환경에서 빙을 실행할 수 있게 앱 설치 안내 페이지 및 QR 코드를 제공합니다.

⑥ 메뉴 : 저장한 모든 이미지를 관리할 수 있는 컬렉션, 언어, 유해 정보 차단 제어, 검색 기록 및 테마 등 설정 메뉴입니다.

이미지 생성 프롬프트

이모지로 이미지 생성하기

프롬프트를 자세히 표현하거나 간단하게 이모지로 작성할 수 있습니다.

표현하고 싶은 이모지 목록과 생성된 이미지 포맷을 지정하는 프롬프트를 작성합니다.

> **TIP** 이모지 : 이모지는 작은 디지털 이미지나 아이콘으로, 감정이나 활동, 사물, 유형 등을 표현하는 데 사용됩니다. 문자 메시지나 소셜 미디어에서 많이 사용되며, 글자만으로는 전달하기 어려운 감정이나 분위기를 빠르고 효과적으로 전달할 수 있습니다. 전 세계적으로 표준화되어 있어, 다양한 플랫폼과 장치에서 일관된 방식으로 표시될 수 있도록 국제 표준 코드가 부여되어 있습니다.

Prompt | 🌈💐🤩, octane 3D render

Prompt | 😥🙏💦, octane 3D render

이모지로 생성된 이미지

카메라 대용으로 사용하기

어떤 카메라 근접도를 적용하느냐에 따라 동일한 프롬프트가 다른 이미지를 생성해 냅니다.

해변에서 꽃 장식을 한 여인이 차를 마시고 있는 프롬프트에 아래와 같은 카메라 근접도 또는 빛의 양이 반영되는 시간을 추가하면 다양한 이미지가 생성됩니다.

Prompt | 해변에서 꽃 왕관을 쓰고 차를 마시고 있는 여인

+ 장거리 샷

+ 클로우즈업

프롬프트 중 카메라 근접도만 변경하여 생성된 이미지 차이

야외의 경우 시간에 따라 빛에 의해 배경색이 달라 보이는데, 특정 시간대를 지정하면 배경이 적용되는 것을 알 수 있습니다.

Prompt | 해변에서 꽃 왕관을 쓰고 차를 마시고 있는 여인

+ 해뜨기 전(황혼 조명 새벽 5시)

+ 해가 뜬 시간(정오 여름)

프롬프트 중 시간대만 변경하여 생성된 이미지 차이

뿐만 아니라 구체적인 카메라 설정을 적용할 수 있습니다.

Prompt | 들판을 달리는 사자

+ 모션 블러

+ 빠른 셔터스피드

프롬프트 중 셔터스피드 관련 용어만 변경하여 생성된 이미지 차이

Prompt | 비 오는 도심을 노란 우비를 입고 걷는 여성의 뒷모습

+ 흑백

+ 한 색상만 표현

프롬프트 중 색상관련 용어만 변경하여 생성된 이미지 차이

일러스트(illustration) 생성하기

"헤드셋으로 음악을 감상하고 있는 청년"이라는 동일한 프롬프트와 함께 아래 일러스트 스타일의 키워드를 적용해 봅니다.

Prompt | 헤드셋으로 음악을 감상하고 있는 청년

\+ 포토 콜라주 스타일

\+ 디지털 페인팅 스타일

\+ 스티커 일러스트 스타일

\+ 코믹북 아트 스타일

프롬프트 중 일러스트 스타일만 변경하여 생성된 이미지 차이

예술 작품 생성하기

고대 동굴 벽화 스타일부터 중세, 현대 팝아트까지 다양한 아트 스타일을 적용하여 나만의 예술 작품을 만들어 봅니다.

Prompt | 진주 목걸이를 한 분홍 돼지

+ 고대 동굴 벽화 스타일

+ 로마 모자이크 스타일

+ 로코코풍 스타일

+ 팝아트 스타일

프롬프트 중 아트스타일만 변경하여 생성된 이미지 차이

입체 작품 생성하기

"모험을 떠나는 개구쟁이 펭귄"이라는 프롬프트를 사용하여 입체 작품을 생성하려고 합니다. 3D작품을 만들기 위해 어떤 재질과 형태로 생성할지 프롬프트에 추가해 봅니다.

Prompt | 모험을 떠나는 개구쟁이 펭귄

+ 토피어리

+ 동상

프롬프트 중 재질만 변경하여 생성된 이미지 차이

뿐만 아니라, 머릿속에 있는 멋진 제품 디자인이나 패션 스타일을 프롬프트로 작성해서 이미지를 생성하여 디자인 작업에 적용해보세요.

Prompt | 날개를 펼치고 있는 학 장식의 다이아몬드 목걸이

Prompt | 런웨이에서 아이스크림 옷을 입고 패션쇼를 하고는 모델

제품 디자인 및 패션스타일 관련 생성된 이미지

물건 외에도 다양한 형태의 장소 이미지를 생성할 수도 있습니다. 건물의 용도나 위치를 지정하거나 물건제품의 형태로 생성되도록 프롬프트를 작성해 보세요.

Prompt | 숲 속의 작은 오두막

+ 건축 디자인

+ 상업용 인테리어

프롬프트 중 용도만 변경하여 생성된 이미지 차이

오르골 형태

스노우글로브

빙 이미지 크리에이터 생성 화면

작품 공유 및 활용하기

생성된 이미지들 중에 맘에 드는 이미지를 선택합니다.

빙 이미지 크리에이터 생성 화면

① 공유 : 생성한 이미지를 다른 사람에게 링크를 통해 공유할 수 있습니다.

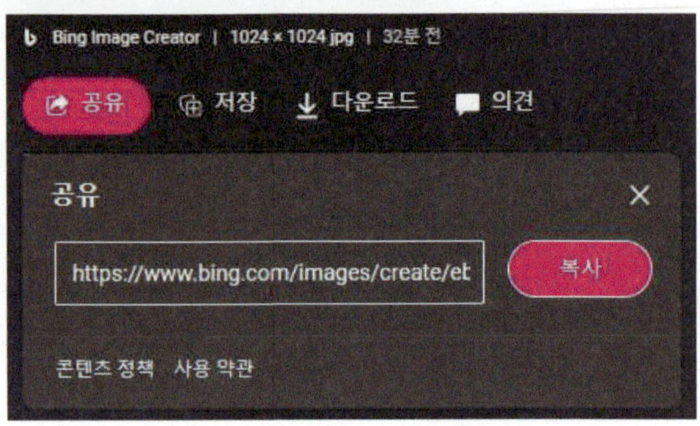

② 저장 : 내 컬렉션으로 저장됩니다. 생성된 이미지 목록과 프롬프트는 삭제되기 때문에 컬렉션에 저장해 놓으면 추후 접근이 가능합니다.

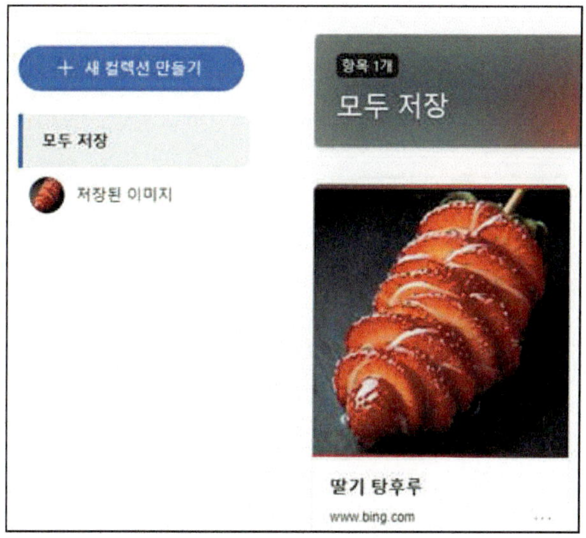

③ 다운로드 : 웹 상의 이미지를 내 로컬 디바이스로 저장합니다.

ChatGPT로 엑셀 업무 자동화 및 데이터 분석 쉽게 하기

연구를 하거나 회사 업무를 할 때 데이터를 관리하고 분석해서 보고서를 작성하는 일은 흔하게 접할 수 있습니다. 하지만 굉장히 많은 수치 데이터와 문서 데이터를 보고 있으면 망막하고 어디서부터 무엇을 해야 할지 망설여집니다. 엑셀 전문가나 데이터분석가 아니더라도 ChatGPT를 이용하여 업무의 효율을 높이고 자동화까지 도전하여 역량을 향상시켜 봅시다. 몇가지 활용 예제를 살펴보겠습니다.

이상치 데이터 확인하기

생소한 많은 데이터를 분석하려고 하는 경우 먼저 한 번 훑어보고 어떤 항목이 얼마나 있는지 확인한 후 데이터가 오류가 없는지 이상치 데이터가 있는지 확인해야 합니다. 자세히 검토하기 전에 이상치 데이터를 쉽게 찾는 방법을 ChatGPT를 통해 확인해 볼 수 있습니다.

다음 예시는 가상의 신용카드 거래내역입니다.

① 필요한 데이터 범위를 지정합니다.

② 이상치를 파악하는 프롬프트를 작성합니다.

	A	B
1	거래 ID	금액
2	20230001	3000
3	20230002	10000
4	20230003	5000
5	20230004	7500
6	20230005	6000
7	20230006	12000
8	20230007	4000
9	20230008	9000
10	20230009	85000
11	20230010	3000
12	20230011	6000
13	20230012	11000
14	20230013	5000
15	20230014	8000
16	20230015	7500
17	20230016	9500
18	20230017	3000
19	20230018	7000
20	20230019	40000
21	20230020	12000

ChatGPT가 생성한 신용카드 거래 금액 내역 테스트용 데이터

Prompt | 엑셀 워크시트 B2 : B21 영역에 숫자가 있다.
이상치를 파악하는 방법을 알려줘

엑셀에서 이상치를 파악하는 방법은 다양한 방법이 있지만, 주로 통계적인 방법을 사용합니다. 이상치는 일반적인 데이터 집합의 패턴에서 벗어나는 값으로 정의됩니다. 이상치를 파악하는 가장 일반적인 방법 중 하나는 Z-스코어를 사용하는 것입니다. Z-스코어는 데이터 포인트가 평균으로부터 얼마나 표준 편차만큼 떨어져 있는지를 측정합니다.

다음은 엑셀에서 이상치를 파악하는 단계입니다 :

1. Z-스코어 계산 :
   - 셀 C2에 다음 수식을 입력합니다 :
     =(B2-AVERAGE(B2 : B21))/STDEV.P(B2 : B21)
   - 이 수식은 B2에서 B21까지의 데이터 범위에서 각 데이터 포인트의 Z-스코어를 계산합니다.
   - AVERAGE 함수는 평균을 계산하고, STDEV.P 함수는 표준 편차를 계산합니다.

2. C2 셀에서 계산된 Z-스코어를 복사하여 C3에서 C21까지의 셀에 붙여넣습니다.
3. 이제 Z-스코어가 얼마나 큰지에 따라 이상치를 식별할 수 있습니다. 보통 Z-스코어가 2보다 크거나 -2보다 작으면 이상치로 간주합니다. 그러나 이 임계값은 상황에 따라 조정될 수 있습니다.
4. 이상치로 표시하려는 경우, D2 셀에 다음 수식을 입력합니다 :
   =IF(ABS(C2)〉2, "이상치", "")
   - 이 수식Z-스코어가 2보다 크거나 -2보다 작으면 "이상치"를 표시하고, 그렇지 않으면 빈 문자열("")을 표시합니다.
   - 임계값(여기서는 2)을 조정하여 이상치를 식별하는 기준을 변경할 수 있습니다.
5. D2 셀에서 수식을 입력한 후, D2에서 D21까지의 셀에 복사하여 이상치를 식별합니다.

위 단계를 따르면 Z-스코어를 사용하여 엑셀에서 이상치를 파악할 수 있습니다. 이상치를 정확하게 식별하려면 데이터와 도메인에 대한 이해가 필요하며, 임계값을 조정하여 원하는 정밀도를 얻을 수 있습니다.

③ ChatGPT가 알려준 이상치를 파악하는 Z-스코어 계산 함수를 설명에 따라 엑셀 파일에 적용합니다.

C2에 함수를 적용하고 나머지 C21까지 함수를 복사하여 적용하면 됩니다. 단, B2 : B21 경우 F4키($)를 이용하여 절대주소로 적용되도록 합니다.

C2 | =(B2-AVERAGE($B$2:$B$21))/STDEV.P($B$2:$B$21)

	A	B	C	D	E	F	G	H
1	거래 ID	금액	z-스코어	이상치				
2	20230001	3000	-0.529288					
3	20230002	10000	-0.146341					
4	20230003	5000	-0.419874					
5	20230004	7500	-0.283108					
6	20230005	6000	-0.365168					
7	20230006	12000	-0.036927					
8	20230007	4000	-0.474581					
9	20230008	9000	-0.201047					
10	20230009	85000	3.956667					
11	20230010	3000	-0.529288					
12	20230011	6000	-0.365168					
13	20230012	11000	-0.091634					
14	20230013	5000	-0.419874					
15	20230014	8000	-0.255754					

④ 이상치 여부를 표시합니다.

ChatGPT가 알려준 함수를 D2에 적용한 후 나머지 셀에 적용합니다.

D2 =IF(ABS(C2)>2, "이상치", "")

	A	B	C	D	E	F
1	거래 ID	금액	z-스코어	이상치		
2	20230001	3000	-0.529288			
3	20230002	10000	-0.146341			
4	20230003	5000	-0.419874			
5	20230004	7500	-0.283108			
6	20230005	6000	-0.365168			
7	20230006	12000	-0.036927			
8	20230007	4000	-0.474581			
9	20230008	9000	-0.201047			
10	20230009	85000	3.956667	이상치		
11	20230010	3000	-0.529288			
12	20230011	6000	-0.365168			
13	20230012	11000	-0.091634			
14	20230013	5000	-0.419874			
15	20230014	8000	-0.255754			
16	20230015	7500	-0.283108			
17	20230016	9500	-0.173694			
18	20230017	3000	-0.529288			
19	20230018	7000	-0.310461			
20	20230019	40000	1.494862			
21	20230020	12000	-0.036927			

조건에 맞는 자료 찾기

ChatGPT는 복잡한 데이터를 조건에 따라 찾아주는 엑셀함수를 만들어 줄 수 있습니다. 다음은 참여자에 따라 취득과 취득상실일이 다른 데이터를 이용해 참여자의 취득일에 따른 총취득일수와 6개월 이상 취득한 참여자를 O, X로 표시하여 함수를 ChatGPT가 만드는 예시입니다.

날짜를 계산해야 하는 복잡한 데이터의 조건을 만족하는 데이터를 찾기 위한 엑셀 함수를 ChatGPT에게 요청합니다.

A	B	C	D	E	F	G	H	I
ID	참여자명	전화번호	첫번째 취득일	상실일	두번째 취득일	상실일	세번째 취득일	상실일
10001	홍길동	010-1112-3456	2022-01-01	2022-02-28	2022-07-01	2022-09-10	2022-12-01	2023-01-31
10002	김영희	010-2234-5567	2022-01-05	2022-03-04	2022-07-15	2022-09-20	2022-11-28	2023-01-27
10003	이철수	010-3345-6788	2022-01-10	2022-03-09	2022-07-20	2022-09-25	2022-12-05	2023-02-03
10004	박지훈	010-4456-7899	2022-01-14	2022-03-13	2022-07-25	2022-09-30	2022-12-10	2023-02-08
10005	김민석	010-5567-8910	2022-01-20	2022-03-19	2022-07-30	2022-10-05	2022-12-15	2023-02-13
10006	송지영	010-6678-9121	2022-01-23	2022-03-22	2022-08-02	2022-10-08	2022-12-20	2023-02-18
10007	윤혜진	010-7789-0234	2022-01-28	2022-03-27	2022-08-07	2022-10-12	2022-12-25	2023-02-23
10008	이승민	010-8890-1345	2022-02-01	2022-03-30	2022-08-12	2022-10-17	2023-01-01	2023-02-28
10009	장현주	010-9901-2456	2022-02-06	2022-04-05	2022-08-17	2022-10-22	2023-01-06	2023-03-05
10010	박은지	010-0123-4567	2022-02-11	2022-04-10	2022-08-22	2022-10-27	2023-01-11	2023-03-10

ChatGPT에 의해 생성된 csv 데이터 파일

① 엑셀의 날짜 데이터의 셀 위치를 설명하고 조건을 작성하여 함수를 알려달라고 프롬프트를 작성합니다.

Prompt | 현재 엑셀시트에서
첫번째 기간은 D열은 시작일 E열은 종료일이고,
두번째 기간은 F열이 시작일 G열이 종료일이고
세번째 기간이 H열은 시작일 I열은 종료일이다.
세 기간을 모두 합하여 몇 일인지 J열에 작성하는 함수는?

다른 방법으로 세 기간의 시작일과 종료일을 합하여 총 일수를 계산하는 함수로는 DATEDIF 함수를 사용할 수 있습니다. DATEDIF 함수는 두 날짜 사이의 차이를 계산할 때 유용합니다.

세 기간의 시작일과 종료일이 각각 D, E, F, G, H, I 열에 있다고 가정하겠습니다. 이제 J열에 다음과 같은 공식을 입력하여 세 기간의 총 일수를 계산할 수 있습니다.

excel　Copy code

```excel
=DATEDIF(D1, E1, "d") + DATEDIF(F1, G1, "d") + DATEDIF(H1, I1, "d")
```

이 함수는 첫 번째 기간 (D1에서 E1까지)의 일수, 두 번째 기간 (F1에서 G1까지)의 일수 및 세 번째 기간 (H1에서 I1까지)의 일수를 계산하고 합산하여 세 기간의 총 일수를 반환합니다.

이렇게 하면 J열에 세 기간의 총 일수가 나타납니다. 필요한 경우 다른 행에 대해서도 동일한 방식으로 적용할 수 있습니다.

② ChatGPT가 복잡한 조건문이 들어가 있는 함수를 어떻게 사용해야 할지 설명과 함께 알려주면 함수의 왼쪽 상단의 “Copy code”를 클릭하여 실제 데이터가 들어가 있는 엑셀의 입력되어야 하는 셀에 입력합니다.

J2 fx =DATEDIF(D2, E2, "d") + DATEDIF(F2, G2, "d") + DATEDIF(H2, I2, "d")

	A	B	C	D	E	F	G	H	I	J	K
1	ID	참여자명	전화번호	첫번째 취득일	상실일	두번째 취득일	상실일	세번째 취득일	상실일	총가입기간	6개월 경과
2	10001	홍길동	010-1112-3456	2022-01-01	2022-02-28	2022-07-01	2022-09-10	2022-12-01	2023-01-31	190	

③ 최종 결과를 얻기 위해 두 번째 단계의 프롬프트를 작성합니다.

Prompt | J열의 값이 182이 넘으면 O 아니면 X로 표시하는 함수는?

J열의 값이 182보다 크면 "O"로, 그렇지 않으면 "X"로 표시하려면 Excel의 ‘IF’ 함수를 사용할 수 있습니다. 아래와 같은 공식을 J열에 입력하면 됩니다.

excel　Copy code

```excel
=IF(J1 > 182, "O", "X")
```

이 함수는 J1 셀의 값이 182보다 큰지 확인하고, 만약 그렇다면 "O"를 반환하고, 그렇지 않다면 "X"를 반환합니다. 이렇게 하면 J열의 값에 따라 "O" 또는 "X"가 표시될 것입니다. 필요한 경우 다른 행에 대해서도 동일한 방식으로 적용할 수 있습니다.

④ 최종 셀에 적용할 함수를 복사하여 엑셀 파일의 해당 셀에 함수를 적용합니다.

K2 fx =IF(J2>182, "O", "X")

	A	B	C	D	E	F	G	H	I	J	K
1	ID	참여자명	전화번호	첫번째 취득일	상실일	두번째 취득일	상실일	세번째 취득일	상실일	총가입기간	6개월 경과
2	10001	홍길동	010-1112-3456	2022-01-01	2022-02-28	2022-07-01	2022-09-10	2022-12-01	2023-01-31	190	O
3	10002	김영희	010-2234-5567	2022-01-05	2022-03-04	2022-07-15	2022-09-20	2022-11-28	2023-01-27	185	O
4	10003	이철수	010-3345-6788	2022-01-10	2022-03-09	2022-07-20	2022-09-25	2022-12-05	2023-02-03	185	O
5	10004	박지훈	010-4456-7899	2022-01-14	2022-03-13	2022-07-25	2022-09-30	2022-12-10	2023-02-08	185	O
6	10005	김민석	010-5567-8910	2022-01-20	2022-03-19	2022-07-30	2022-10-05	2022-12-15	2023-02-13	185	O
7	10006	송지영	010-6678-9121	2022-01-23	2022-03-22	2022-08-02	2022-10-08	2022-12-20	2023-02-18	185	O
8	10007	윤혜진	010-7789-0234	2022-01-28	2022-03-27	2022-08-07	2022-10-12	2022-12-25	2023-02-23	184	O
9	10008	이승민	010-8890-1345	2022-02-01	2022-03-30	2022-08-12	2022-10-17	2023-01-01	2023-02-28	181	X
10	10009	장현주	010-9901-2456	2022-02-06	2022-04-05	2022-08-17	2022-10-22	2023-01-06	2023-03-05	182	X

개인정보 비식별화 적용하기

이름 또는 전화번호 등 개인정보와 같은 민감한 데이터를 비식별화를 하고 싶은 경우 민감한 데이터를 입력하지 않고 데이터의 셀 위치와 예시를 들어 엑셀에 적용할 함수를 만들 수 있습니다.

	A	B	C	D	E	F	G	H	I	J	K	L	M
1	ID	참여자명	전화번호	첫번째 취득일	상실일	두번째 취득일	상실일	세번째 취득일	상실일	총가입기간	6개월 경과	전화번호 변환	이름 변환
2	10001	홍길동	010-1112-3456	2022-01-01	2022-02-28	2022-07-01	2022-09-10	2022-12-01	2023-01-31				
3	10002	김영희	010-2234-5567	2022-01-05	2022-03-04	2022-07-15	2022-09-20	2022-11-28	2023-01-27				
4	10003	이철수	010-3345-6788	2022-01-10	2022-03-09	2022-07-20	2022-09-25	2022-12-05	2023-02-03				
5	10004	박지훈	010-4456-7899	2022-01-14	2022-03-13	2022-07-25	2022-09-30	2022-12-10	2023-02-08				
6	10005	김민석	010-5567-8910	2022-01-20	2022-03-19	2022-07-30	2022-10-05	2022-12-15	2023-02-13				

참여자의 개인정보 데이터 예시

① 다음은 참여자의 전화번호를 비식별화하기 위한 함수를 만드는 예시입니다.

Prompt | 현재 엑셀 시트에서 C열에 010-1234-5678 전화번호가 있는데 010-XXXX-5678로 변환하는 함수는?

Excel에서 전화번호 형식을 변경하려면 다음과 같은 방법을 사용할 수 있습니다. 여기서는 SUBSTITUTE 함수를 사용하여 특정 부분을 대체하는 방법을 보여줍니다.

예를 들어, C열에 있는 전화번호가 "010-1234-5678"과 같은 형식을 가지고 있다고 가정하겠습니다. 그리고 여기에서 "XXXX" 부분을 숨기려면 다음과 같은 함수를 사용할 수 있습니다.

1. 먼저, D열 또는 다른 빈 열에 다음과 같은 공식을 입력합니다.

excel　Copy code

```excel
=SUBSTITUTE(C1, MID(C1, 5, 4), "XXXX")
```

이 공식은 C1 셀의 내용에서 "010-" 다음의 4자리 문자열을 "XXXX"로 대체하는 역할을 합니다.

1. 이제 D1 셀에 이 공식을 입력한 후, D1 셀을 선택한 다음 셀 드래그 핸들을 사용하여 아래로 복사하십시오. 이렇게 하면 다른 전화번호에도 동일한 변환을 적용할 수 있습니다.

이제 D열에는 "010-XXXX-5678" 형식의 전화번호가 포함된 열이 있을 것입니다. C열은 원래 데이터를 유지하고 있으므로 필요한 경우 언제든지 복구할 수 있습니다.

② 함수의 의미와 단계적인 사용방법을 보면서 작성된 함수의 "Copy code"를 클릭하여 전화번호 변환되어야 하는 셀에 붙여 넣기를 한 후 위치 셀을 C1에서 원본의 셀 위치인 B2로 변경하여 실행합니다.

L2 =SUBSTITUTE(C2, MID(C2, 5, 4), "XXXX")

ID	참여자명	전화번호	첫번째 취득일	상실일	두번째 취득일	상실일	세번째 취득일	상실일	총가입기간	6개월 경과	전화번호 변환	이름 변환
10001	홍길동	010-1112-3456	2022-01-01	2022-02-28	2022-07-01	2022-09-10	2022-12-01	2023-01-31			010-XXXX-3456	

③ B2 데이터가 변환이 완료되면 L열의 모든 데이터에 동일한 함수가 적용되도록 핸들을 더블클릭하여 일괄 적용합니다.

ID	참여자명	전화번호	첫번째 취득일	상실일	두번째 취득일	상실일	세번째 취득일	상실일	총가입기간	6개월 경과	전화번호 변환	이름 변환
10001	홍길동	010-1112-3456	2022-01-01	2022-02-28	2022-07-01	2022-09-10	2022-12-01	2023-01-31	190	O	010-XXXX-3456	홍O동
10002	김영희	010-2234-5567	2022-01-05	2022-03-04	2022-07-15	2022-09-20	2022-11-28	2023-01-27	185	O	010-XXXX-5567	김O희
10003	이철수	010-3345-6788	2022-01-10	2022-03-09	2022-07-20	2022-09-25	2022-12-05	2023-02-03	185	O	010-XXXX-6788	이O수
10004	박지훈	010-4456-7899	2022-01-14	2022-03-13	2022-07-25	2022-09-30	2022-12-10	2023-02-08	185	O	010-XXXX-7899	박O훈
10005	김민석	010-5567-8910	2022-01-20	2022-03-19	2022-07-30	2022-10-05	2022-12-15	2023-02-13	185	O	010-XXXX-8910	김O석

주제 분류하여 통계 및 시각화하기

ChatGPT를 이용하여 엑셀 데이터의 통계와 시각화를 할 수 있습니다. 다음은 공연 목록 데이터에서 전시 형태에 따른 총 전시횟수와 이를 막대그래프로 표시하는 함수를 만드는 예시입니다.

구분	제목	시작일	종료일	지역	장소	요금
전시	김포다도박물관 상설전시	2020.12.31	2024.12.31	경기	김포다도박물관	성인 5,000원, 청소년 3,000원, 유아 2,000원
전시	The 경주 : 경주연대기	2022.05.31	2023.12.31	경주	경주예술의전당 알천미술관	일반 5,000원 / 어린이, 청소년, 군인 3,000원
전시	[집밖] MMCA 과천프로젝트 2022 : 옥상정원 시간의 정원	2022.06.29	2023.06.25	과천	국립현대미술관 과천관	무료
전시	[집밖] MMCA 이건희컬렉션 특별전 이중섭	2022.08.12	2023.04.23	서울	국립현대미술관 서울관	무료
전시	[집밖] 영원한 나르시시스트, 천경자-상시	2022.08.29	2023.12.31	서울	서울시립미술관	무료
전시	[집밖] 일본 불교조각의 세계	2022.04.05	2023.10.09	서울	국립중앙박물관	무료
전시	[집밖] 영원한 삶의 집, 아스타나 고분	2022.07.16	2023.07.15	서울	국립중앙박물관	무료
전시	[집밖] 메소포타미아, 저 기록의 땅	2022.07.22	2024.01.28	서울	국립중앙박물관	무료
전시	박노해 사진전	2022.09.30	2023.10.01	서울	라 카페 갤러리	무료
전시	이풀실내정원 기획전시	2022.06.30	2023.03.30	안산	이풀실내정원	무료
전시	2022 SOMA 공공미술프로젝트	2022.10.17	2023.05.31	서울	올림픽공원	무료
전시	다이노스 얼라이브 제주	2022.08.10	2023.08.09	제주	제주항공우주박물관	성인(중학생 이상) 17,000원 / 어린이 (25개월~초등학생) 23,000원

전국 공연 목록 공공데이터

① 많고 복잡한 데이터를 프롬프트에 입력하지 않고 엑셀에서 보이는 열 항목의 이름과 요구사항을 명확하게 입력해 봅니다.

Prompt | 엑셀의 현재시트의 A열에 전시, 연극, 뮤지컬 등이 있는데 몇 번 반복되는지 막대그래프로 그리는 함수는? 엑셀2016에서 동작하도록 알려줘

엑셀 2016에서 몇 번 반복되는지 막대 그래프로 그리려면 다음 단계를 따를 수 있습니다. 이 작업을 수행하려면 몇 가지 기본적인 엑셀 기능과 함수를 사용해야 합니다. 아래 단계를 차례대로 따라해 보세요 :

1. 데이터 정리 :
   먼저 엑셀 시트의 A열에 있는 데이터를 정리하십시오. 이 열에는 "전시", "연극", "뮤지컬" 등의 텍스트가 포함되어야 합니다.
2. 중복 횟수 계산 :
   중복된 항목의 횟수를 계산하려면 B열 또는 다른 빈 열을 사용합니다. 아래의 Excel 함수를 사용하여 각 항목의 중복 횟수를 계산합니다.
   - B2에 다음과 같은 공식을 입력하고, 엔터 키를 누릅니다 :

```swift
=COUNTIF($A$2:$A$100, A2)
```

Copy code

   이 공식은 A2 셀과 같은 값이 A열 전체 범위에서 몇 번 반복되는지 세어줍니다. 범위($A$2:$A$100)를 필요에 따라 조정하세요. 그런 다음 B2 셀에 있는 공식을 복사하여 B열의 나머지 행에 붙여넣으십시오.
3. 막대 그래프 생성 :
   이제 중복 횟수가 계산된 B열에 막대 그래프를 생성할 차례입니다. 아래와 같은 단계를 따릅니다 :
   - B열의 데이터를 선택합니다.
   - "데이터" 탭으로 이동하고 "정렬 및 필터" 그룹에서 "중복 제거"를 클릭합니다.
   - "중복 제거" 대화 상자가 열리면 "중복 값" 옵션을 선택하고 확인을 클릭합니다. 이렇게 하면 중복 항목이 제거됩니다.

이제 B열에는 중복 항목이 하나씩만 남아 있어야 합니다. C열에는 중복 횟수가 표시되어 있습니다.

4. 막대 그래프 작성 :
   이제 중복 항목과 그에 해당하는 횟수가 정리된 C열을 사용하여 막대 그래프를 생성합니다.
   - C열의 데이터와 해당하는 중복 항목을 선택합니다(예 : C2 : C4 및 A2 : A4).
   - "삽입" 탭으로 이동하고 "막대 그래프"를 클릭합니다.
   - "막대 그래프" 메뉴에서 원하는 막대 그래프 유형을 선택합니다. 예를 들어, "군데끼리 묶기된 세로 막대 그래프"를 선택할 수 있습니다.

이제 엑셀에서 중복된 항목을 횟수별로 막대 그래프로 표시할 수 있어야 합니다. 이렇게 하면 "전시", "연극", "뮤지컬" 등의 항목이 몇 번 반복되는지 시각적으로 확인할 수 있습니다.

② ChatGPT가 작성해 준 함수를 그대로 복사해서 비어 있는 공간에서 공연 카테고리 모두 복사하여 선택합니다.

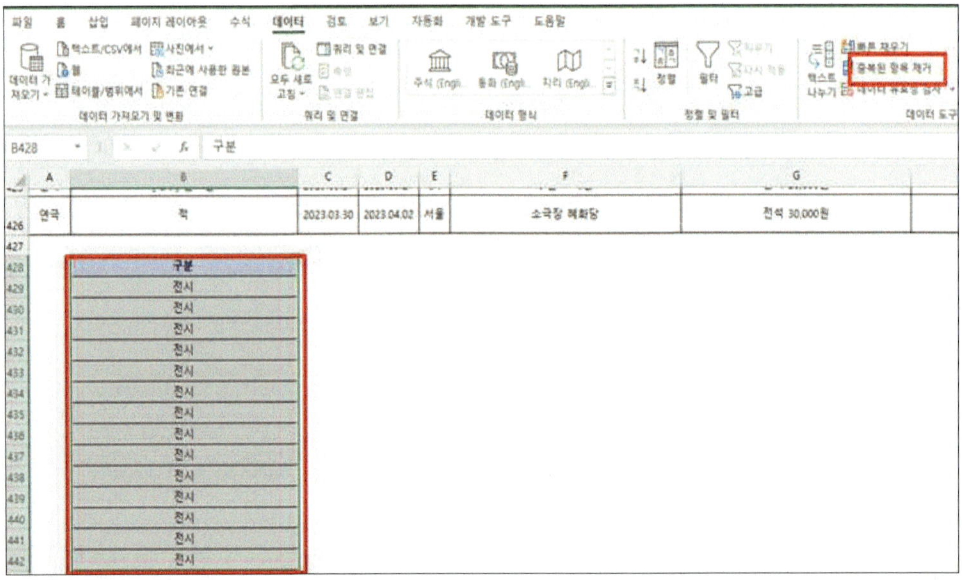

③ ChatGPT가 알려준 절차대로 중복 값을 제거합니다.

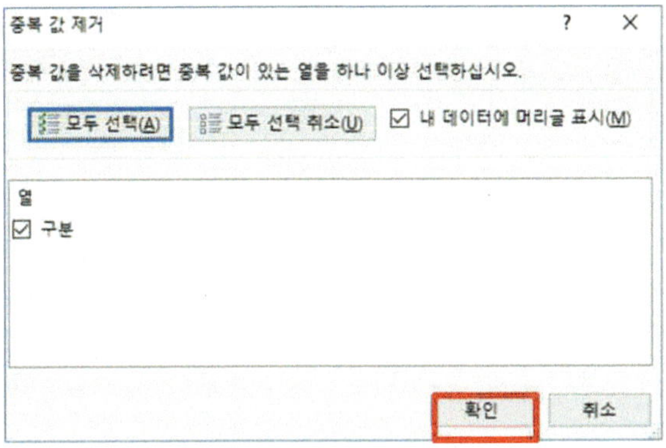

구분
전시
연극
뮤지컬
콘서트
음악
국악
기타
무용
오페라

④ "Copy code"를 선택하여 횟수를 세어주는 함수를 복사하여 셀의 위치 값을 수정하여 실행합니다. 셀의 위치 값을 A열 복사한 위치 값(B429)으로 변경한 후 함수를 실행합니다. 함수가 실행되면 구분에 공연의 전시 형태에 따른 횟수가 결과 값으로 나옵니다.

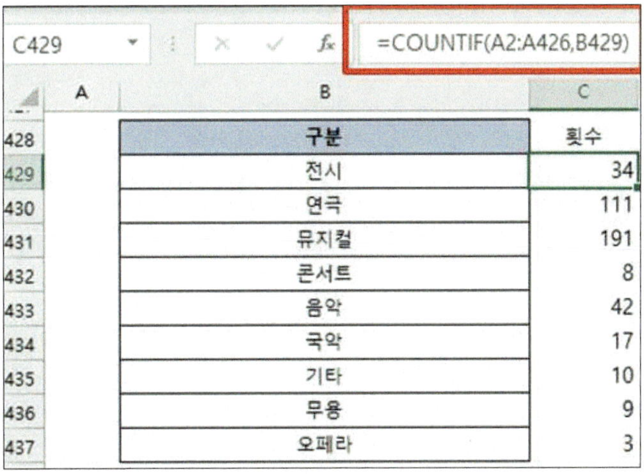

	A	B	C
428		구분	횟수
429		전시	34
430		연극	111
431		뮤지컬	191
432		콘서트	8
433		음악	42
434		국악	17
435		기타	10
436		무용	9
437		오페라	3

⑤ 데이터 영역을 선택하여 삽입 〉 차트선택에서 세로 막대그래프를 선택하여 실행합니다.

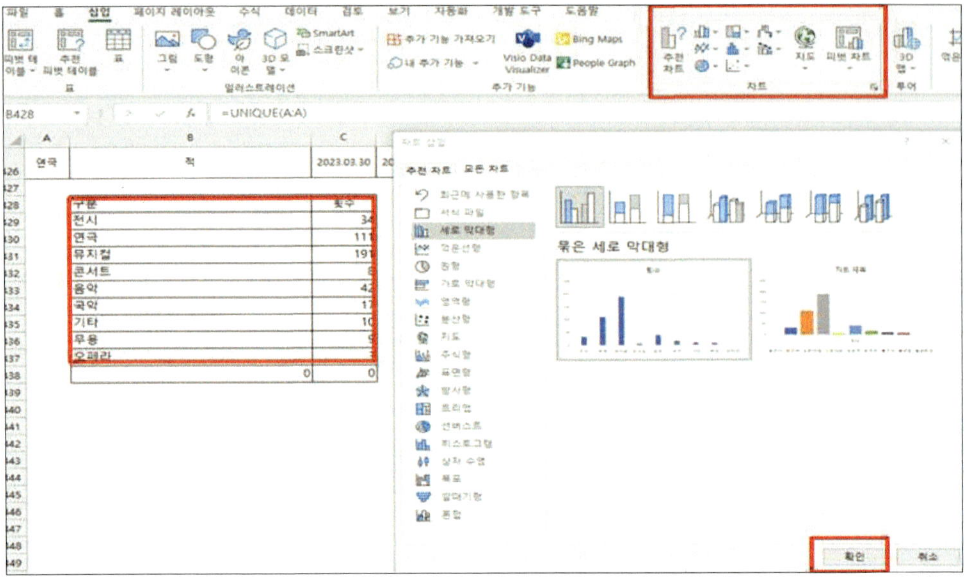

⑥ 통계 및 시각화 결과를 확인합니다.

구분	횟수
전시	34
연극	111
뮤지컬	191
콘서트	8
음악	42
국악	17
기타	10
무용	9
오페라	3
0	0

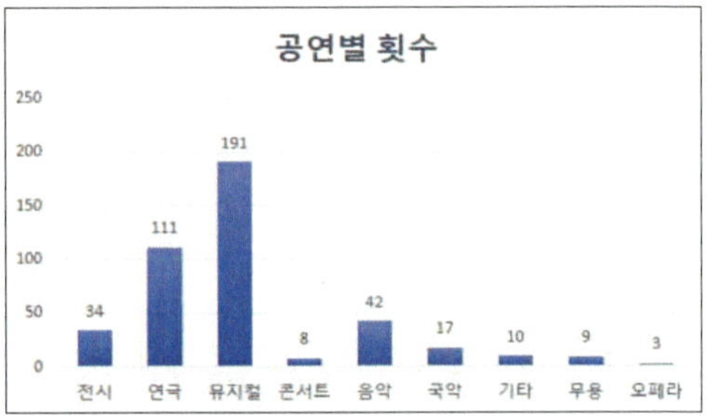

기간내 총 공연형태별 횟수 및 그래프

카테고리별 데이터를 카테고리 이름의 시트로 자동 생성하기

	A	B	C	D	E	F	G
1	순번	종목	문화재명	지정일	해제일	소재시도	시군구
2	1	국보	서울 숭례문	1962-12-20		서울특별시	중구
3	2	국보	서울 원각사지 십층석탑	1962-12-20		서울특별시	종로구
4	3	국보	서울 북한산 신라 진흥왕 순수비	1962-12-20		서울특별시	용산구
5	4	국보	여주 고달사지 승탑	1962-12-20		경기도	여주시
6	5	국보	보은 법주사 쌍사자 석등	1962-12-20		충청북도	보은군
7	6	국보	충주 탑평리 칠층석탑	1962-12-20		충청북도	충주시
8	7	국보	천안 봉선홍경사 갈기비	1962-12-20		충청남도	천안시
9	8	국보	보령 성주사지 대낭혜화상탑비	1962-12-20		충청남도	보령시
10	9	국보	부여 정림사지 오층석탑	1962-12-20		충청남도	부여군
11	10	국보	남원 실상사 백장암 삼층석탑	1962-12-20		전라북도	남원시
12	11	국보	익산 미륵사지 석탑	1962-12-20		전라북도	익산시
13	12	국보	구례 화엄사 각황전 앞 석등	1962-12-20		전라남도	구례군
14	13	국보	강진 무위사 극락보전	1962-12-20		전라남도	강진군
15	14	국보	영천 거조사 영산전	1962-12-20		경상북도	영천시
16	15	국보	안동 봉정사 극락전	1962-12-20		경상북도	안동시

소재시도가 있는 공공데이터 파일

다음은 소재시도가 표시된 데이터를 이용하여 소재시도별로 시트를 정리하는 자동화생성을 해보겠습니다. 자동화생성을 하기 위해 VBA활용을 위한 준비가 필요합니다.

VBA(Visucal Basic for Applications) 활용을 위한 준비

VBA는 프로그래밍 언어로 엑셀과 함께 기본 제공되고 코드를 작성하여 실행. 코딩 문법을 몰라도 ChatGPT에게 요청하여 생성된 코드를 엑셀에 적용하여 업무를 자동화할 수 있습니다.

① 리본 메뉴 추가하기
상단 메뉴에서 마우스 우클릭을 하여 "리본 메뉴 사용자 지정"을 선택합니다.

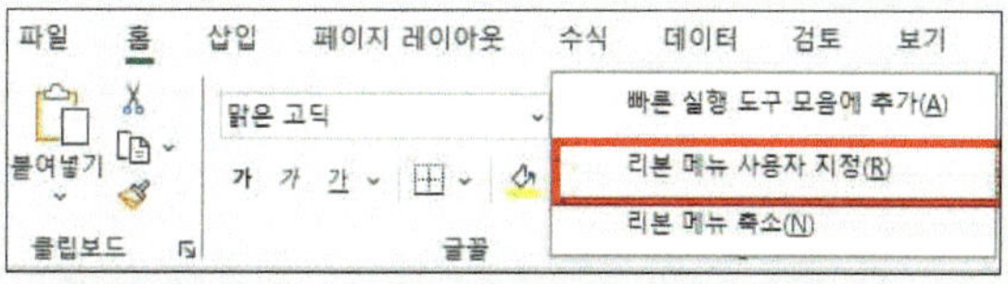

② 개발 도구 추가 〉 확인
오른쪽 리본 메뉴 사용자 지정 목록에서 "개발 도구"를 체크하고 확인 버튼을 클릭합니다.

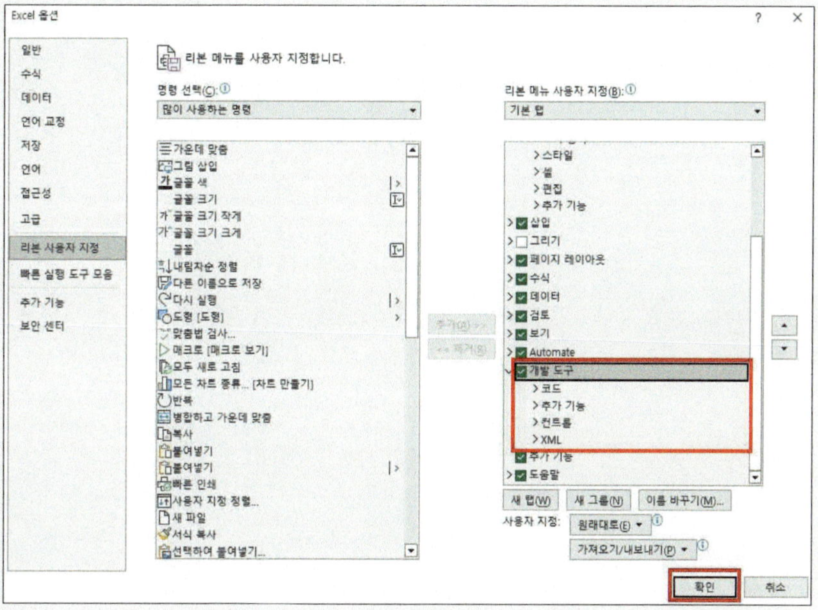

③ 엑셀 메뉴에 "개발 도구"가 나타나면 VBA활용 위한 준비완료입니다.

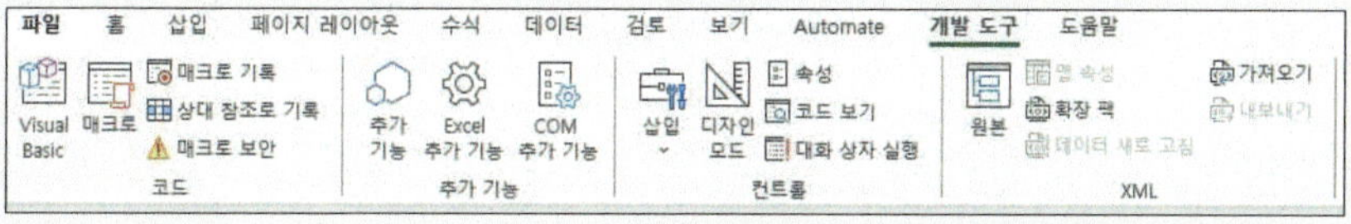

① 분류하려고 하는 현재 시트의 셀 위치의 명칭과 함께 요구 사항을 구체적인 예시를 들어 프롬프트를 작성합니다.

Prompt | 엑셀의 현재 시트에서 F열의 지역 이름으로 새로운 시트를 생성하고 지역이 동일한 모든 행을 같은 이름의 시트에 복사하는 vba코드는? 예를 들어 지역이 경기도이면 경기도 시트를 생성하고 지역이 경기도인 모든 행의 데이터를 경기도 시트에 복사한다.

다음은 엑셀 VBA 코드입니다. 현재 활성화된 시트에서 F 열의 지역 이름을 사용하여 새로운 시트를 생성하고 해당 지역 이름과 일치하는 모든 행을 새 시트로 복사합니다.

vb Copy code

```vb
Sub CopyDataToNewSheet()

    Dim srcSheet As Worksheet
    Dim dstSheet As Worksheet
    Dim lastRow As Long
    Dim i As Long, j As Long
    Dim regionName As String
    Dim sheetExists As Boolean

    Set srcSheet = ActiveSheet

    'Loop through all rows in column F
    lastRow = srcSheet.Cells(Rows.Count, "F").End(xlUp).Row
    For i = 2 To lastRow 'Assuming row 1 is headers

        'Get region name from column F
        regionName = srcSheet.Range("F" & i).Value
```

② ChatGPT가 작성해 준 "Copy Code"를 클릭해 코드를 복사하여 엑셀의 VBA 편집기를 실행합니다.

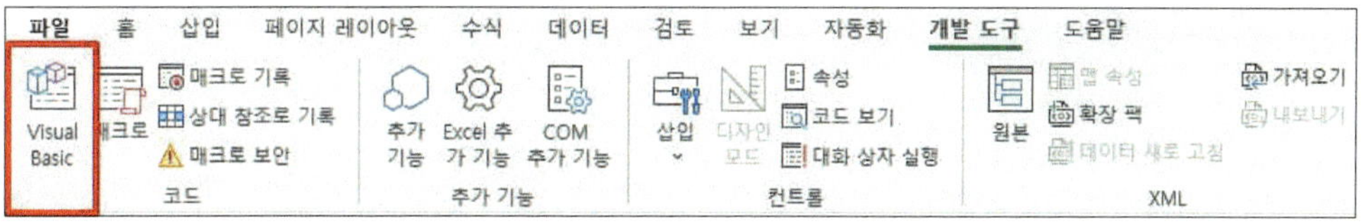

③ 메뉴 〉 삽입 〉 모듈을 실행하여 복사한 코드를 붙여 넣기를 합니다.

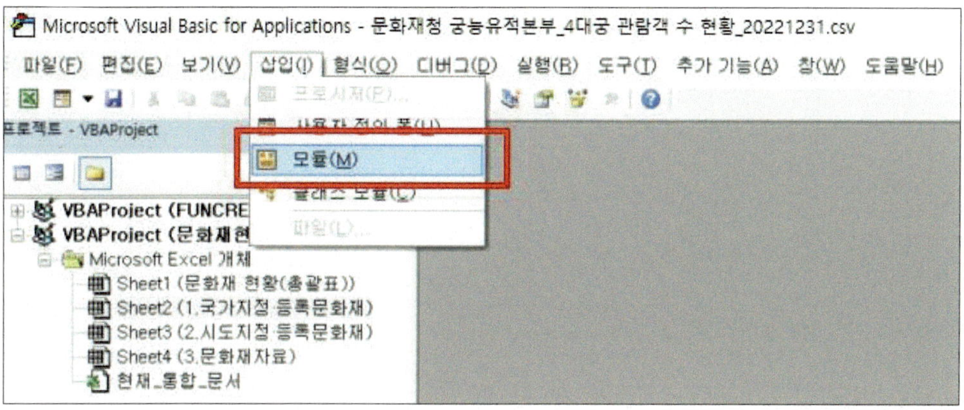

④ VBA 창의 종료 버튼을 눌러 창을 닫고 실행 전에 파일 저장하고 매크로 코드를 저장하기 위해 〈아니요〉를 선택합니다.

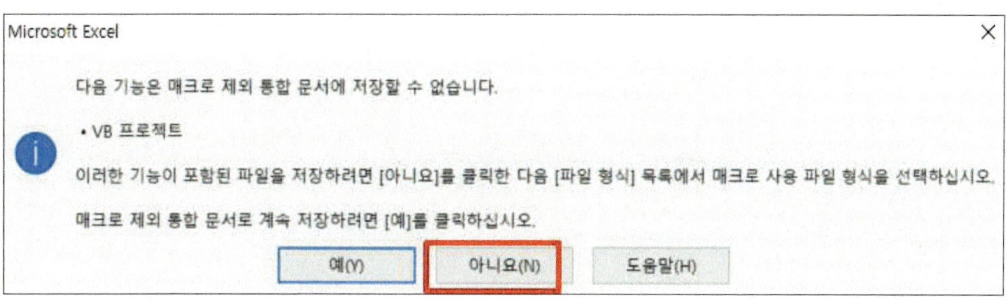

⑤ 매크로 코드를 저장하기 위해 〈Excel 매크로 사용 통합 문서〉를 선택하여 문서를 다시 저장합니다.

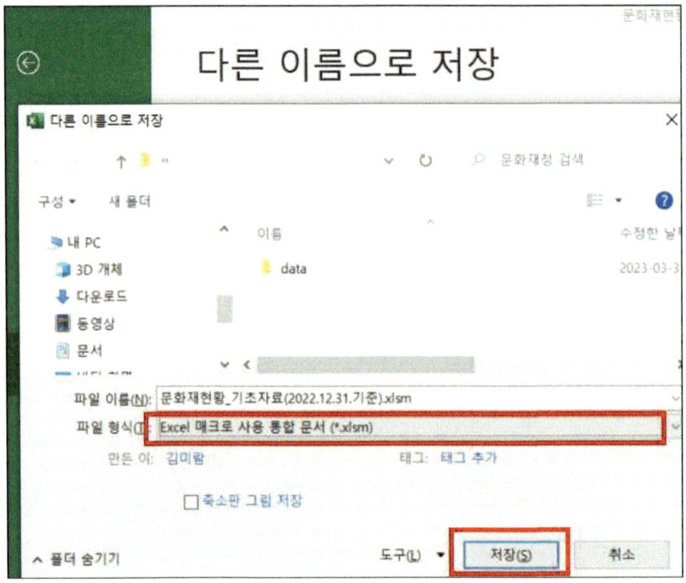

⑥ 메뉴 〉 개발 도구 〉 매크로를 실행합니다.

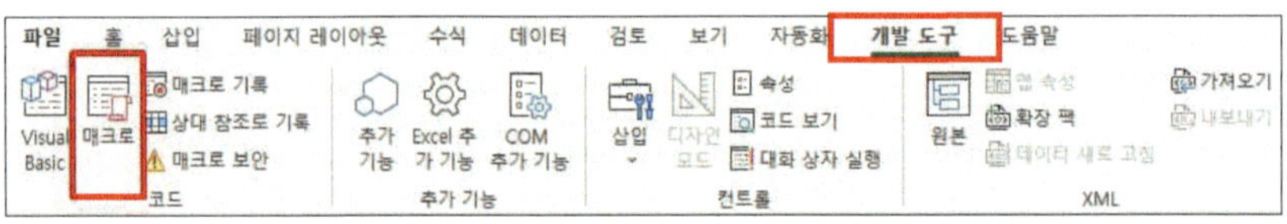

⑦ 매크로 이름을 선택하여 실행하면 자동으로 시트가 생성됩니다.

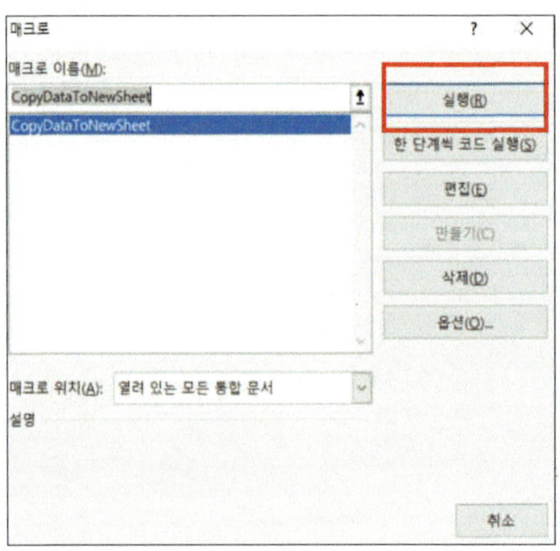

단, 데이터가 많은 경우 실행하는데 몇 분의 시간이 걸릴 수 있습니다.

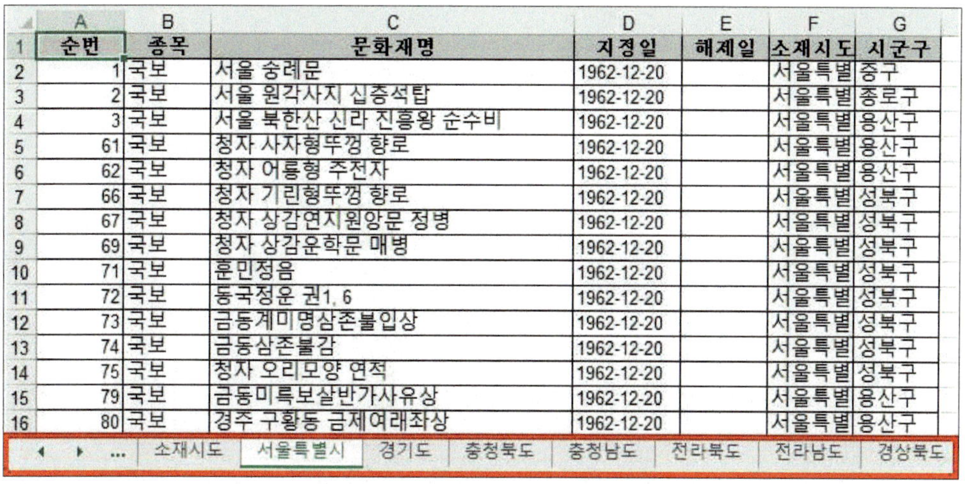

	A	B	C	D	E	F	G
1	순번	종목	문화재명	지정일	해제일	소재시도	시군구
2	1	국보	서울 숭례문	1962-12-20		서울특별	중구
3	2	국보	서울 원각사지 십층석탑	1962-12-20		서울특별	종로구
4	3	국보	서울 북한산 신라 진흥왕 순수비	1962-12-20		서울특별	용산구
5	61	국보	청자 사자형뚜껑 향로	1962-12-20		서울특별	용산구
6	62	국보	청자 어룡형 주전자	1962-12-20		서울특별	용산구
7	66	국보	청자 기린형뚜껑 향로	1962-12-20		서울특별	성북구
8	67	국보	청자 상감연지원앙문 정병	1962-12-20		서울특별	성북구
9	69	국보	청자 상감운학문 매병	1962-12-20		서울특별	성북구
10	71	국보	훈민정음	1962-12-20		서울특별	성북구
11	72	국보	동국정운 권1, 6	1962-12-20		서울특별	성북구
12	73	국보	금동계미명삼존불입상	1962-12-20		서울특별	성북구
13	74	국보	금동삼존불감	1962-12-20		서울특별	성북구
14	75	국보	청자 오리모양 연적	1962-12-20		서울특별	성북구
15	79	국보	금동미륵보살반가사유상	1962-12-20		서울특별	용산구
16	80	국보	경주 구황동 금제여래좌상	1962-12-20		서울특별	용산구

소재시도별로 생성된 시트에 분류된 데이터

모든 시트에 동일한 셀 서식 자동 적용하기

현재 시트에 적용된 서식을 다른 시트에도 적용하고 싶은 경우 ChatGPT에 VBA코드를 생성하도록 하여 적용해 봅니다.

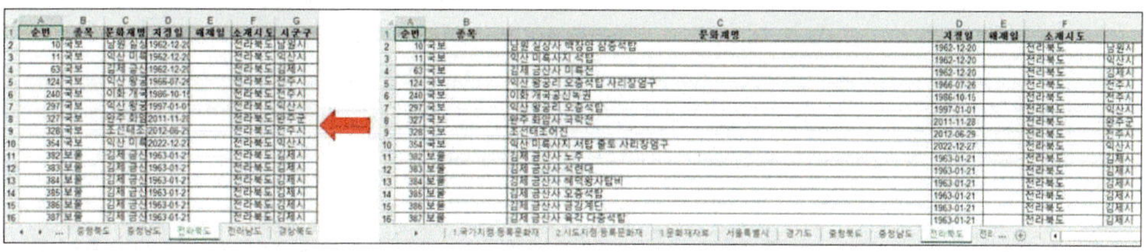

오른쪽 시트의 서식을 다른 시트에 일괄 적용하기

① 적용하고 싶은 서식을 명확하게 서술하여 프롬프트를 작성합니다.

Prompt | 엑셀의 현재 시트에서 A열부터 G열까지 서식의 열 너비자동맞춤 설정과 열 너비 값을 다른 시트에 적용하는 vba 코드를 작성해.

아래 VBA 코드는 현재 작업 중인 시트에서 A열부터 G열까지의 열 너비를 자동으로 맞춘 다음, 그 값을 워크북의 모든 다른 시트에 적용합니다. 이 코드를 VBA 편집기에 붙여넣고 실행하면 됩니다.

vba　Copy code

```vba
Sub CopyColumnWidthsToAllSheets()

    Dim srcWs As Worksheet, destWs As Worksheet
    Dim col As Range
    Dim colIndex As Integer

    ' 원본 시트 설정
    Set srcWs = ThisWorkbook.ActiveSheet ' 현재 활성화된 시트를

    ' A열부터 G열까지 열 너비 자동 맞춤 설정
    For Each col In srcWs.Range("A:G").Columns
        col.AutoFit
    Next col

    ' 원본 시트에서 다른 모든 시트로 열 너비 복사
    For Each destWs In ThisWorkbook.Worksheets
        ' 원본 시트와 같은 시트가 아닌 경우에만 복사
        If destWs.Name <> srcWs.Name Then
```

② ChatGPT가 작성해 준 코드는 "Copy code"를 클릭하여 복사한 후 엑셀의 VBA 편집기를 열어 새로운 모듈에 붙여넣기를 합니다.

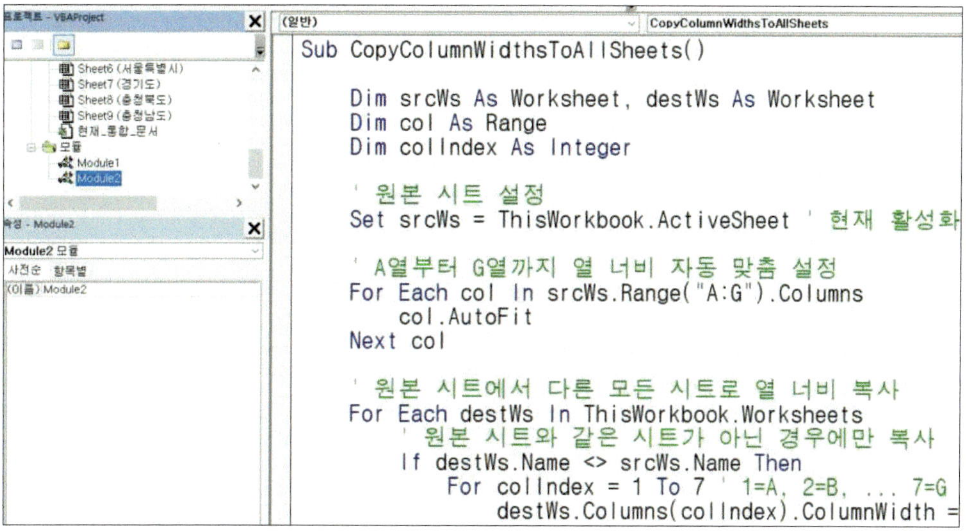

③ 매크로 모듈을 실행하여 서식이 적용되는지 확인합니다.

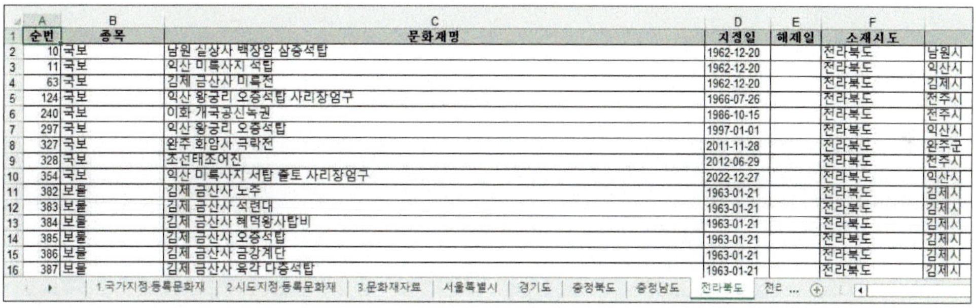

순번	종목	문화재명	지정일	해제일	소재시도	
10	국보	남원 실상사 백장암 삼층석탑	1962-12-20		전라북도	남원시
11	국보	익산 미륵사지 석탑	1962-12-20		전라북도	익산시
63	국보	김제 금산사 미륵전	1962-12-20		전라북도	김제시
124	국보	익산 왕궁리 오층석탑 사리장엄구	1966-07-26		전라북도	전주시
240	국보	이화 개국공신녹권	1986-10-15		전라북도	전주시
297	국보	익산 왕궁리 오층석탑	1997-01-01		전라북도	익산시
327	국보	완주 화암사 극락전	2011-11-28		전라북도	완주군
328	국보	조선태조어진	2012-06-29		전라북도	전주시
354	국보	익산 미륵사지 서탑 출토 사리장엄구	2022-12-27		전라북도	익산시
382	보물	김제 금산사 노주	1963-01-21		전라북도	김제시
383	보물	김제 금산사 석련대	1963-01-21		전라북도	김제시
384	보물	김제 금산사 혜덕왕사탑비	1963-01-21		전라북도	김제시
385	보물	김제 금산사 오층석탑	1963-01-21		전라북도	김제시
386	보물	김제 금산사 금강계단	1963-01-21		전라북도	김제시
387	보물	김제 금산사 육각 다층석탑	1963-01-21		전라북도	김제시

코드 실행 후 서식이 동일하게 적용된 결과 화면

엑셀에서 최신 뉴스 웹크롤링 하기

포털사이트 뉴스에서 관심 키워드로 최근 뉴스를 검색하고 북마크를 매번 정리하는 것은 꽤나 번거롭니다. ChatGPT를 활용하여 엑셀에서 해당 날짜 시트 이름으로 키워드 뉴스 링크를 정리하는 VBA 코드를 만들 수 있습니다. 크롤링 작업을 ChatGPT에게 요청하고 작성된 VBA 코드를 한 번 정리해 두고 필요할 때마다 실행하면 됩니다. 다음은 원하는 뉴스 키워드를 B열에 기입하면 크롤링된 내용을 해당 날짜의 이름으로 된 워크시트를 만들어주는 VBA 코드를 작성하는 예입니다.

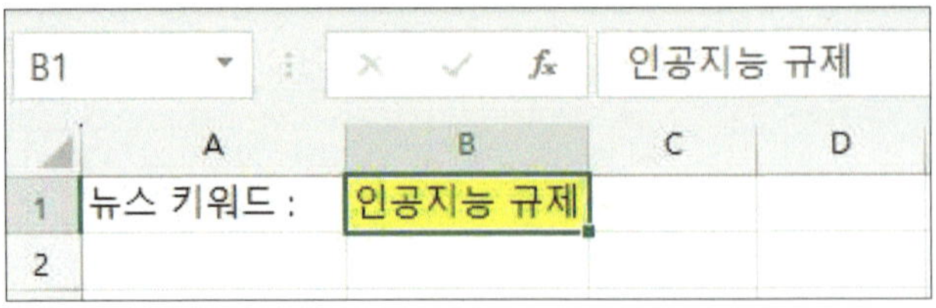

① 엑셀 파일에서 키워드가 있는 위치를 알려주고 프롬프트를 작성합니다. 결과물에 대해 구체적으로 요청합니다.

Prompt | 엑셀에서 B1 셀의 키워드로 네이버뉴스 기사를 크롤링하고 해당 시트 이름을 날짜로 생성하는 vba코드를 작성해줘

A1 셀의 키워드를 사용하여 네이버 뉴스 기사를 크롤링하고, 시트 이름을 현재 날짜로 설정하는 VBA 코드를 작성하겠습니다. 아래 코드를 엑셀 VBA 프로젝트에 복사하여 붙여넣으세요.

먼저 사용하려는 엑셀 파일에서 "도구" 〉 "참조 설정"으로 이동하여 "Microsoft Internet Controls"와 "Microsoft HTML Object Library"를 활성화하세요.

vba Copy code

```vba
Sub NaverNewsCrawler()
    Dim IE As Object
    Dim HTML As Object
    Dim objShell As Object
    Dim keyword As String
    Dim searchUrl As String
    Dim ws As Worksheet
    Dim todayDate As String
```

② 메뉴 〉 개발 도구 〉 Visual Basic 선택하여 에디터를 실행합니다.

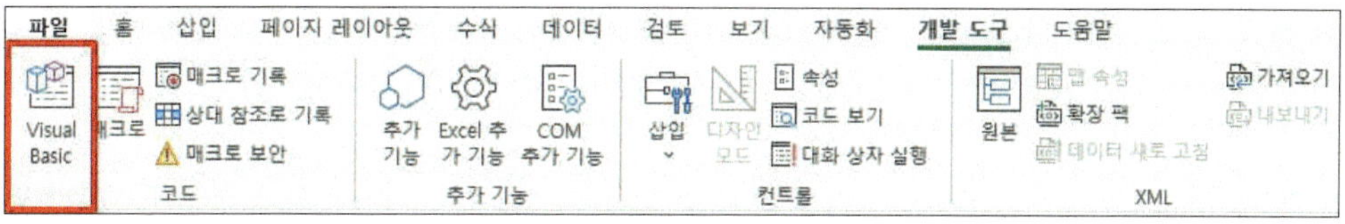

③ ChatGPT가 알려준대로 메뉴 〉 도구 〉 참조에 아래 2가지 옵션을 추가로 체크하여 확인 버튼 클릭합니다.

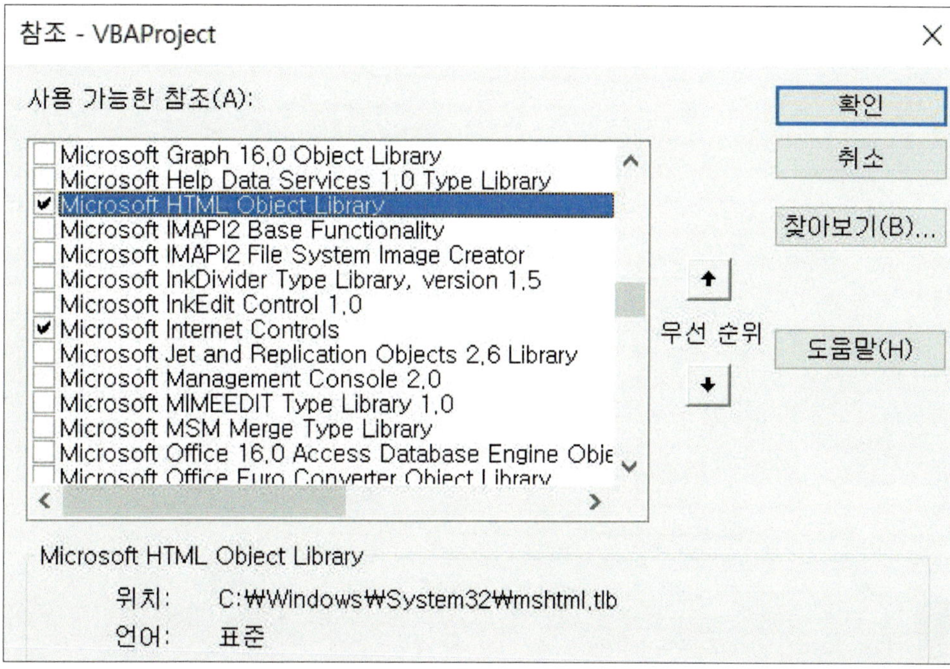

④ 메뉴 〉 삽입 〉 모듈 선택하여 ChatGPT가 작성해준 VBA 코드를 "Copy code"를 클릭하여 복사한 후 창을 닫습니다.

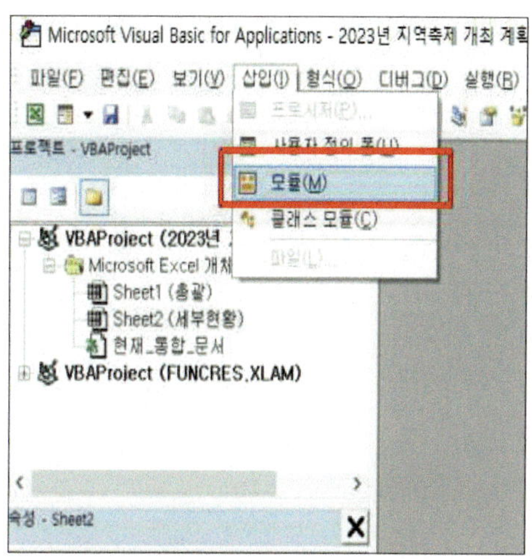

⑤ 파일 〉 다른 이름으로 저장 〉 파일 이름 입력하고 확장자를 *xlsm으로 선택하고 저장합니다.

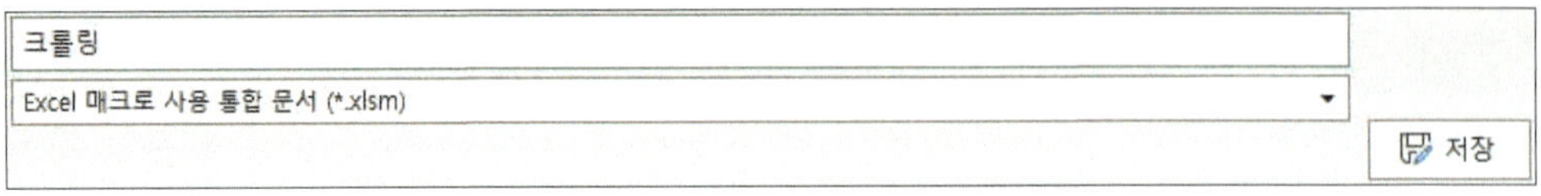

⑥ 메뉴 〉 개발 도구 〉 매크로 〉 추가된 모듈을 선택하여 실행합니다.

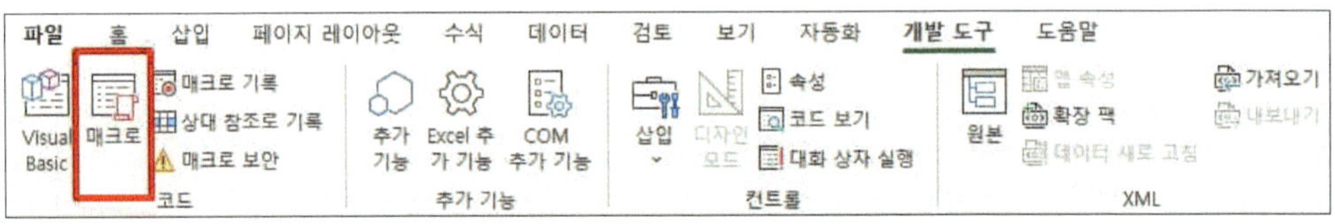

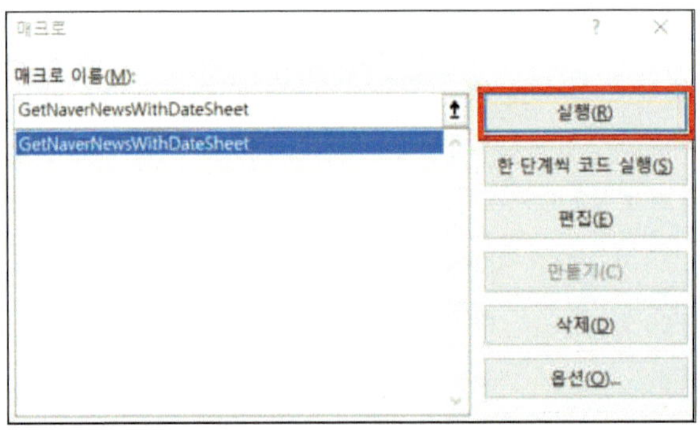

⑦ 실행 결과 아래와 같이 뉴스 타이틀과 링크가 날짜 시트에 작성됩니다.

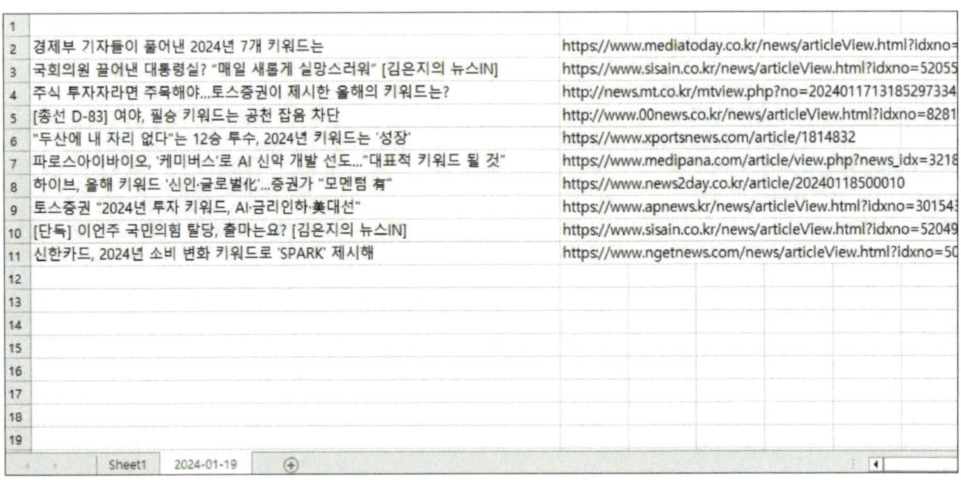

키워드 입력에 따른 뉴스크롤링 및 링크가 생성된 시트

국가통계 데이터를 활용하여 데이터 분석하고 시각화하기

국가 통계 포털 사이트(https : //kosis.kr/index/index.do)에 접속하여 관심 있는 통계 자료를 검색합니다.

1인 가구수 증가 추이를 분석해 봅시다.

① 공공데이터를 입력하고 분석하여 요구사항을 프롬프트로 작성합니다.

국가통계 포털 페이지에서 검색 결과 화면

Prompt | [데이터] 위 데이터는 최근 3년간 1인 가구 수 통계이다. 이 데이터를 분석해 연령별 1인 가구수 증감을 전망해줘

위 결과를 바탕으로, 전체적으로 1인 가구수가 증가하는 추세임을 확인할 수 있습니다. 2019년부터 2020년까지 전체적인 증감률은 8.92%이며, 2020년부터 2021년까지는 증감률이 9.75%로 상승하였습니다. 대부분의 연령대에서 1인 가구수가 지속적으로 증가하는 추세를 보이고 있습니다. 특히, 2529세, 3034세, 65~69세 연령대의 증가가 두드러집니다. 이러한 연령대의 가구수 증가는 젊은 세대의 독립 생활 증가와 고령화로 인한 노인 가구 증가가 영향을 미칠 수 있습니다.

다만, 20세 미만의 경우 2019년부터 2020년까지의 증감률은 17.38%로 증가하였으나, 2020년부터 2021년까지의 증감률은 -20.77%로 감소하였습니다. 이러한 감소는 대학 진학률 변화, 청소년 인구수 감소 등 다양한 요인들이 영향을 미칠 수 있습니다.

앞으로의 전망으로는 대부분의 연령대에서 1인 가구수 증가 추세가 이어질 것으로 보이며, 특히 젊은 세대와 고령 세대에서의 가구수 증가가 두드러질 것으로 예상됩니다.

② 시각화를 하기 위해 분석할 텍스트를 csv의 구체적인 포맷으로 작성하여 csv 파일로 저장합니다.

Prompt | csv 형태로 만들어줘

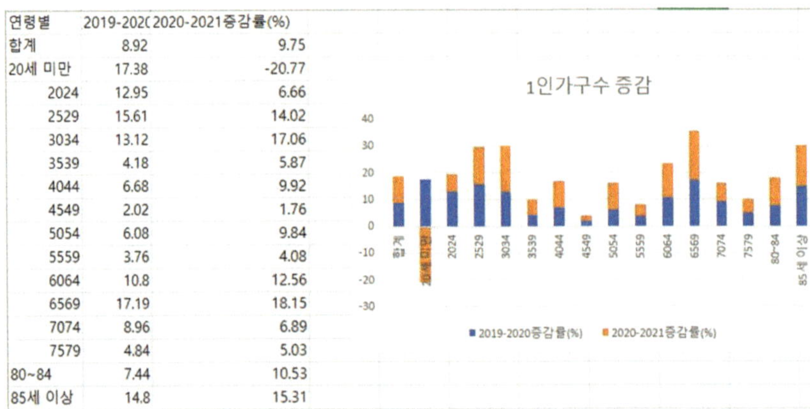

연령별	2019-202(	2020-2021증감률(%)
합계	8.92	9.75
20세 미만	17.38	-20.77
2024	12.95	6.66
2529	15.61	14.02
3034	13.12	17.06
3539	4.18	5.87
4044	6.68	9.92
4549	2.02	1.76
5054	6.08	9.84
5559	3.76	4.08
6064	10.8	12.56
6569	17.19	18.15
7074	8.96	6.89
7579	4.84	5.03
80~84	7.44	10.53
85세 이상	14.8	15.31

엑셀에서 차트로 시각화하는 부분도 ChatGPT의 도움을 받을 수 있습니다.

공공 데이터 및 유용한 데이터 포털 링크

사이트명	URL
공공데이터 포털(행정안전부)	http://www.data.go.kr
국가통계포털(통계청)	http://kosis.kr
고속도로 데이터포털(한국도로공사)	http://data.ex.co.kr
서울 열린 데이터 광장(서울시)	http://data.seoul.go.kr
경기데이터드림(경기도)	http://data.gg.go.kr
부동산 실거래가(국토교통부)	http://rt.molit.go.kr
마이크로데이터 통합 서비스	https://mdis.kostat.go.kr/index.do
보건복지 데이터포털	https://kdx.kr/main
국민건강보험(NHISS)	https://nhiss.nhis.or.kr/bd/ay/bdaya001iv.do
구글 트렌드	https://trends.google.co.kr/trends/?geo=KR
네이버 데이터랩	https://datalab.naver.com/
한국데이터거래소(민간)	https://data.kihasa.re.kr/
캐글(해외)	https://www.kaggle.com/
Out World in Data(해외)	https://ourworldindata.org

Data Analysis 활용하여 넷플릭스 분석하기

ChatGPT 유료 사용자의 경우 OpenAI의 My GPTs의 Data Analysis를 사용하면 데이터 파일을 직접 입력하여 데이터 분석 및 시각화를 아주 쉽게 할 수 있습니다.

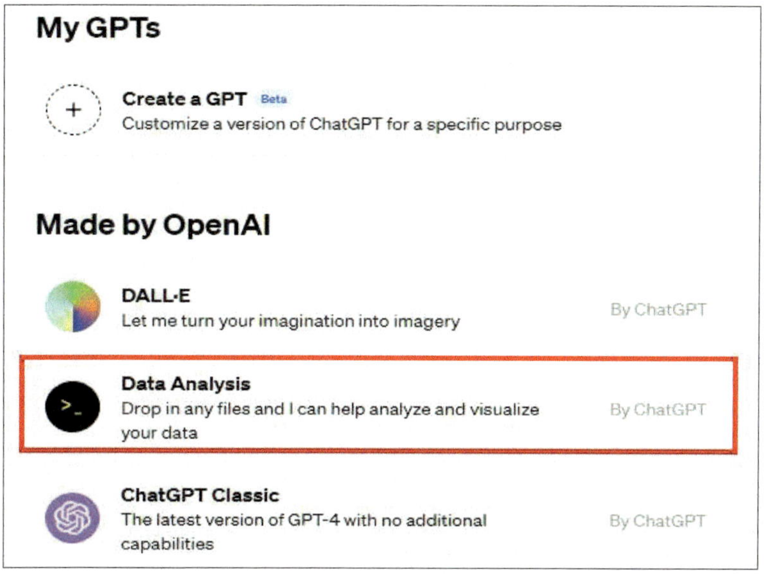

캐글(kaggle) 사이트에서 넷플릭스 데이터 파일을 다운로드 받아서 분석해보겠습니다.

캐글 사이트에서 넷플릭스 데이터 검색 결과 화면

	A	B	C	D	E	F	G	H
1	country_n	country_is	week	category	weekly_ra	show_title	season_title	cumulative_weeks_in_top_10
2	Argentina	AR	2023-11-19	Films	1	The Killer	N/A	2
3	Argentina	AR	2023-11-19	Films	2	Mam? se fue de viaje	N/A	2
4	Argentina	AR	2023-11-19	Films	3	Monster Hunter	N/A	1
5	Argentina	AR	2023-11-19	Films	4	F9: The Fast Saga	N/A	2
6	Argentina	AR	2023-11-19	Films	5	Best. Christmas. Ever!	N/A	1
7	Argentina	AR	2023-11-19	Films	6	Heatwave	N/A	1
8	Argentina	AR	2023-11-19	Films	7	Locked In	N/A	3
9	Argentina	AR	2023-11-19	Films	8	Summer Vacation	N/A	2
10	Argentina	AR	2023-11-19	Films	9	El ?ltimo traje	N/A	1
11	Argentina	AR	2023-11-19	Films	10	I Married a Dumbass	N/A	2
12	Argentina	AR	2023-11-19	TV	1	Criminal Code	Criminal Code: Season 1	1
13	Argentina	AR	2023-11-19	TV	2	The Crown	The Crown: Season 6	1
14	Argentina	AR	2023-11-19	TV	3	All the Light We Cannot See	All the Light We Cannot S	3

① 230만 개 이상의 데이터가 있는 파일을 통째로 입력해 보겠습니다.

Prompt | all-weeks-countries.csv
Spreadsheet

분석하고 시각화해

파일을 성공적으로 'ISO-8859-1' 인코딩으로 열었습니다. 파일에는 다음과 같은 컬럼이 포함되어 있습니다 :

- country_name : 국가 이름
- country_iso2 : 국가의 ISO2 코드
- week : 해당 주
- category : 카테고리(예 : Films)
- weekly_rank : 주간 순위
- show_title : 쇼의 제목
- season_title : 시즌의 제목(해당되는 경우)
- cumulative_weeks_in_top_10 : 상위 10위 안에 있는 주 수

이제 이 데이터를 사용하여 어떤 분석이나 시각화를 원하시는지 알려주시면 됩니다. 예를 들어, 특정 국가의 시간에 따른 쇼 순위 변화, 특정 카테고리의 인기도 분석, 국가별 인기 쇼 비교 등이 가능합니다. 구체적인 요청을 알려주시면 해당 분석을 진행하겠습니다.

② 데이터 구성을 확인 후 분석하고 싶은 내용을 프롬프트로 작성합니다.

Prompt | 국가의 시간에 따른 쇼 순위 변화와 전체 가장 인기 있는 show title을 알려줘

분석을 위해 두 가지 작업을 진행하겠습니다 :

1. **국가별 시간에 따른 쇼 순위 변화 분석** : 이를 위해 특정 국가를 선택하거나 여러 국가를 비교할 수 있습니다. 특정 국가를 선호하시나요, 아니면 모든 국가의 데이터를 사용하시겠습니까?

2. **전체에서 가장 인기 있는 쇼 타이틀 찾기** : 이를 위해 모든 데이터를 사용하여 가장 자주 상위 10위 안에 든 쇼를 확인하겠습니다.

   첫 번째 작업에 대해 특정 국가를 선호하시는지 알려주시면 감사하겠습니다. 그렇지 않으면, 대표적인 몇 개의 국가를 선택하여 분석하겠습니다.

   전체 데이터를 기반으로 가장 인기 있는 쇼 타이틀은 다음과 같습니다 :

1. Stranger Things
2. Manifest
3. The Good Doctor
4. Money Heist
5. You
6. The Witcher
7. Pasi?n de Gavilanes
8. Pablo Escobar, el patr?n del mal
9. Bridgerton
10. Wednesday

   이들은 상위 10위 안에 가장 자주 오른 쇼들입니다.

이제 국가별 시간에 따른 쇼 순위 변화 분석을 위해 특정 국가를 선호하시는지 알려주세요. 그렇지 않으면 몇몇 대표적인 국가를 선택하여 분석을 진행하겠습니다.

③ 분석한 내용을 한눈에 파악할 수 있게 시각화요청 프롬프트를 작성합니다.

Prompt | 분석한 내용을 시각화해줘.

먼저, 전체 데이터에서 가장 인기 있는 쇼 타이틀에 대한 시각화를 진행하겠습니다. 이를 위해 가장 많이 상위 10위 안에 든 쇼 타이틀들의 빈도를 막대 그래프로 표현하겠습니다. 이후 국가별 시간에 따른 쇼 순위 변화 분석을 위한 시각화를 진행할 것입니다. 이를 위해 특정 국가를 선택하거나 여러 국가를 비교하는 것을 고려할 수 있습니다.

먼저 인기 있는 쇼 타이틀에 대한 시각화를 시작하겠습니다.

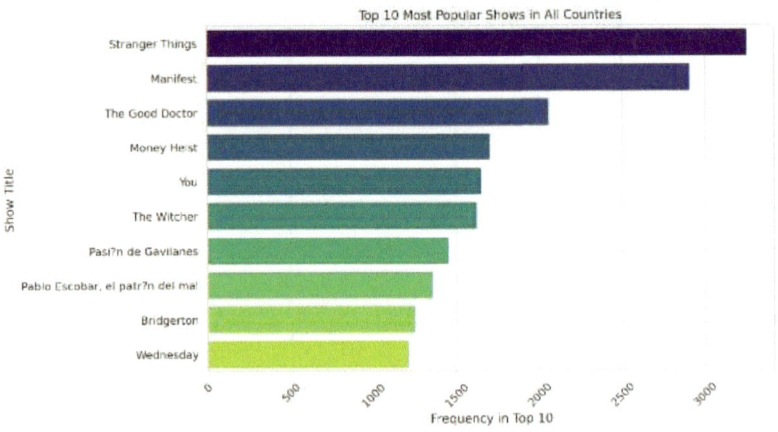

위의 막대 그래프는 전체 데이터를 기반으로 상위 10위 안에 가장 자주 오른 쇼들을 보여줍니다. "Stranger Things", "Manifest", "The Good Doctor" 등이 상위 순위에 있음을 확인할 수 있습니다.

다음으로, 국가별 시간에 따른 쇼 순위 변화를 시각화하려 합니다. 이를 위해 특정 국가를 선택하시거나, 몇몇 대표적인 국가를 제가 선택하여 분석을 진행할 수 있습니다. 국가에 대한 선호도를 알려주시면 감사하겠습니다.

넷플릭스에서 인기 있는 쇼 타이틀 시각화 결과 화면

SNS 유튜브 영상 콘텐츠 제작하기

브루(Vrew) 시작하기

유튜브 영상이나 SNS에 업로드하는 짧은 길이 영상인 릴스 또는 쇼츠를 제작하려는 경우 촬영부터 영상 편집 및 자막 작성에서 이제는 다국어 언어 적용까지 해야 할 작업과 익혀야 할 기술들이 너무 많습니다. 전문가용 영상 편집 프로그램을 사용하지 않고 아주 간편하게 영상 콘텐츠를 제작하려는 경우뿐 만 아니라 이제는 인공지능이 생성해 주는 이미지, 영상, 목소리까지 활용할 수 있습니다. 여러 영상 편집 플랫폼 중에 브루(Vrew)라고 하는 프로그램을 사용해 보겠습니다.

브루는 보이저알엑스(VoyagerX) 기업에서 만든 영상 편집 및 생성 플랫폼입니다.

생성형 인공지능 기능 이전부터 영상 편집을 손쉽게 할 수 있는 프로그램으로 특히 영상의 자막을 만들고 싶은 비전문가가 쉽게 영상을 편집할 수 있습니다.

설치하기와 회원 가입하기

① 홈페이지에 접속합니다. https : //vrew.voyagerx.com/ko/

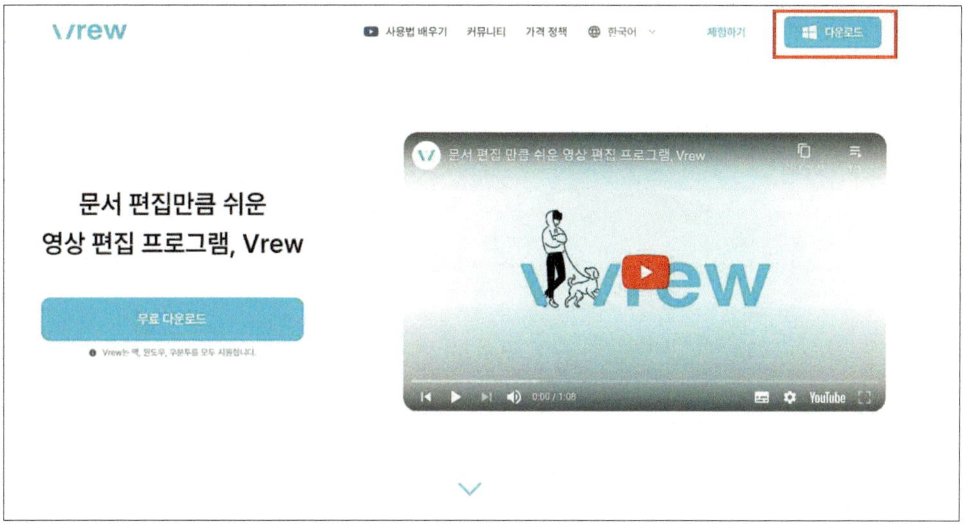

브루 홈페이지 화면

② 다운로드 버튼을 클릭하여 프로그램을 설치합니다.

프로그램을 설치하거나 웹에서 직접 프로그램을 사용할 수도 있지만 영상 내보내기 기능을 사용하기 위해 설치형으로 진행합니다.

프로그램은 맥OS, 윈도우, 우분투(Ubuntu) 등 다양한 OS를 지원합니다.

③ 설치가 완료되면 회원가입을 진행합니다.

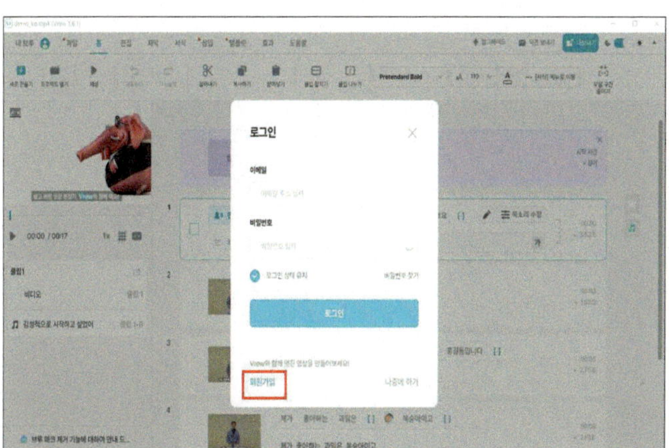

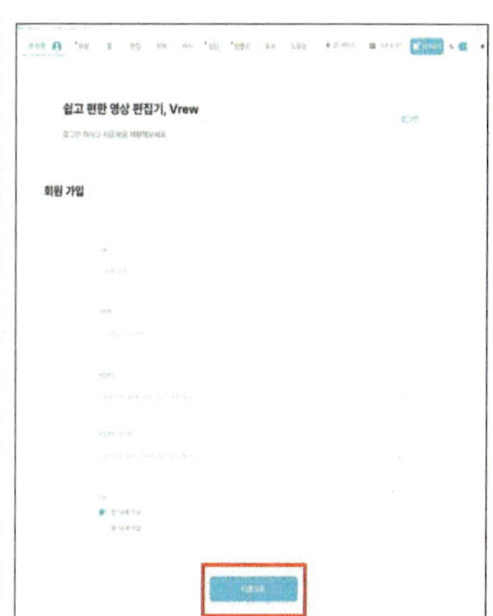

④ 원하는 테마를 선택하여 적용합니다.

설정에서 다른 테마로 추후 변경이 가능합니다.

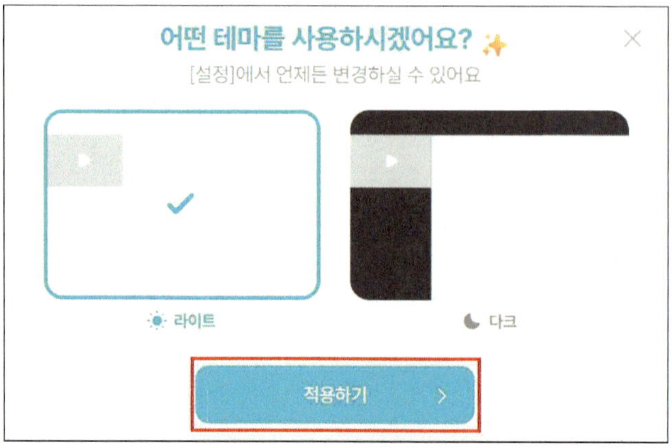

메뉴 살펴보기

프로그램의 메뉴를 간단하게 살펴보겠습니다. 상단에 메뉴가 있고 해당 메뉴를 클릭하면 바로 관련 기능에 대한 아이콘들과 함께 하위 메뉴가 보여 집니다.

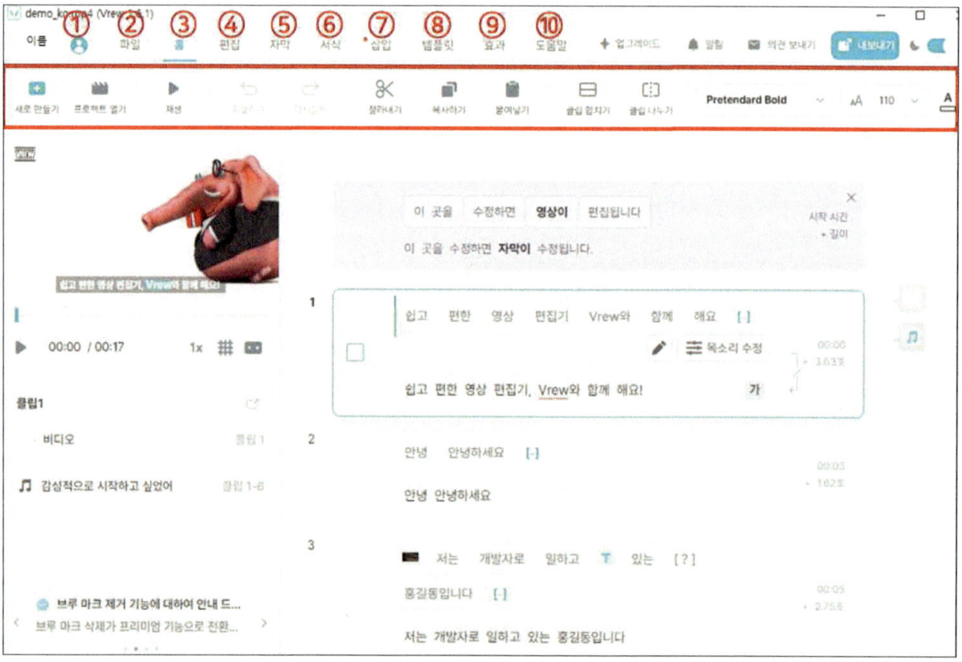

① 계정 : 왼쪽 첫 메뉴인 프로필 아이콘을 선택하면 로그인 계정에 대한 간략한 정보를 보여줍니다. 현재 무료 계정인 경우 사용 가능한 기능과 분량은 다음과 같습니다.

프로필(계정)의 세부 메뉴

② 파일 : 프로젝트를 만들기, 저장, 불러오기 등 프로젝트를 관리하고 영상을 내보내기를 할 수 있습니다.

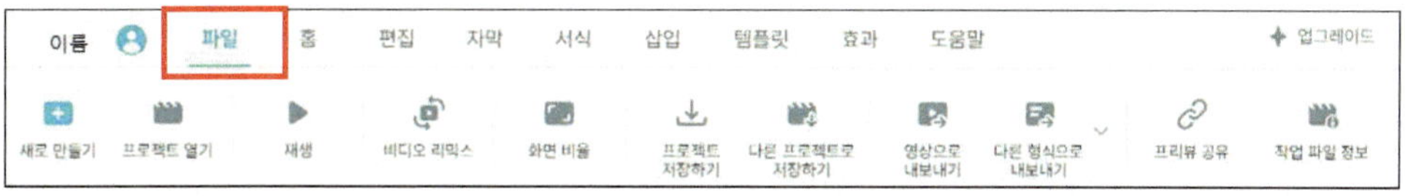

파일의 세부 메뉴

③ 홈 : 가장 많이 사용하는 기능들을 모아놓은 메뉴로 잘라내기, 복사하기, 붙여넣기 등이 있습니다.

홈의 세부 메뉴

④ 편집 : 영상 편집에 필요한 기능들을 모아놓은 메뉴로 클립선택, 잘라내기, 복사하기, 붙여넣기, 영상잠그기 등이 있습니다.

편집의 세부 메뉴

⑤ 자막 : 영상에 들어갈 자막을 추가하거나 편집하는 메뉴로 타임텍스트 불러오기, 원고 불러오기, 자막파일 불러오기, 자막표시, 번역자막 추가, 맞춤법 검사의 기능 등이 있습니다.

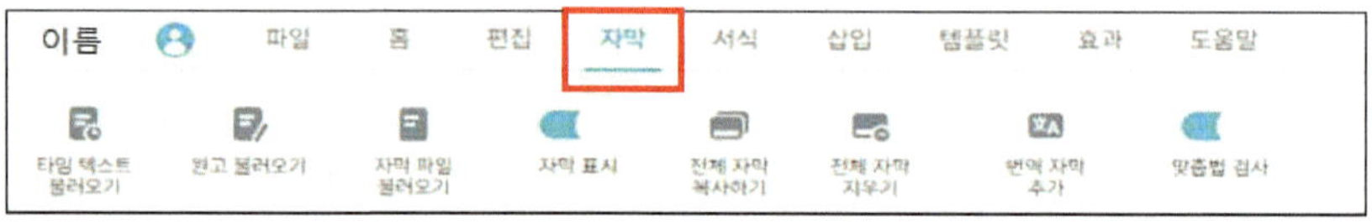

자막의 세부 메뉴

⑥ 서식 : 자막의 스타일을 지정하며, 서식지우기, 지정된 서식 외에 굵기 조절 및 크기 조절 등의 기능이 있습니다.

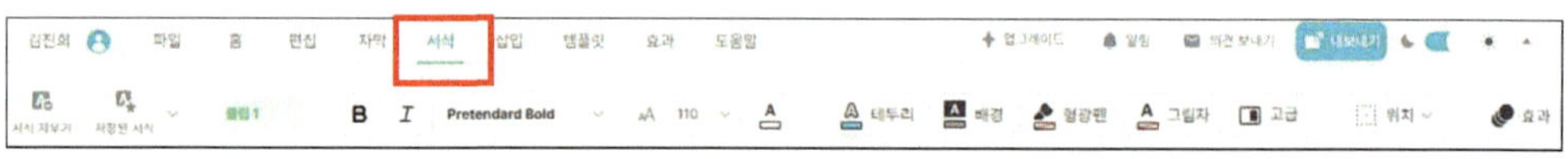

서식의 세부 메뉴

⑦ 삽입 : 영상에 들어갈 자막, 이미지, 영상, 음악 등 다양한 요소들을 적용할 수 있습니다.

삽입의 세부 메뉴

⑧ 템플릿 : 영상 비율에 따라 다양한 스타일로 적용할 수 있는 템플릿 메뉴입니다.

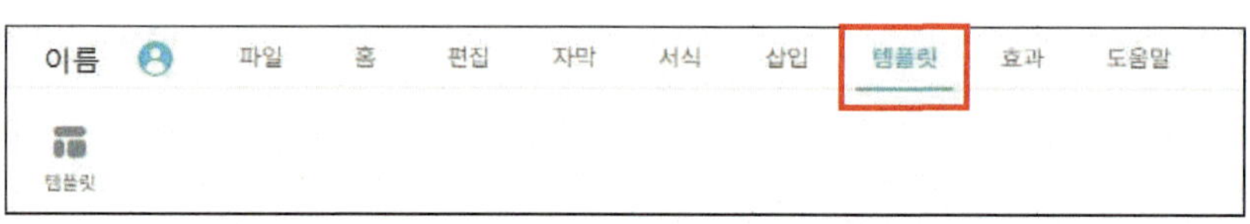

템플릿의 세부 메뉴

⑨ 효과 : 기존의 영상을 필터 기능을 이용하여 다양한 색감을 적용하거나 회전 및 속도 등을 조절할 수 있는 메뉴입니다.

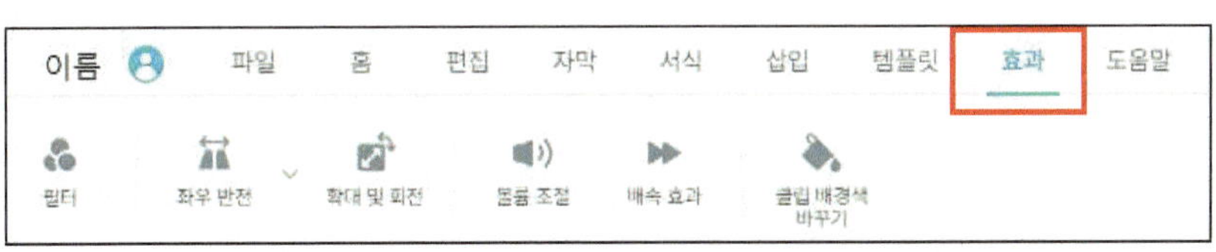

효과의 세부 메뉴

⑩ 도움말 : 기본 계정 정보를 확인하거나 프로그램 툴을 유용하게 사용하기 위한 설정 및 정보가 제공되는 메뉴입니다.

도움말의 세부 메뉴

영상이 모두 제작이 되고 나면 내보내기 메뉴를 통해 파일로 생성합니다. 동영상뿐만 아니라 자막, 오디오 등 다양한 형태의 파일로 내보내기를 할 수 있습니다.

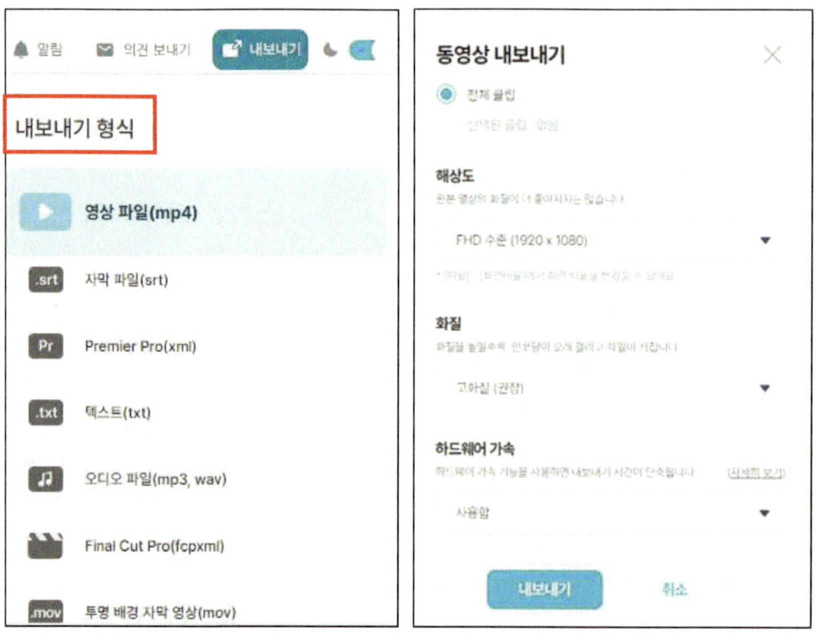

아이디어로 릴스 영상 생성하기

기존에 촬영한 영상도 없고, 콘텐츠 아이디어만 있는 경우 영상을 생성할 수 있습니다. SNS에 포스팅할 습관과 관련된 영상 콘테츠를 생성해 보겠습니다.

① 파일 〉 새로 만들기 〉 텍스트로 비디오 만들기

② 화면 비율 정하기

인스타그램에 올릴 영상 콘테츠를 만들기 위해 해당 영상 비율을 선택하고 다음 버튼을 클릭합니다.

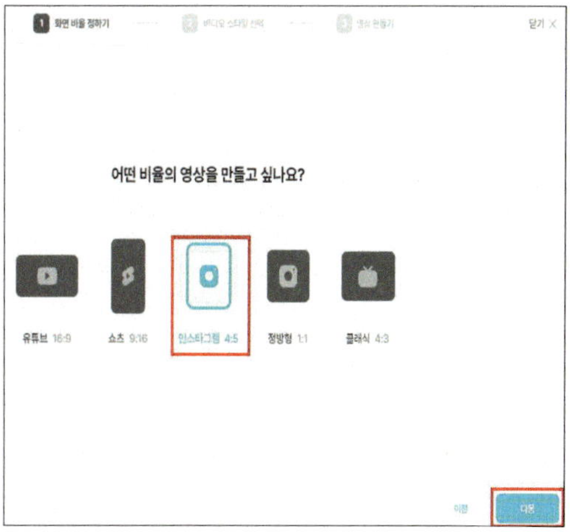

③ 비디오 스타일 선택하기

영상에 어울리는 스타일을 선택하고 다음 버튼을 클릭합니다.

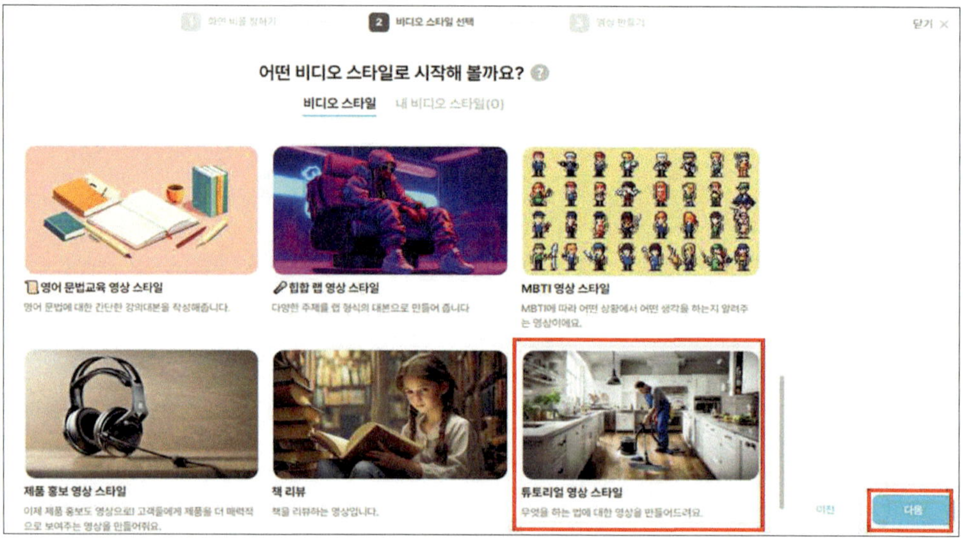

④ 영상 만들기

주제를 작성하고 인공지능으로 대본을 작성합니다.

오른쪽 영상요소에서 콘텐츠에 어울리는 AI 목소리와 사진 비디오 타입 그리고 배경 음악을 선택합니다. 설정이 끝나면 완료 버튼을 클릭합니다.

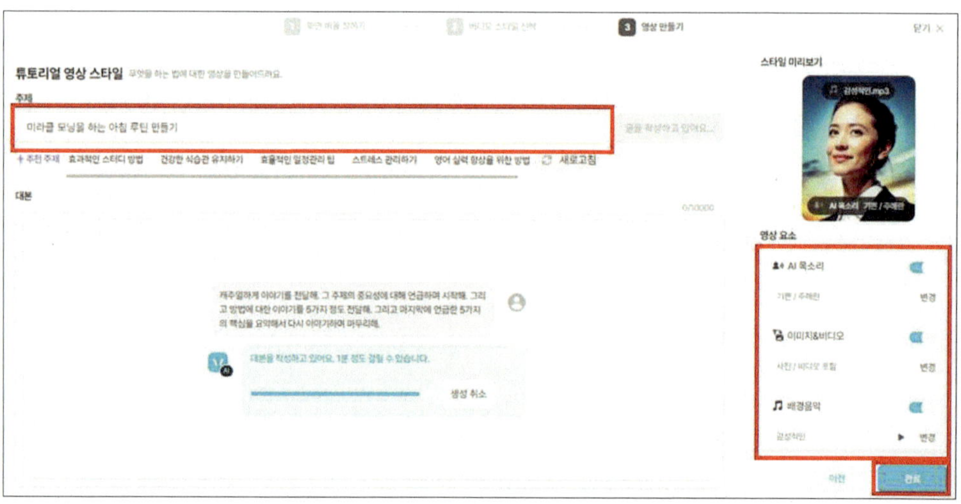

인공지능이 생성할 이미지의 개수를 알림을 보고 확인 버튼을 클릭합니다.

⑤ 영상 편집하고 내보내기

클립에 알맞은 자막으로 수정하고 서식 및 효과 등을 적용한 후 내보내기 버튼을 클릭합니다.

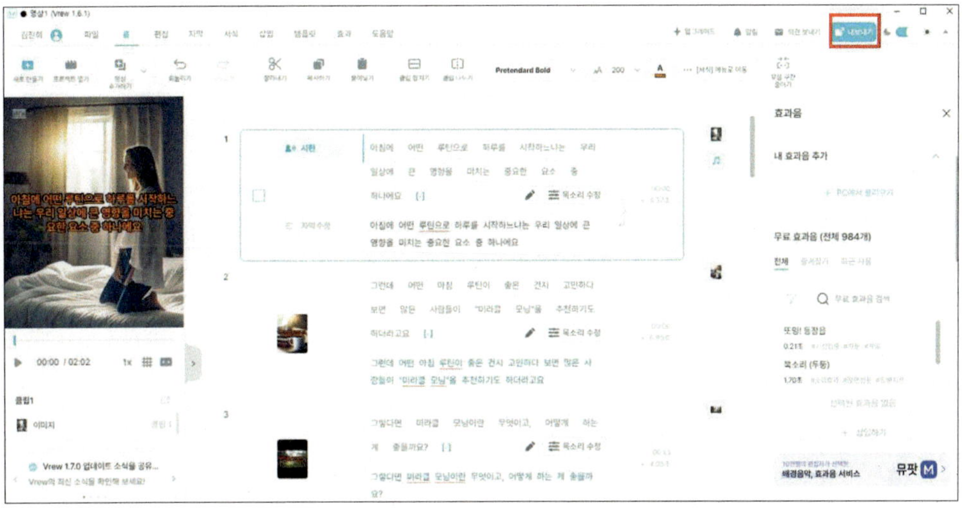

머릿속에 있던 아디이어가 영상 콘텐츠로 생성되는데 걸리는 시간이 길지 않아 초보자도 영상 크리에이터가 될 수 있습니다.

홍보 PDF 파일로 유튜브 동영상 생성하기

홍보 PDF 파일을 유튜브로 영상을 만들어 업로드하려고 하는 경우 화면에 설명하는 목소리와 자막을 넣은 방대한 작업을 진행해야 합니다. 목소리 생성 인공지능 기능과 자막 생성 기능을 이용하여 유튜브 영상 콘텐츠를 제작해 보겠습니다.

① 파일 〉 새로 만들기 〉 PDF로 비디오 만들기 〉 PDF 파일 불러오기

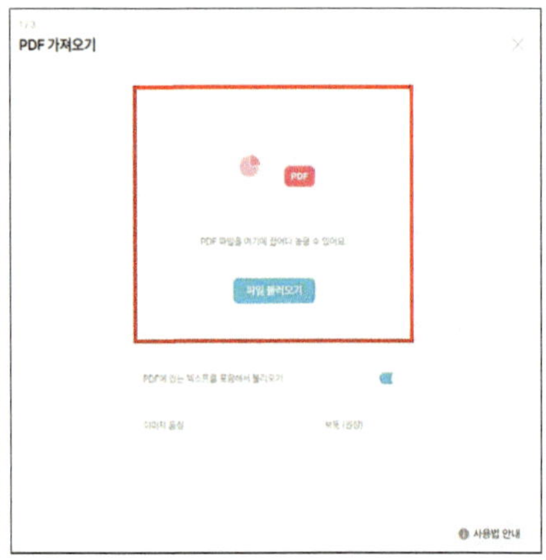

② 형성된 슬라이드중 필요한 슬라이드를 클릭하고 필요한 자막을 입력합니다.

③ AI 목소리 선택 〉 본 편집 시작하기

각 슬라이더에 인공지능 목소리가 적용이 됩니다.

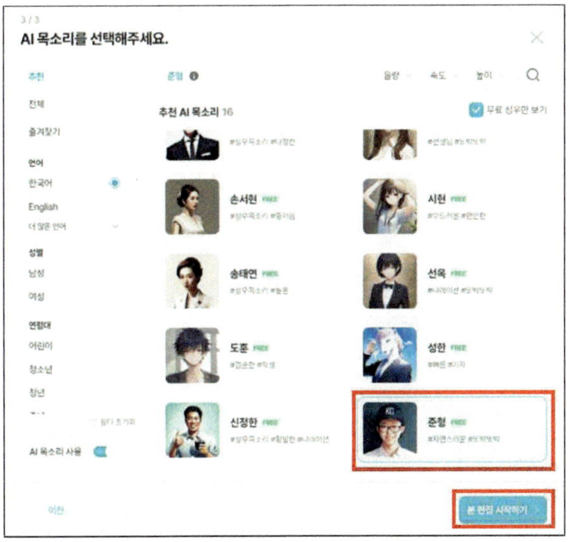

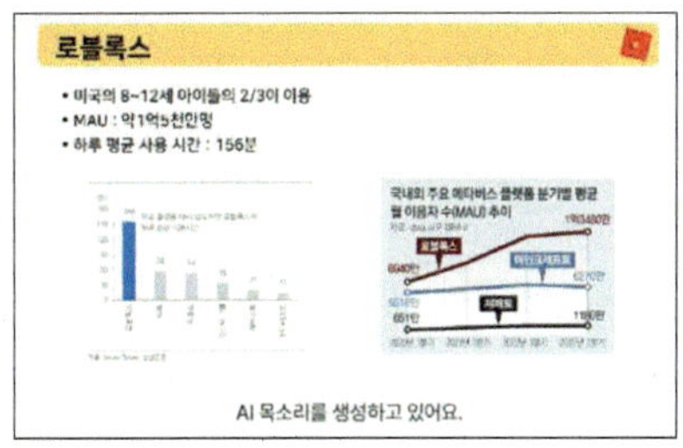

④ 영상 자막 서식 적용하기

슬라이드 단위로 만들어진 클립에 자막 서식을 편집하거나 필요한 경우 효과 등을 적용합니다.

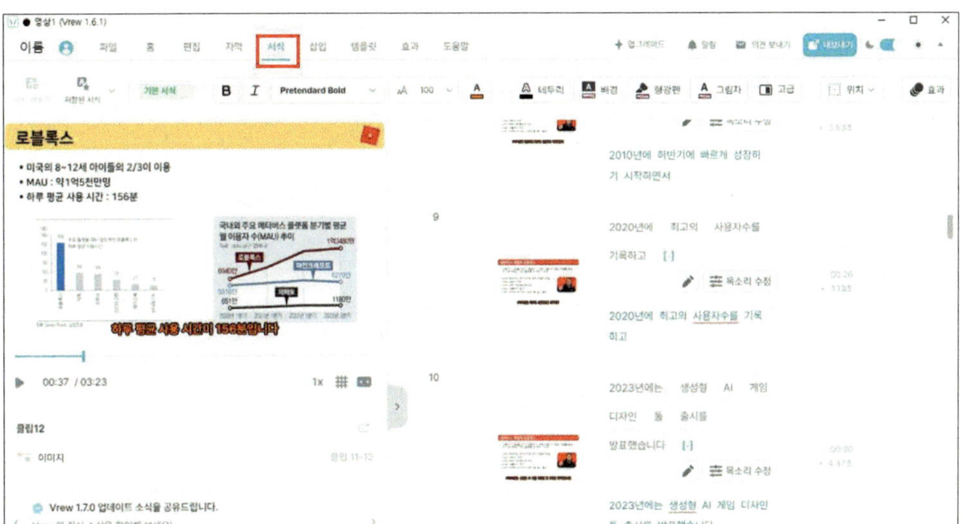

⑤ 내보내기 〉 영상 파일 〉 동영상 내보내기

유튜브 해상도를 선택하고 동영상을 내보내기를 실행합니다. 이렇게 유튜브에 업로드 가능한 홍보 동영상이 완성됩니다.

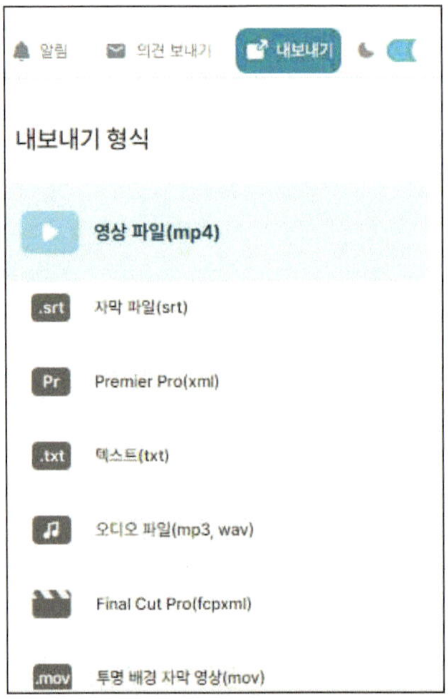

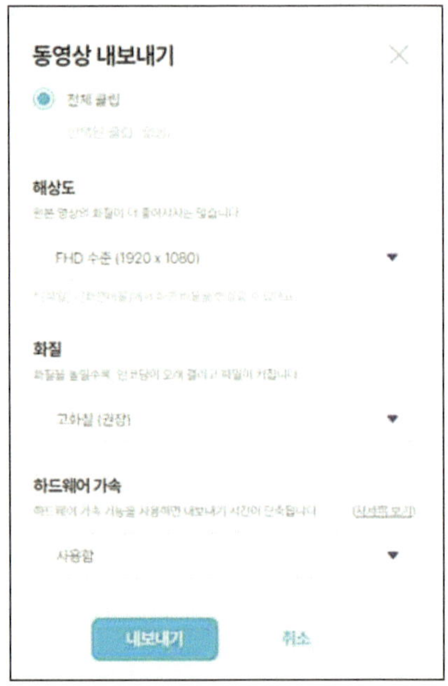

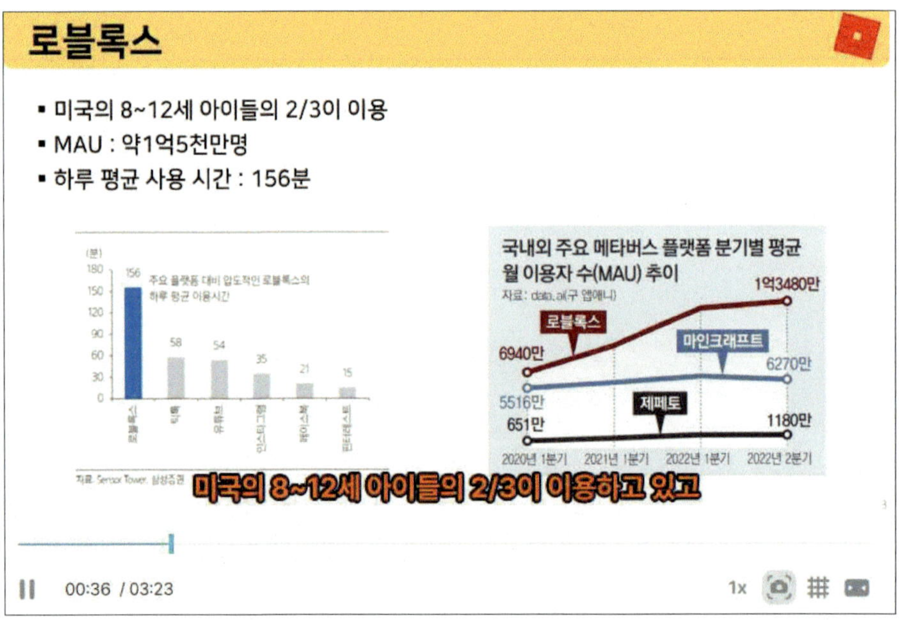

브루에서 완성된 홍보 동영상 화면

가상휴먼으로 뉴스 및 교육 영상 제작하기

클론 스튜디오 시작하기

온라인 게임 속에서 프로그래밍된 역할만 하는 NPC(Non-Player Character)가 아닌, 플레이어와 상호 작용하는 영화 프리가이(Free Guy 2021)에 등장하는 인공지능형 NPC가 현실에서 구현된다면 어떤 일이 일어날까요?

자연스러운 대화가 가능한 ChatGPT같은 생성형 AI처럼 실제 사람과 유사한 캐릭터가 대화하는 듯한 영상 또한 생성할 수가 있습니다.

많은 스태프가 여러 장비를 가지고 실제 사람이 대화하는 모습을 촬영하지 않고, 클론 스튜디오라는 클레온이라는 회사에서 만든 AI 휴먼 생성 플랫폼을 이용하여 가상의 인물이 등장하는 영상 콘텐츠를 인공지능으로 생성해 봅시다.

회원 가입하기

① 홈페이지에 접속합니다. https://klone.chat/home

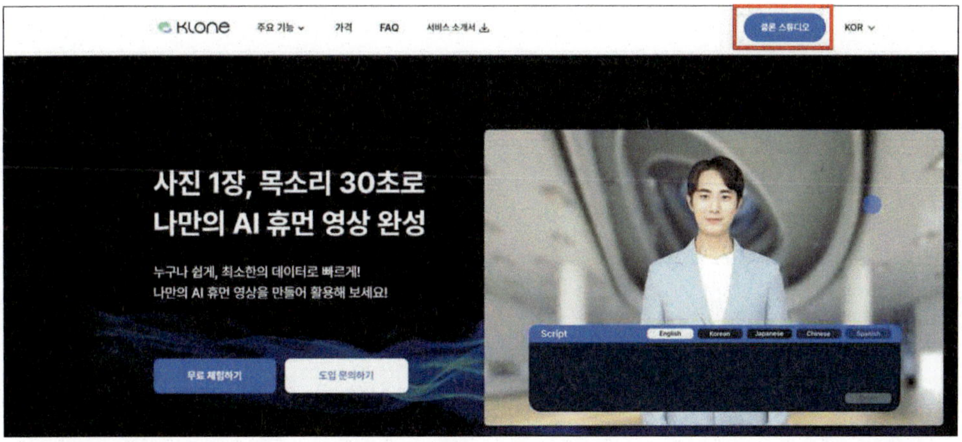

클론 스튜디오 홈페이지 화면

② 지금 가입 버튼을 클릭하여 회원가입을 진행합니다.
이메일 인증을 하고 가입이 완료되면 로그인한 후 스튜디오를 시작합니다.

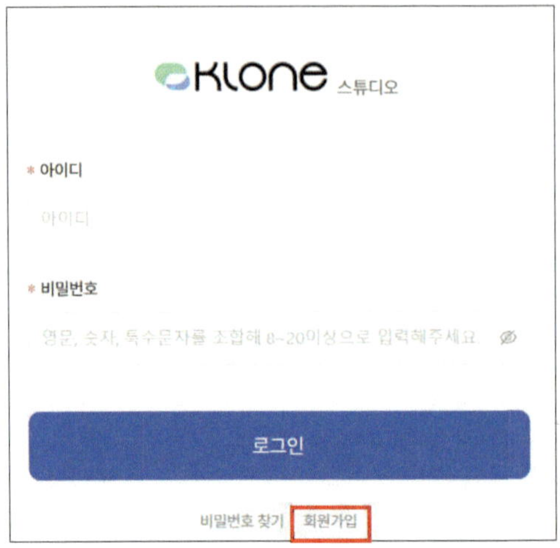

메뉴 살펴보기

① 메인 : 스튜디오를 시작하면 보이는 메인 화면으로 비디오 만들기 및 튜토리얼 메뉴 접근이 가능합니다.

② 내 클론 : 기본 AI 휴먼에 사진을 업로드하여 나만의 AI 휴먼을 생성하는 메뉴입니다.

③ 내 목소리 : 기본 목소리 외에 나의 목소리를 AI 휴먼에 추가할 수 있습니다.

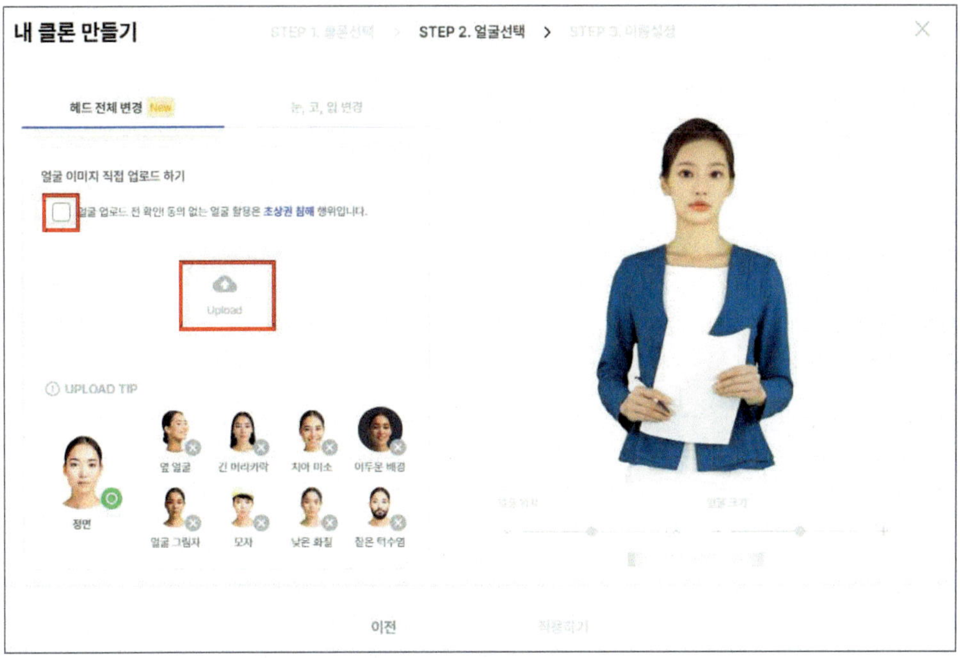

④ 비디오 : 비디오를 생성하고 관리하는 메뉴입니다.

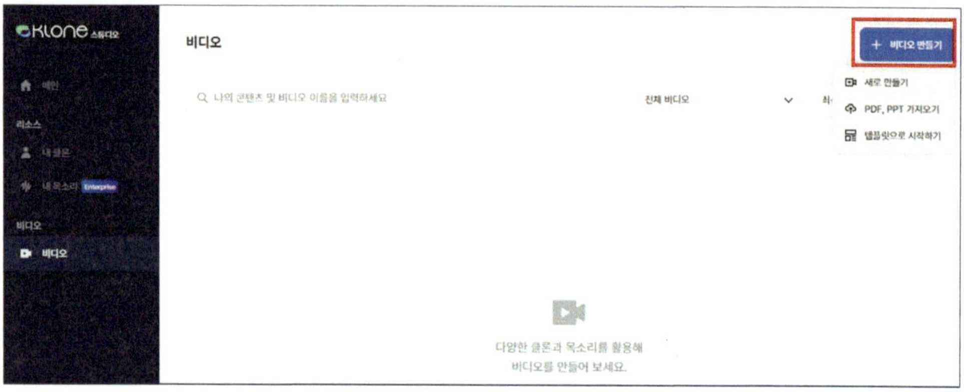

⑤ 설정 : 언어 변경 및 이메일 수신 설정을 관리하는 메뉴입니다.

⑥ 프로필 : 내 정보 수정 및 로그아웃을 관리하는 메뉴입니다.

AI 휴먼으로 뉴스 영상 생성하기

템플릿으로 AI 휴먼이 뉴스 홍보하는 영상을 만들어 봅니다.

① 비디오 만들기 〉 템플릿으로 시작하기

② 템플릿 선택하기

나의 뉴스 주제에 맞는 템플릿을 선택하고 적용하기를 클릭합니다.

③ 클론 수정하기

슬라이드에 맞는 AI 휴먼의 동작이나 크기를 변경합니다.

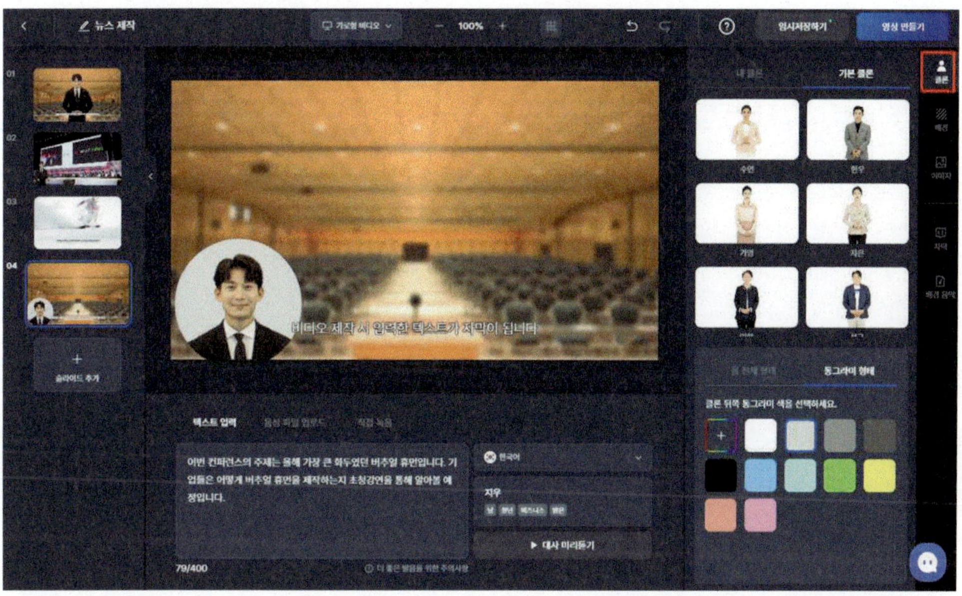

④ 배경 수정하기

뉴스 장면에 맞는 화면을 구성하기 위해 왼쪽 배경 〉 내 파일 업로드하여 배경을 다르게 설정하고 뉴스 스크립트를 아래 텍스트 입력창에 작성합니다. 목소리를 선택하여 대사 미리 듣기를 해보며 뉴스 각 슬라이드를 완성합니다.

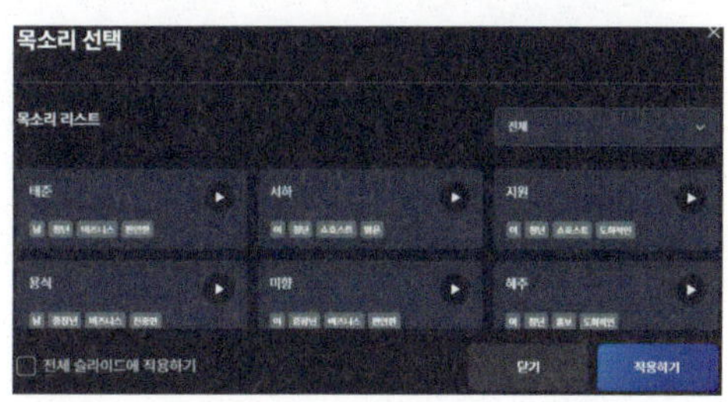

⑤ 이미지 적용하기

추가하고 싶은 이미지를 업로드하거나 온라인 검색 메뉴를 이용하여 적용합니다.

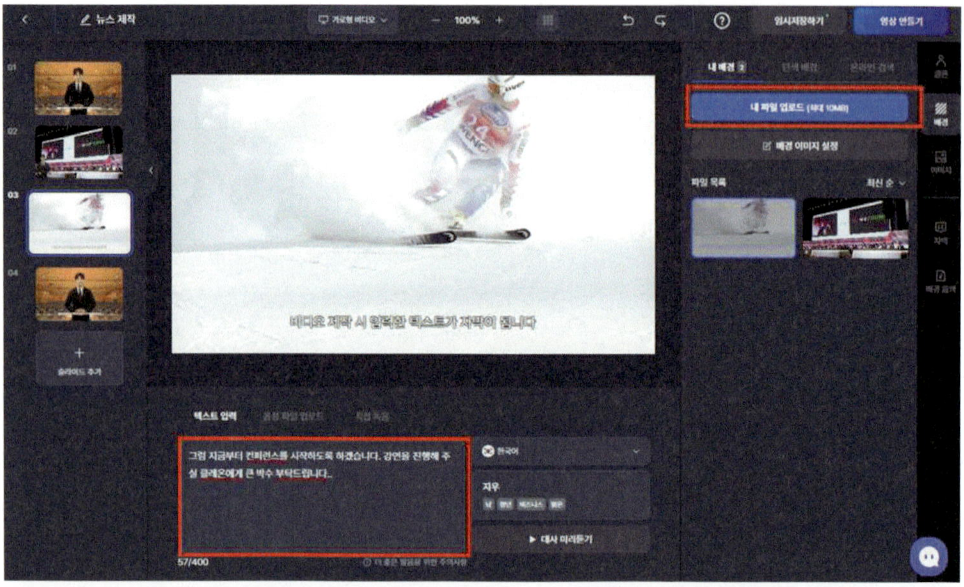

⑥ 자막 스타일 및 배경 음악을 설정

원하는 자막 스타일과 배경 음악을 선택하여 설정합니다.

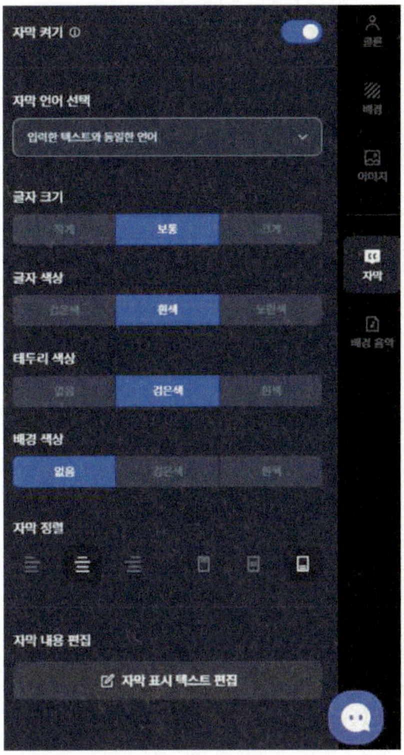

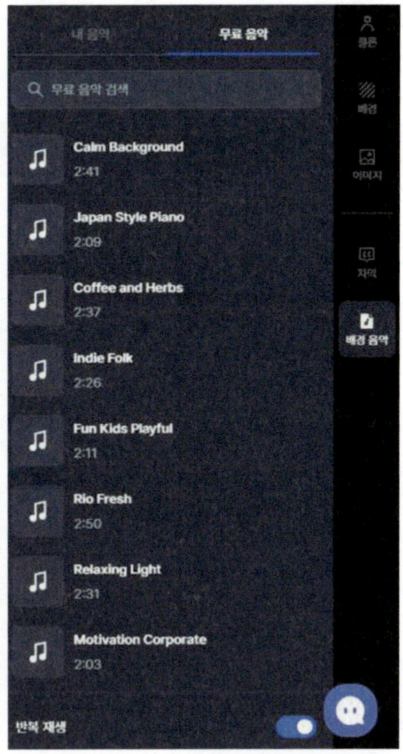

⑦ 영상 만들기

작품 이름을 편집하고 영상 만들기를 선택합니다.

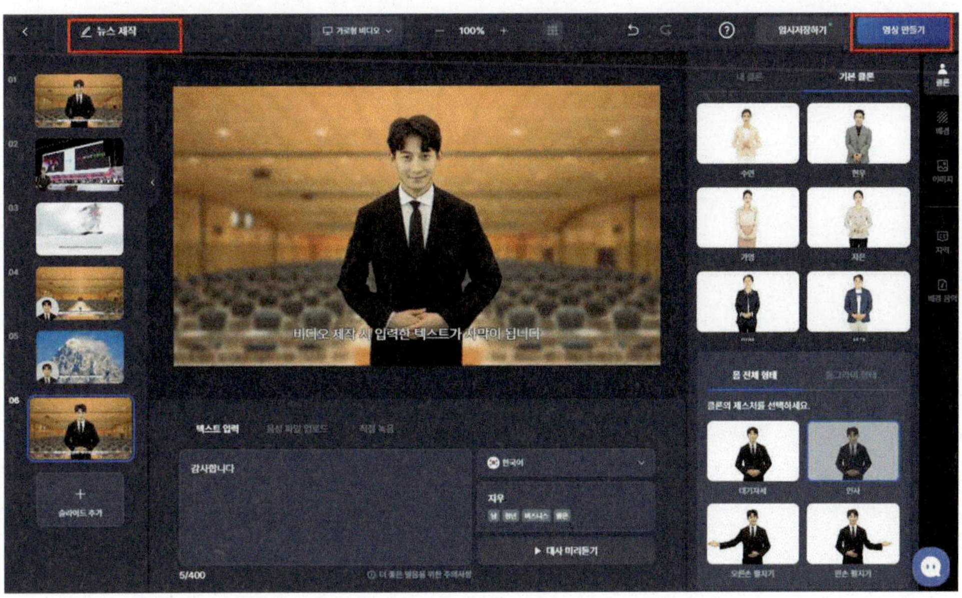

차감 크레딧을 확인한 후 비디오 생성을 진행합니다.
몇 분의 시간이 지나면 비디오 메뉴에서 생성된 영상을 확인할 수 있습니다.

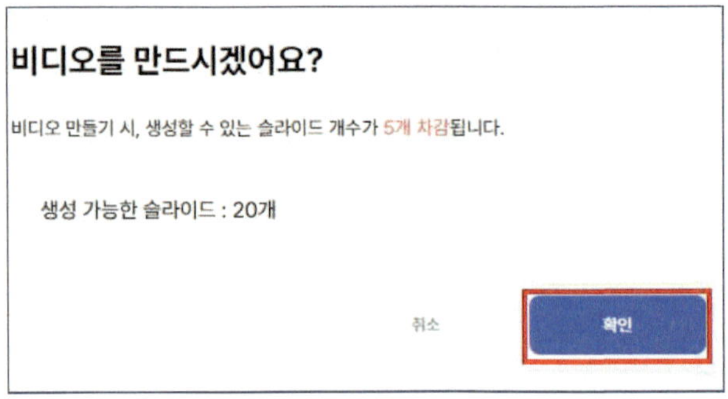

⑧ 영상 다운로드

비디오 메뉴에서 생성된 영상을 클릭하면 재생할 수 있습니다.

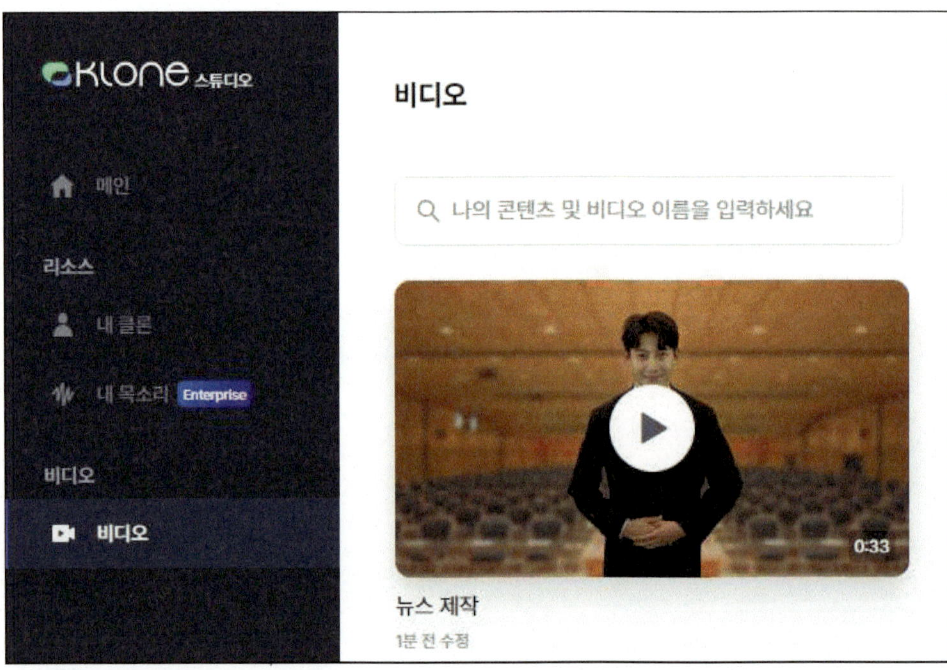

영상 생성이 완료되면 다운로드 아이콘을 선택하여 mp4 파일을 컴퓨터에 다운로드 받습니다.

홍보자료로 교육 영상 생성하기

AI 휴먼이 준비된 홍보자료로 교육하는 영상을 만들어 봅니다.

① 비디오 만들기 〉 PPT/PDF 가져오기

비디오 만들기에서 PPT/PDF 가져오기를 선택합니다.

② 교육 자료 업로드하기

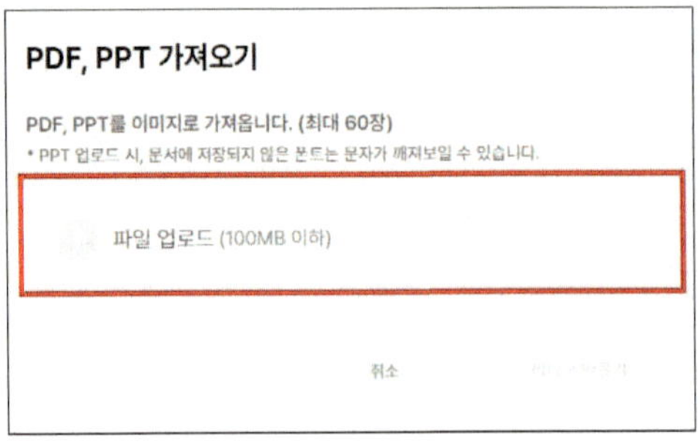

③ 클론 수정하기

슬라이드에 맞는 AI 휴먼의 동작이나 크기를 변경합니다.

AI 휴먼을 클릭하면 크기, 위치 및 모양을 편집할 수 있습니다.

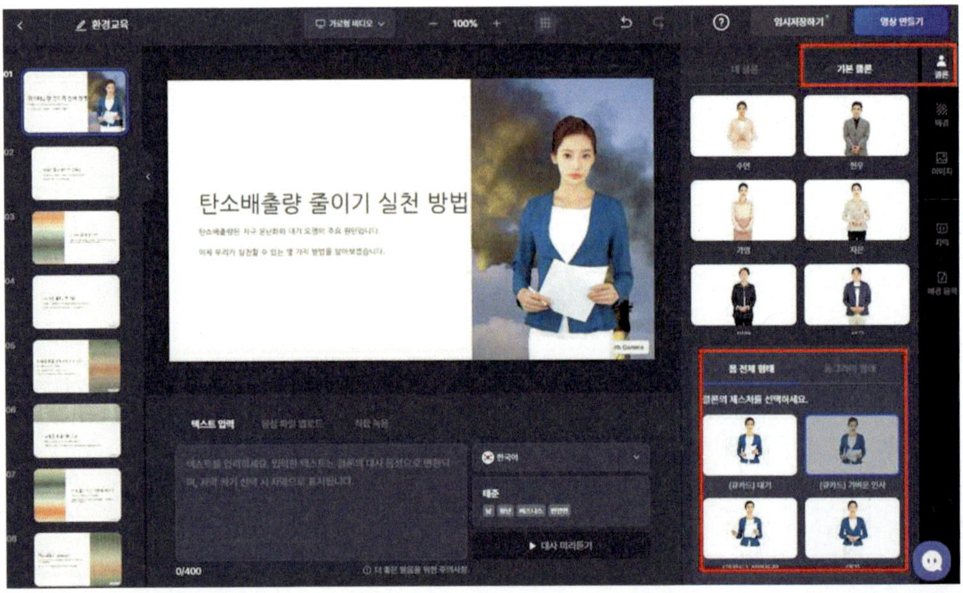

④ 각 슬라이드 텍스트 입력

슬라이드에 있는 텍스트 내용을 자막 내용으로 입력합니다.

목소리를 선택하여 대사 미리 듣기를 해보며 각 슬라이드를 완성합니다.

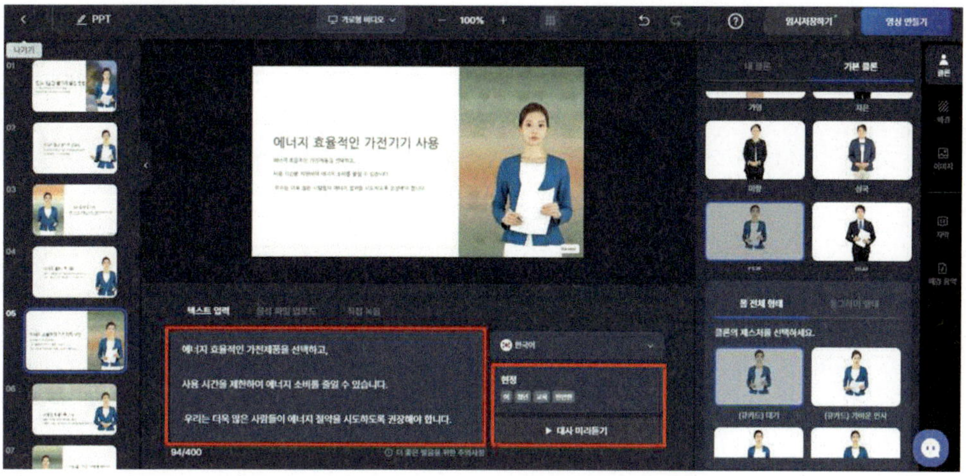

⑤ 영상 만들기

모든 슬라이드 편집이 모두 완성되면 영상 만들기 버튼을 클릭합니다. 영상 길이에 따라 길게는 몇 분이 걸릴 수 있습니다.

인코딩이 완성이 되면 홈에서 생성한 비디오를 선택하고 다운로드를 진행하면 영상 생성이 완성됩니다.

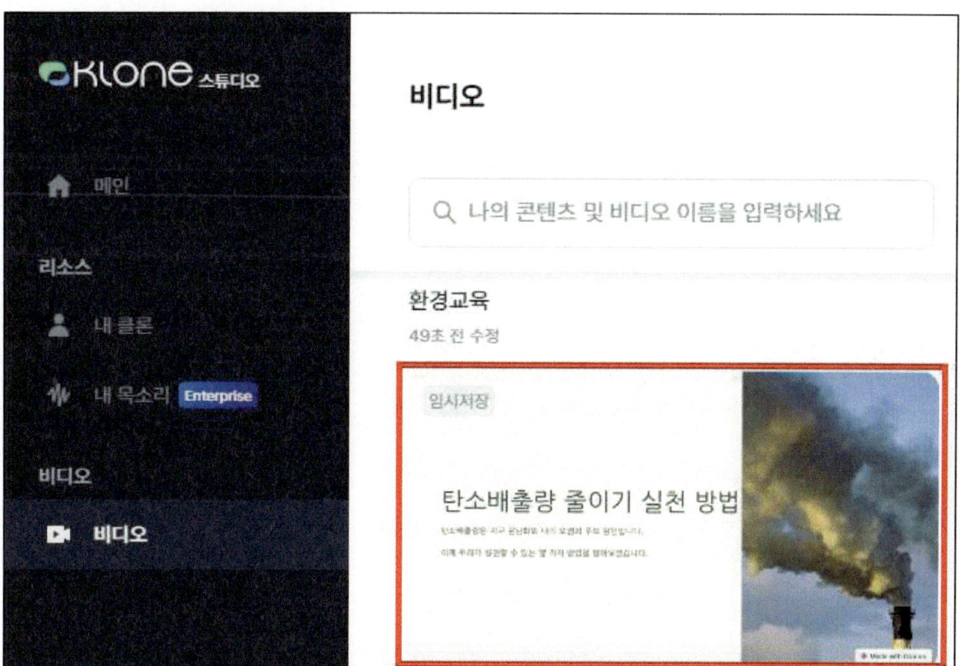

홈 화면에서 보여지는 완성된 비디오 목록

Chapter 04

저작권 및 인공지능 윤리

생성형 AI 작품과 저작권

프롬프트를 팝니다!

생성형 인공지능에 활용할 명령어인 프롬프트를 판매하는 시장이 늘어나고 있습니다. 미국 IT매체 테크크런치는 챗X, 뉴트론필, 프롬프트시 등 프롬프트 웹사이트 등을 꼽았습니다.

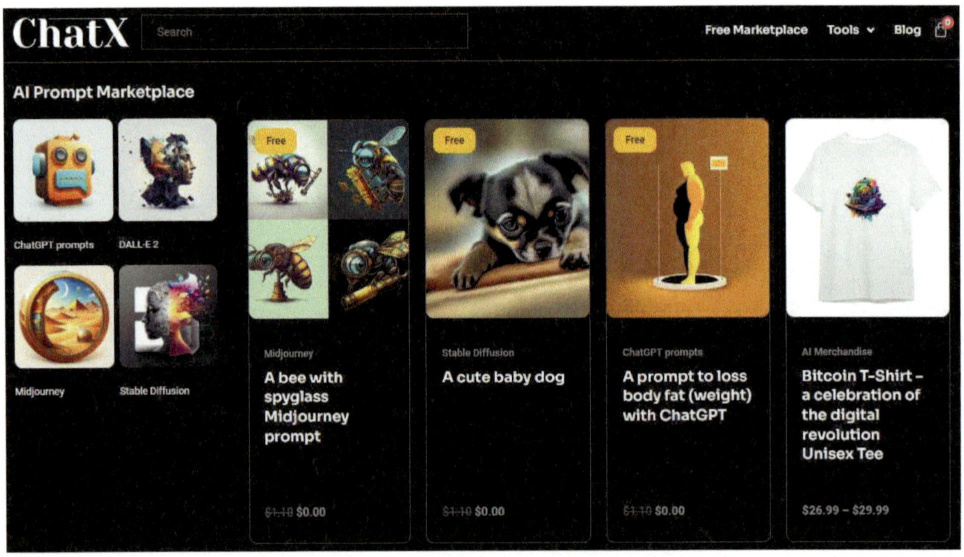

챗X 사이트의 판매 중인 프롬프트 목록

특히, 머릿속에 떠오르는 막연한 이미지를 미드저니나 달리 등 플랫폼을 통해 프롬프트로 생성해 보면 원하는 결과물을 얻어내기가 여간 어려운 일이 아닙니다. 프롬프트의 세심한 문장 묘사에 따라 결과물이 달라지기 때문입니다. 사용자가 원하는 정확한 이미지를 생성하기 위해 프롬프트 마켓에서 구체적인 설정을 포함하고 있는 프롬프트를 구입할 수 있습니다.

ChatGPT와 같은 대화형 인공지능은 대화를 통해 상호작용할 수 있도록 설계되어 있는데, 프롬프트의 내용에 따라 결과가 달라집니다. 인공지능에게 더 정확하고 수준 높은 결과를 찾기 위한 작업인 프롬프트 엔지니어링(Prompt Engineering) 하는 작업이 중요합니다. 생성형 인공지능을 이용하는 분야라면 저작권의 이슈가 있을 수 있는데 〈스페이스 오페라 극장〉은 작가의 창의적인 아이디어와 오랜 시간에 걸쳐 정교한 프롬프트 엔지니어링을 통한 결과물로 인정받아 디지털 아트 부분에서 수상했습니다.

하지만 생성된 결과물과 존재하는 데이터세트를 학습하여 생성형 인공지능 모델을 만들었기 때문에 이에 관련하여 저작권 이슈가 상대적으로 문제가 될 수 있습니다.

생성형 인공지능의 결과물은 저작권이 발생할까요?

저작권

“저작물”은 인간의 사상 또는 감정을 표현한 창작물을 말하고 “저작자”는 저작물을 창작한 자를 말합니다.

"저작권"은 창작물의 저작자에게 주어지는 권리입니다.

저작권은 저작자의 허락 없이 창작물을 복제, 배포, 공연, 공중송신, 전시, 배포, 대여, 수출, 수입, 2차적 저작물 작성 등을 할 수 없도록 보호합니다.

저작권은 창작물의 표현을 보호하는 것이지, 창작물의 아이디어를 보호하는 것은 아닙니다. 또한, 저작권은 사실에 대해서는 보호하지 않습니다.

저작재산권은 특별한 규정이 있는 경우를 제외하고는 저작자가 생존하는 동안과 사망한 후 70년간 존속합니다.

인공지능을 도구로 본다면 그 도구를 만든 사람, 도구를 소유한 사람, 도구를 이용한 사람 중 누가 그 도구의 이용에 따른 결과물에 대한 권리를 인정받을 수 있을까요?

로이터 통신에 따르면 미국 저작권청(USCO)은 2023년 2월 21일 인공지능을 이용하여 만든 창작물로서 최초의 미국 저작권청 저작권 등록에 성공하였던 그래픽 노블 "Zaraya of the Dawn(새벽의 자리야)"과 관련하여 인공지능 창작 이미지의 저작권 보호를 인정하지 않는다고 발표하였습니다.

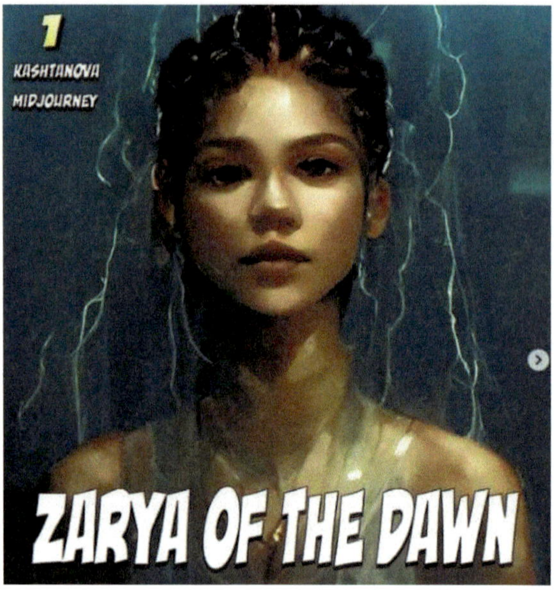

'미드저니'로 만든 만화책 '새벽의 자리야' / 출처 : 인스타그램 '크리스 카쉬타노바'

2023년 1월 구글이 음악생성 AI기술인 뮤직ML(MusicML)을 연구논문에 공개했습니다. 음악 스타일을 텍스트로 작성하면 음악이 생성됩니다. 하지만 저작권 자료와 관련된 윤리적인 문제로 인해 MusicML에 대중에게 제공할 계획이 없다고 밝혔습니다.

만약 인공지능이 만들어낸 코드를 사람이 인용하거나 개선하여 활용한다면, 그와 같은 코드 역시 저작권으로 보호를 받을 수 있을까요?

마이크로소프트가 2018년 세계 최대 오픈소스 코드 공유 플랫폼 '깃허브(GitHub)'를 인수했습니다. 그리고 마이크로소프트와 OpenAI는 자동 코드 완성 AI인 GitHub Copilot 서비스를 공개하고 유료화를 선언했습니다.

2022년 11월 마이크로소프트, GitHub 및 OpenAI는 익명의 저작권 소유자들로 구성된 한 단체로부터 소스 코드를 부적절하게 수익화했다는 집단 고소를 당했습니다. 그들은 이 회사들이 오픈 소스 라이선스 조건을 준수하지 않고 GitHub 저장소의 코드로 Copilot을 훈련시켰으며 Copilot이 그들의 코드를 불법적으로 재생산한다고 말했습니다. 오픈 소스 소프트웨어는 라이선스를 준수하는 사용자라면 누구나 원작자에 대한 표기, 저작권 통지, 라이선스 사본을 요구하는 것을 일반적으로 요구하는 라이선스에 따라 무료로 수정 또는 배포할 수 있다고 소송에서 밝혔으나 "Coipilot의 목표는 오픈 소스의 거대한 영역을 대체하기 위해 이를 취하고 GitHub이 통제하는 유료 벽 안에 유지하는 것"이라고 고소장은 반박했습니다.

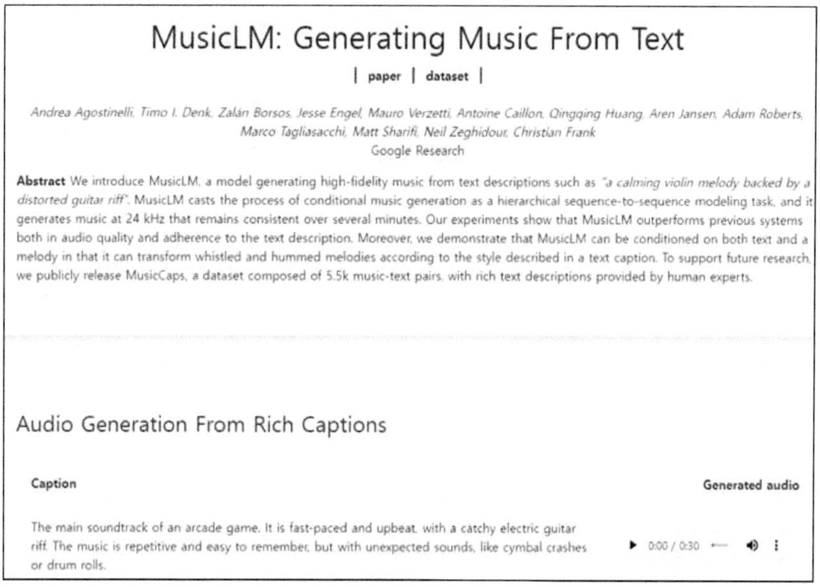

MusicLM: Generating Music From Text

| paper | dataset |

Andrea Agostinelli, Timo I. Denk, Zalán Borsos, Jesse Engel, Mauro Verzetti, Antoine Caillon, Qingqing Huang, Aren Jansen, Adam Roberts, Marco Tagliasacchi, Matt Sharifi, Neil Zeghidour, Christian Frank
Google Research

Abstract We introduce MusicLM, a model generating high-fidelity music from text descriptions such as *"a calming violin melody backed by a distorted guitar riff"*. MusicLM casts the process of conditional music generation as a hierarchical sequence-to-sequence modeling task, and it generates music at 24 kHz that remains consistent over several minutes. Our experiments show that MusicLM outperforms previous systems both in audio quality and adherence to the text description. Moreover, we demonstrate that MusicLM can be conditioned on both text and a melody in that it can transform whistled and hummed melodies according to the style described in a text caption. To support future research, we publicly release MusicCaps, a dataset composed of 5.5k music-text pairs, with rich text descriptions provided by human experts.

Audio Generation From Rich Captions

Caption	Generated audio
The main soundtrack of an arcade game. It is fast-paced and upbeat, with a catchy electric guitar riff. The music is repetitive and easy to remember, but with unexpected sounds, like cymbal crashes or drum rolls.	0:00 / 0:30

구글 MusicML 데모 사이트

공개된 소스 코드는 공개소프트웨어 라이선스 가이드에 따라 공개 고지 여부를 적용을 합니다. 인공지능이 생성해 준 코드를 그대로 사용하지 않고 참고하여 사용하더라도 법적인 보호를 받을 수 있는지 내가 업무에 사용하기 위해 어떤 절차를 확인해야 하는지 항상 확인해야 합니다.

2023년 7월 세계 영화산업의 중심지인 미국 할리우드가 배우와 작가들의 동시 파업 선언을 했었습니다. 그들의 동의 없이 활동한 작품 속 외모와 목소리를 생성형 인공지능이 학습하는데 사용하고, 실제로 출연한 적이 없는 배우의 이미지를 사용하는 것과 같은 오용의 가능성에 대해 보호받기를 원했기 때문입니다.

결국 몇 달 후 잠정 합의안으로 임금 인상과 '로열티'에 해당하는 작가들의 처우 개선이 주로 담겨져 있어 AI의 업무 침범에 맞선 인류의 첫 파업으로 기록될 전망이라고 뉴욕타임스(NYT), 월스트리트저널(WSJ) 등이 보도했습니다.

쏟아지는 생성형 AI 기술 발전에 힘입어, 인공지능이 만든 텍스트, 이미지, 영상의 저작권 문제에 대한 논의가 활발해지고 있습니다. 현재까지는 인공지능 저작권과 관련된 판례가 많지 않아, 인공지능 모델로 생성된 이미지를 상업적으로 사용하는 데 큰 장애가 없을 것으로 보이지만, 앞으로 상황이 변할 가능성이 있으므로 주의가 요구됩니다.

저작권과 달리 인공지능이 생성한 창작물의 소유권과 상업적 이용 가능 여부는 그 의미가 다릅니다.

다음은 업체별 이미지 콘텐츠 소유권과 상업적 이용 여부를 비교한 내용입니다.

회사	인공지능 모델	콘텐츠 소유권	상업적 이용
Midjourney	미드저니	사용자	O
Stability AI	스테이블 디퓨전	사용자	O
OpenAI	달리	사용자	O
Microsoft	빙-달리	사용자	X

이미지 생성형 AI별 소유권, 상업적 이용 여부 비교

생성형 AI 활용과 보안

인공지능은 거짓말쟁이?

생성형 AI는 다양한 비즈니스 환경에서 활용도가 높지만 사용시 보안에 유의해야 합니다.

잘못된 정보

출처 : 구글 바드 시연 동영상 화면

2023년 2월 구글이 ChatGPT의 대항마로 내세운 바드(Bard)를 발표하고 시연 영상을 SNS에 업로드했는데 '제임스 웨브 우주망원경'의 새로운 발견에 대해 설명해 달라는 질문에 잘못된 답변을 하여 업계에 실망감을 안겨주어 구글 주가가 7% 이상 급락하는 해프닝이 발생했었습니다. 이후 오류 방안 및 성능 향상 등 노력하고 있지만 이것은 구글 바드에서만 발생하는 현상이 아닙니다.

수집한 데이터세트 자체가 편향되어 있거나 잘못된 내용이 수집이 되면 생성되는 결과 자체도 오류를 가지고 있을 뿐만 아니라 주어진 데이터를 기반으로 다음에 위치할 단어를 확률적으로 예측하는 생성형 모델이 갖는 특성에서 발생합니다.

그러한 생성형 인공지능의 특성을 오용하여 일상 속으로 들어오면 가짜 뉴스와 같은 잘못된 정보가 재생산될 수 있기 때문에 인공지능에 대한 규제 및 법적 장치가 필요하다는 여론이 형성되고 있습니다.

데이터 유출

방대한 양의 데이터세트를 학습하다 보니 데이터 자체의 정보가 중요한 URL이나 개인정보 및 API 키 같은 민감한 정보들이 외부에 노출될 수 있습니다.

2021년 국내에서 AI 챗봇 '이루다' 서비스가 개시되었는데 개인정보 유출 사건이 발생하여 출시 2주 만에 서비스가 종료되었습니다. 이루다의 제작사 스캐터랩의 자사 앱에서 수집한 카카오톡 대화들이 명시적인 동의를 구하지 않고 식별되는 상태로 담겨 있었기 때문입니다.

2023년 3월 삼성전자는 엔지니어가 실수로 내부 소스코드를 Chat GPT에 업로드해 유출하는 사고가 발생했음을 밝혔습니다.

삼성전자 등 기업의 정보유출 우려가 높아지고, 일반 사용자의 대화 내용이 학습되는 것을 꺼려하는 분위기가 일자 ChatGPT는 데이터 제어 기능을 추가하여 사용자가 자신의 대화 내용을 기록하지 않거나 AI 모델 학습에 사용할지 여부를 선택할 수 있게 업데이트 했습니다.

민감한 데이터나 개인정보 등을 생성형 인공지능에 입력하는 것을 항상 주의해야 합니다.

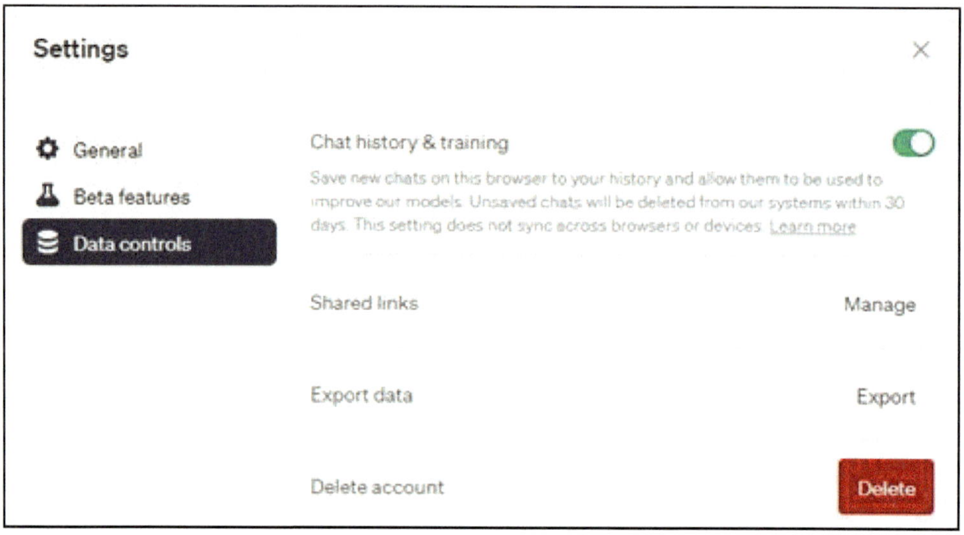

ChatGPT의 대화 기록 및 훈련 설명 메뉴

플러그인, 확장 프로그램의 취약점

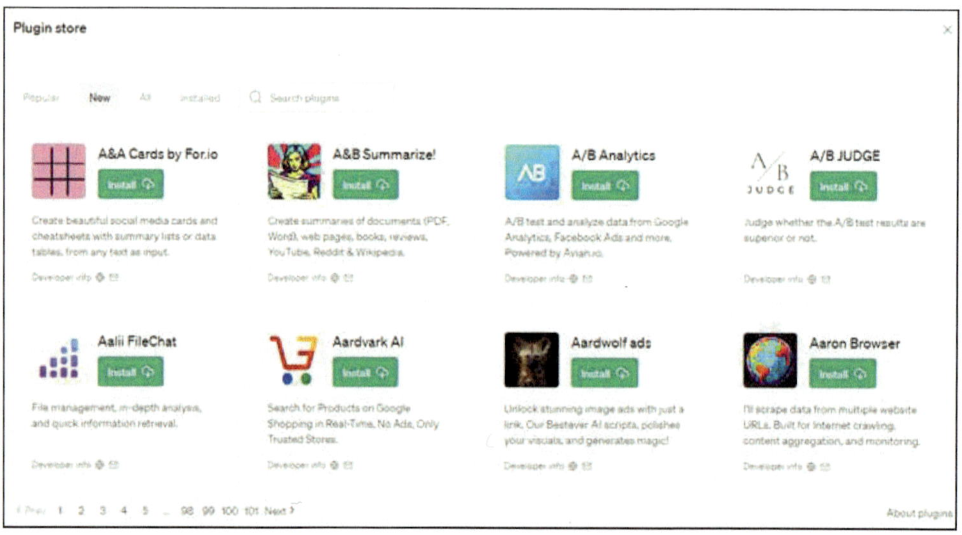

ChatGPT에서 제공하는 1,000개가 넘는 플러그인(2024년 1월 기준)

AI 모델은 플러그인을 통해 다양한 데이터와 플랫폼과 결합하여 서비스를 제공함으로써 활용 범위를 확장할 수 있습니다. 하지만 이러한 확장성은 동시에 새로운 취약점을 초래하여 보안위협이 증가될 수 있습니다. 해당 기능의 안정성을 검증하는 과정이 필요하지만 AI

모델의 빠른 기능 확장과 발전 속도로 안정성 검증이 충분히 이루어지지 않을 수 있고 예상하지 못한 유저 시나리오로 오류가 발생하거나 보안 위협에 노출될 수 있습니다.

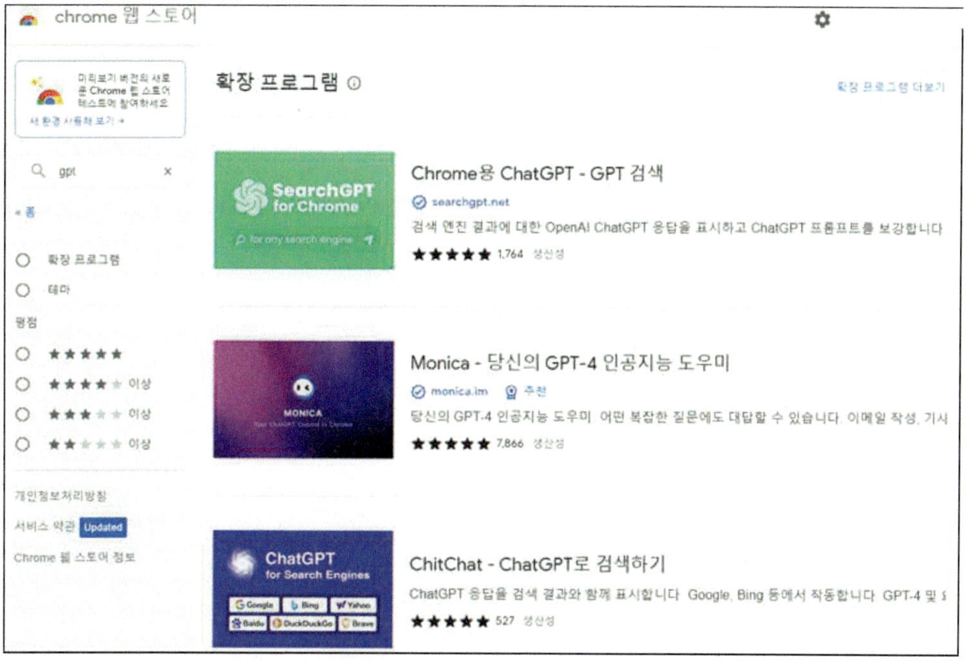

크롬 확장 프로그램 목록 중 일부

ChatGPT인 경우 효율적인 활용을 위해 구글 크롬 웹 브라우저에 적용 가능한 유익한 확장 프로그램들이 있습니다. 하지만 확장 프로그램 자체가 견고하지 못하거나 악성코드가 포함되어 있을 수 있고, 사용자 모르게 개인정보 수집하는 확장 프로그램들이 있을 수 있습니다. OpenAI에서 직접 관리하지 않으므로 검증된 확장 프로그램을 사용하거나 동작 기능을 이해하고 사용하는 등 악용사례에 유의해야 합니다.

ChatGPT의 GPTs의 Action 보안

2024년에 GPT Store가 오픈되면 많은 커스텀 GPT가 전 세계 사용자에게 선보일 예정입니다. 그때 Action에서 개인 맞춤형으로 외부 서비스와 연동할 수 있는 인증을 설정할 수 있습니다. 그러한 경우 개인 정보 보호 정책을 명시하여 서비스하도록 메뉴가 구성되어 있습니다. OpenAI사에서도 개인 정보 보안을 고려한 내용으로 보여 집니다.

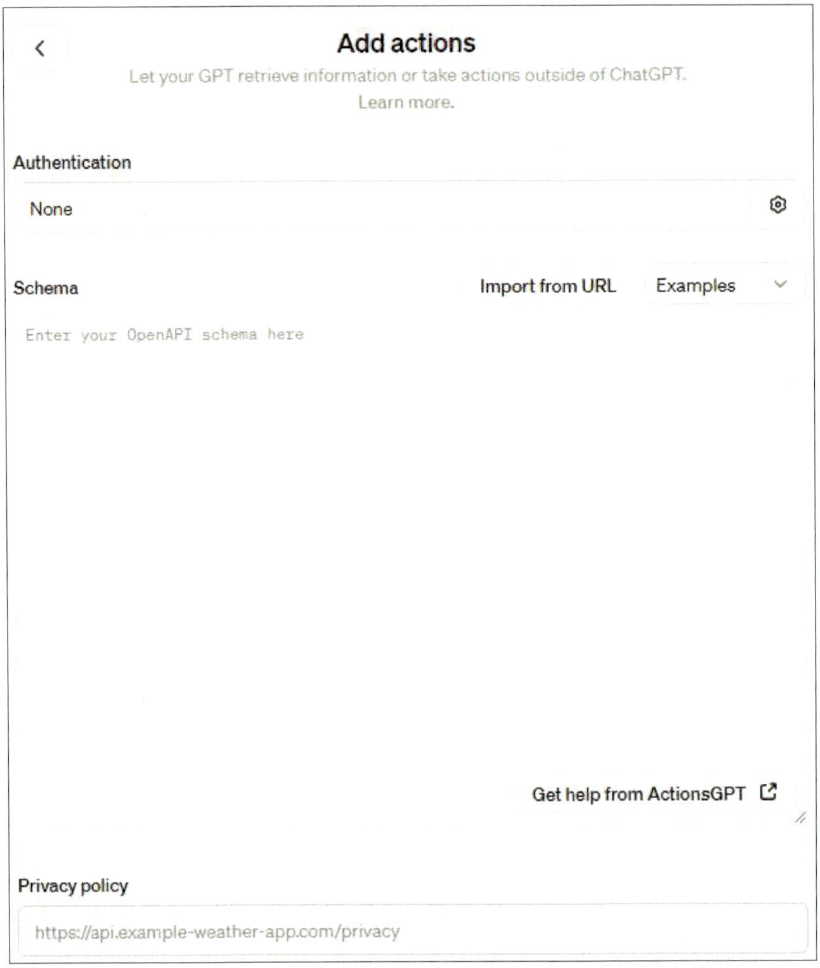

GPTs의 Add actions 화면

생성형 AI 윤리

생성형 AI 기술은 하루가 다르게 빠르게 발전하고 다양한 분야에서 활용되고 있습니다. 예를 들면, 이미지 생성, 디자인, 음악, 글쓰기, 비디오 편집 등에서 이러한 인공지능의 능력을 활용하고 있습니다. 이는 우리의 일상생활과 작업 효율성을 크게 향상시켰습니다. 하지만 이러한 발전에는 윤리적 고민도 따르게 됩니다.

최근 프란치스코 교황이 트렌디한 흰색 롱패딩을 입고 산책하는 듯한 모습을 담은 사진

이 SNS에 공개돼 엄청난 조회수를 기록하고 사람들에게 소식이 퍼져나갔습니다. 하지만 이 사진은 생성형 AI인 미드저니로 만든 가짜로 판명됐다고 미국 방송에 보도되었습니다.

생성형 AI에 의해 생성된 프란치스코 교황 사진 / 출처 : 레딧

많은 사람들이 가짜라고 구별하지 못할 정도로 잘 생성되기 때문에 관련 글들이 순식간에 전달된 것이었습니다.

뿐만 아니라 2022년 3월에는 볼로디미르 젤렌스키 우크라이나 대통령이 항복하는 듯한 딥페이크 영상이 온라인에 퍼져 삭제하는 해프닝이 발생했는데 이렇게 조작된 사진과 가짜 영상이 사회에 물의를 일으킬 수 있다고 전문가들은 심각하게 경고하고 있습니다.

이것은 유명인들의 문제가 아닙니다. 미국 맥아피(McAfee) 연구원들은 생성형 인공지능을 이용하여 단 3초 분량의 오디오에서 음성을 복제할 수 있다는 사실을 발견했습니다. 실제 해외에서 이를 이용한 보이스피싱 피해 사례가 발생했습니다. 가까운 지인 및 가족의 목소리로 긴급한 상황인 것처럼 음성을 생성하여 돈을 요구하는 방식으로 피해가 발생한 것입니다.

2023년 11월 유튜브(YouTube)는 제작자가 현실적으로 보이는 동영상을 만들기 위해 생성 AI를 사용했는지 여부를 공개해야 하는 요구 사항을 포함하여 AI 콘텐츠에 대한 새로운 규칙을 발표했습니다. AI 도구를 사용하여 '변경 또는 합성' 동영상을 제작했는지 여부를 공개하지 않는 제작자는 콘텐츠가 삭제되거나 플랫폼에서 정지되는 등의 처벌을 받을 수 있다고 밝혔습니다.

뿐만 아니라 유튜브 사용자는 AI가 생성한 동영상을 게시할지 여부를 표시할 수 있는 새로운 옵션을 갖게 됩니다.

오코너(O'Connor)와 목슬리(Moxley)는 "이는 콘텐츠가 선거, 지속적인 갈등, 공중 보건 위기 또는 공무원과 같은 민감한 주제를 논의하는 경우 특히 중요합니다."라고 말했습니다.

앞으로 얼굴이나 음성을 포함하여 식별 가능한 사람을 시뮬레이션하는 AI 생성 동영상의 삭제 요청을 허용하도록 개인정보 침해 신고 절차가 업데이트 됩니다.

우리나라에서도 ChatGPT 등 생성형 인공지능 확산에 대응해 인공지능 윤리와 신뢰성을 확보하기 위해 과기정통부와 여러 전문가와 함께 인공지능 윤리정책 포럼을 구성해 본격적으로 사회적 논의를 시작했습니다.

기술 발전만큼이나, 이를 적절하고 안전하게 활용하는 방법에 대한 연구와 토론, 그리고 규제가 필요하다고 볼 수 있습니다.

텍스트 생성 AI		
Grammarly	https : //www.grammarly.com/	영어 작문, 문법 검사 및 향상
Andi	https : //www.andisearch.com	텍스트와 이미지 동시 제시
character.ai	https : //beta.character.ai/	특정 캐릭터와 채팅을 통한 가능
Stable LM	https : //github.com/Stability-AI/StableLM	오픈코드를 이용한 챗GPT와 서비스 개발
ChatFlash	https : //neuroflash.com/chatflash/	블로그, 광고 등 콘텐츠 제작
YouChat	https : //you.com/	일괄 검색, 검색내용 요약
beautiful.ai	https : //www.beautiful.ai/	프레젠테이션 디자인의 자동화
ChatPDF AI	https : //www.chatpdf.com/	PDF로 된 학술논문, 비즈니스 전문 보고서 및 계약서 내용 요약
Chatsonic	https : //writesonic.com/chat/	최신 정보 적용한 문장생성
Copy.ai	https : //www.copy.ai/	마케팅 콘텐츠 및 게시물 생성, 제품설명서 등의 초안 작성
Frase	https : //www.frase.io/	SEO 친화적인 개요 초안 작성, 키워드조사수행
Letter	https : //letter.so/	전문적인 뉴스레터와 이메일 작성
Magic Write	https : //www.canva.com/magic-write/	이미지 디자인 툴 캔바(Canva)에서 사용할 수 있는 AI 문장 생성 기능 서비스
Namelix	https : //namelix.com/	사용자 친화적인 도메인 이름 생성
Otter	https : //otter.ai/	회의의 텍스트 메모 및 요약 작성
Rytr	https : //rytr.me/	톤, 사용 경우, 키워드로 초안 작성
Writesonic	https : //writesonic.com/	SEO를 고려한 문장작성

이미지 관련 AI 도구		
Craiyon	https : //www.craiyon.com/	이미지 생성
Dream by WOMBO	https : //dream.ai/create/	간단한 이미지 생성, NFT 생성 및 배포
Playground AI	https : //playgroundai.com/	이미지 생성
Shutterstock	https : //www.shutterstock.com/ko/generate/	이미지 생성
NVIDIA Canvas	https : //www.nvidia.com/en-us/studio/canvas/	전문 풍경이미지 생성
Random Face Generator	https : //this- person-does-not-exist .com/	인물사진 생성
AI Website Builder	https : //10web.io/ai-website-builder/	웹사이트 제작
Durable	https : //durable.co/	비즈니스 및 전자 상거래 사이트 제작
Tome	https : //tome.app/	프레젠테이션 초안 자동 제작 및 녹화

동영상 · 음성 관련 AI 도구		
chat.D-ID	https : //www.d-id.com/	가상휴먼 영상 제작 이러닝 콘텐츠 제작
Coqui Studio	https : //coqui.ai/	음성 복제 가능 및 음성합성 가능
Lumen5	https : //lumen5.com/	영상 및 오디오 생성
Mubert Render	https : //mubert.com/render/	로열티 프리 음악생성
Papercup	https : //www.papercup.com/	음성 번역 및 더빙 작업
PlayHT	https : //play.ht/text-to-speech-voices/	자연스러운 음성생성 사용자 음성 기반 생성
Prime Voice AI	https : //elevenlabs.io/	사용자 음성기반 음성생성
SpiritMe	https : //www.spiritme.tech/	비디오 콘텐츠 제작
Steve AI	https : //www.steve.ai/	동영상 자동 생성
Vidon.ai	https : //www.vidon.ai/	비디오 콘텐츠 생성

참고문헌

- Language Models are Few-Shot Learners, https : //arxiv.org/abs/2005.14165
- Rethinking the Role of Demonstrations : What Makes In-Context Learning Work?, https : //arxiv.org/abs/2202.12837
- Large Language Model Guided Tree-of-Thought, https : //arxiv.org/abs/2305.08291
- https://openai.com/
- 출처 : Katharina Buchholz, statista, 2023.1.24, 「ChatGPT Sprints to One MillionUsers」(https://www. statista.com/chart/29174/time-to-one-million-users/)
- 출처 : https : //www.forbes.com/sites/bernardmarr/2023/10/02/the-10-biggest-generative-ai-trends-for-2024-everyone-must-be-ready-for-now/?sh=1fc1340a1c6e
- 출처 : https : //aimresearch.co/2023/06/25/what-does-aim-research-predict-for-the-future-of-generative-ai-use/
- 출처 : https://www.microsoft.com/ko-kr/edge/features/image-creator?form=MA13FJ
- https://blog.google/intl/ko-kr/company-news/technology/gemini-kr/
- https://cue.search.naver.com/
- https://chromewebstore.google.com/?hl=ko
- Summarize & Chat for ChatGPT, 출처 : Chrome 웹 스토어
- 출처 : https://www.microsoft.com/ko-kr/edge/features/image-creator?form=MA13FJ
- 참조 : https://www.reuters.com/legal/litigation/openai-microsoft-want-court-toss-lawsuit-accusing-them-abusing-open-source-code-2023-01-27/
- 출처 : https : //docs.midjourney.com/docs/terms-of-service
- https : //huggingface.co/spaces/CompVis/stable-diffusion-license
- https : //openai.com/policies/terms-of-use, https : //www.bing.com/new/termsofuse
- 출처 : https : //www.bbc.com/korean/international-60776475
- 참조 : 국가법령정보센터, 대법원 1995. 11. 14. 선고 94도2238 판결 https://www.law.go.kr/%EB%B2%95%EB%A0%B9/%EC%A0%80%EC%9E%91%EA%B6%8C%EB%B2%95
- 참조 : https://www.reuters.com/legal/litigation/openai-microsoft-want-court-toss-lawsuit-accusing-them-abusing-open-source-code-2023-01-27/
- 출처 : https : //docs.midjourney.com/docs/terms-of-service
  https : //huggingface.co/spaces/CompVis/stable-diffusion-license
  https : //openai.com/policies/terms-of-use, https : //www.bing.com/new/termsofuse
- 출처 : https : //www.bbc.com/korean/international-60776475
- https://www.nie.re.kr/nie/pgm/edSpecies/edSpeciesList.do?menuNo=200127
- https://emojipedia.org/ko/,
- https://unicode.org/emoji/charts/full-emoji-list.html
- 출처 : Katharina Buchholz, statista, 2023.1.24, 「ChatGPT Sprints to One Million Users」(https://www.statista.com/chart/29174/time-to-one-million-users/)

ChatGPT와 생성형 AI 2024

인쇄 2024.01.26. | **발행** 2024.01.31.
공저자 김태연, 김진희, 문혜진 | **발행인** 임영철 | **발행처** 도서출판 신화전산기획
주소 서울특별시 중랑구 신내역로 111, B-226 | **전화** 02-833-5145~6
팩스 02-848-2498 | **등록** 301-2010-034 | **홈페이지** www.shmnb.com

값 20,000원 ISBN 978-89-5534-277-2 03320